*Page à conserver*

T 45
L 9

L. 1264
G. 49. d. 13.

# COLLECTION
# DES MÉMOIRES

RELATIFS

# A L'HISTOIRE DE FRANCE.

---

CHRONIQUE DE GUILLAUME DE NANGIS.

PARIS, IMPRIMERIE DE LEBEL,
Imprimeur du Roi, rue d'Erfurth, n. 1.

# COLLECTION
# DES MÉMOIRES

RELATIFS

## A L'HISTOIRE DE FRANCE,

DEPUIS LA FONDATION DE LA MONARCHIE FRANÇAISE JUSQU'AU 13ᵉ SIÈCLE,

AVEC UNE INTRODUCTION, DES SUPPLÉMENS, DES NOTICES
ET DES NOTES;

Par M. GUIZOT,

PROFESSEUR D'HISTOIRE MODERNE A L'ACADÉMIE DE PARIS.

A PARIS,

CHEZ J.-L.-J.-BRIÈRE, LIBRAIRE,

RUE SAINT-ANDRÉ-DES-ARTS, Nᵒ 68.

1825.

# CHRONIQUE

DE

# GUILLAUME DE NANGIS.

# NOTICE

## SUR

# GUILLAUME DE NANGIS.

« Nous n'avons, dit M. de Sainte-Palaye, presque
« point d'historien qui nous soit moins connu et
« qui ait moins cherché à l'être que Guillaume de
« Nangis; je n'ai rien trouvé qui concerne sa per-
« sonne dans tous les écrivains de son temps, et
« il ne nous en apprend guère davantage dans les
« ouvrages historiques qu'il nous a laissés. Nous
« ne savons de lui que son nom et l'état dans le-
« quel il a vécu; il se nomme lui-même dans la
« préface de sa Vie de saint Louis : *Frater Guillel-*
« *mus de Nangis, ecclesiæ Sancti Dionysii in Fran*
« *cia indignus monachus* [1]. »

De cet écrivain à peu près inconnu il nous reste
trois ouvrages importans, une *Vie de saint Louis*,
une *Vie de Philippe le Hardi*, et la *Chronique*
que nous publions. Les deux premiers, dans une
préface qui leur est commune, sont dédiés à Phi-

[1] *Mémoire sur la vie et les ouvrages de Guillaume de Nangis et de ses continuateurs*, par M. de Sainte-Palaye, dans les *Mémoires de l'Académie des Inscriptions*, tom. VIII, pag. 560-578.

lippe le Bel, et méritent d'être comptés parmi les monumens les plus instructifs de cette époque. Guillaume de Nangis, né probablement vers la fin du règne de saint Louis, composa sa *Vie* d'après les écrits et les conversations des contemporains les mieux informés, entre autres de Godefroy de Beaulieu, confesseur du roi pendant vingt ans, et de Gilon de Rheims, moine de Saint-Denis, auteur d'une Histoire de saint Louis, que la mort l'avait empêché d'achever. Quant à la *Vie de Philippe le Hardi*, Guillaume avait assisté au règne de ce prince. Ces deux histoires furent publiées pour la première fois par Pithou[1] et ensuite par Duchesne[2]. En 1761, M. Caperonnier fit imprimer, d'après les matériaux préparés par M. Melot, une traduction en vieux français de la *Vie de saint Louis*, qui paraît l'ouvrage de Guillaume de Nangis lui-même, et dont le manuscrit avait été trouvé dans la Bibliothèque du roi .

Quant à la *Chronique*, elle remonte dans les manuscrits jusqu'au commencement du monde; mais c'est seulement à dater de l'an 1113 qu'elle peut être considérée comme un ouvrage original;

[1] En 1596.
[2] Tom. v, pag. 326 et 516.
[3] Paris, de l'imprimerie royale, in fol. Le même volume contient la publication d'un manuscrit de Joinville, de la *Vie de saint Louis* et du livre de ses *Miracles*, par le confesseur de la reine Marguerite.

jusque là Guillaume de Nangis n'a fait que copier Sigebert de Gemblours; aussi d'Achery n'a-t-il publié que cette dernière partie. Malgré la confusion qui y règne quelquefois, peu de chroniques offraient une aussi grande quantité de faits recueillis avec autant de soin. Les quinze dernières années surtout, depuis la mort de Philippe le Hardi, en 1285, jusqu'à l'an 1301, où Guillaume de Nangis s'est arrêté, sont peut-être ce qui nous reste de plus exact et de plus complet sur cette importante époque du règne de Philippe le Bel.

Il nous a paru que, l'histoire de ce prince une fois entamée, il était indispensable de la conduire jusqu'à sa mort, et d'y joindre même celle de ses trois fils, dont les règnes ont été si courts, pour clore ce volume à l'avènement de Philippe de Valois, où une nouvelle ère historique commence en quelque sorte pour la France. Nous avons donc ajouté à la chronique de Guillaume de Nangis l'histoire des vingt-sept premières années du xiv<sup>e</sup> siècle par le premier de ses continuateurs, moine de Saint-Denis comme lui, et encore plus inconnu, car on ne sait pas même son nom. M. de Sainte-Palaye pense que cette continuation n'est pas toute entière du même écrivain.

F. G.

# AVIS.

Les tomes III et IV d'ODERIC VITAL formeront ensemble une livraison avec laquelle sera publiée la *Notice* sur cet auteur.

MM. les souscripteurs sont invités à lire l'*Avis* placé sur le revers de la couverture de ce volume, et que l'on trouve répété à la fin de la *Chronique de Guillaume de Nangis*, page 397. Ceux d'entre eux qui n'auraient pas souscrit directement chez moi à la *Collection des Mémoires*, et qui desirent voir figurer leur nom dans la liste qui sera imprimée à la suite de la table, sont priés de m'en faire parvenir *franco* l'indication exacte d'ici au 15 février 1826.

# CHRONIQUE

DE

# GUILLAUME DE NANGIS.

---

[1113.] La mort de Sigebert, moine de Gemblours, excellent narrateur des temps et des affaires des royaumes, a mis fin à sa chronique. Elle a été continuée par le frère Guillaume de Nangis, moine de Saint-Denis, en France.

En cette année saint Bernard avec ses compagnons, au nombre de plus de trente, entra dans Cîteaux, sous l'abbé Etienne, la vingt-deuxième année de son âge. La langue de l'homme pourrait à peine exprimer avec quelle religion, quelle dévotion et quelle ferveur il y vécut. Aussitôt qu'il y fut entré il s'appliqua à faire subir à son corps une si rigoureuse discipline, qu'ensuite il fut attaqué pendant toute sa vie d'un grand nombre de maladies. Il arriva que, dans l'espace de peu de temps, l'abbaye de Cîteaux, auparavant pauvre et stérile de biens et d'habitans, enfanta un grand nombre de très-nobles abbayes.

[1114.] Dans le pays de Brabant, aux environs de Tournai, il tomba, le 23 avril, une telle abondance de neige, que, par son poids, elle brisa les arbres des forêts. Au mois de juin, à Ravenne et à Parme, villes d'Italie, une pluie de sang tomba dans les champs et dans les villes. Aux ides de novembre, dans le faubourg d'Antioche, la terre s'étant entr'ouverte dans la nuit, engloutit beaucoup de tours et maisons avec leurs habitans. Baudouin, roi de Jérusalem, avec Roger, comte d'Antioche, marcha contre les Turcs; mais Roger étant resté avec son armée auprès d'un certain fleuve, le roi marcha en avant avec les siens pour épier l'arrivée des Turcs. Les ennemis, postés sur une montagne, dressèrent des embuscades en quatre endroits, et envoyèrent à chacune quatre mille chevaliers, qui, à l'improviste, enveloppèrent de toutes parts le roi Baudouin. Quinze cents des siens ayant été tués, il s'échappa par une déplorable fuite. Les Turcs détruisirent de fond en comble un monastère situé sur le mont Thabor, en massacrèrent les moines, et pillèrent tout ce qu'ils y trouvèrent. Dans ce temps Conon, légat du Siége apostolique, tint en France trois conciles, le premier à Rheims, le second à Beauvais, et le troisième à Châlons.

Louis, roi de France, assiégea le château de Gournai, situé sur le fleuve de la Marne, appartenant à Hugues de Pompone, seigneur de Crécy, qui, s'adonnant au pillage, dépouillait les vaisseaux des marchands qui passaient par le fleuve, et transportait son butin à Gournai. Ledit Hugues fut secouru par Guy le Roux de Rochefort, son père, et par Thibaut, comte de Champagne; mais le roi, les ayant vigoureusement attaqués, les força de fuir, et recevant le château, qui se rendit, le confia aux Garlande. Ives, évêque de Chartres, auteur du livre appelé les Décrets d'Ives, mourut, et eut pour successeur Geoffroi, homme d'une vie respectable.

[1115.] Louis, roi de France, fut, vers le même temps, tellement serré de près par les barons et les chevaliers ses voisins, qu'il pouvait à peine sortir en sûreté de Paris; mais enfin, marchant contre ses ennemis, par la puissance de Dieu et le secours des bienheureux martyrs Denys, Rustique et Eleuthère, qu'il invoquait à tous momens, il dompta puissamment Hugues du Puiset dans le Blaisois, ainsi que Thibaut, comte de Blois, et détruisit de fond en comble le château du Puiset. Ensuite il dépouilla pour toujours Eudes, comte de Corbeil, Hugues de Crécy, Guy de Rochefort et le tyran Thomas de Marle, qui lui faisaient la guerre, et ayant aussi soumis Aymon, seigneur de Bourbon, il rétablit sous son pouvoir les forteresses et les châteaux de tous ceux que nous venons de nommer. Il combattit à plusieurs et diverses fois Henri, roi des Anglais, et le vainquit dans de merveilleux combats.

Lambert, de bonne mémoire, évêque d'Arras, mourut. Depuis le temps de saint Waast jusqu'à lui, l'église d'Arras, privée d'évêque particulier, avait été soumise à l'évêque de Cambrai.

Le monastère de Clairvaux fut fondé par Bernard, qui fut son premier abbé. Clairvaux n'est pas loin de la rivière d'Aube. C'était anciennement une caverne de voleurs, et on l'appelait la Vallée de l'Absynthe, à cause de l'amertume de douleur de ceux qui tombaient entre les mains des voleurs. Dans le même temps les moines qui demeuraient dans ce monastère se nourrissaient souvent avec des ragoûts de feuilles de hêtre; leur pain était semblable au pain du prophète, fait d'orge, de millet et de vesce, et paraissait plutôt composé de terre que de farine.

[1116.] Pendant qu'un certain prêtre célébrait la messe dans le monastère de Dol, un enfant lui apparut sur l'autel à la place de l'hostie. Dans ce temps, le fondateur de l'ordre des Prémontrés, né en Lorraine, distingué par ses richesses, sa naissance et sa faconde, enflammé d'une ferveur divine, se fit ordonner prêtre, revêtit la tunique de pauvreté du Christ, et, suivant le Seigneur, tout nu, et répandant partout, les pieds nus, la parole du Christ, il rappela de l'erreur un grand nombre de gens.

[1117.] En cette année, mourut Anselme, très-fameux docteur de la ville de Laon, illustre dans la science des lettres. Parmi d'autres ouvrages, il avait joint à un psautier des gloses marginales et interlinéaires. Alexis, empereur des Grecs, mourut, et eut pour successeur Jean, son fils.

[1118.] Baudouin, premier roi de Jérusalem, mourut, et eut pour successeur Baudouin du Bourg, son parent, comte de la ville de Roha, appelée autrefois Edesse. Au mois de janvier, il arriva en plusieurs lieux des tremblemens de terre, ici moins fâcheux, ailleurs plus violens, qui, dit-on, firent crouler des portions de quelques villes. Le fleuve de la Meuse, auprès d'une abbaye appelée Sustule, fut vu hors de son lit comme suspendu dans les airs.

La même année, la ville de Liége fut accablée d'un grand nombre de désastres. Le troisième jour du mois de mai, pendant qu'on chantait les vêpres dans la grande église, un coup de tonnerre, accompagné d'un violent tremblement, renversa subitement tout le monde à terre. La foudre, entrant par le côté gauche de l'église, brûla les tapis de l'autel, et, sautant çà et là, pénétra dans la tour, où elle brisa un grand nombre de poutres. Elle laissa après elle une puanteur insupportable, que l'odeur d'un grand nombre d'aromates put à peine détruire. Le 7 du mois de juin, environ vers la neuvième heure, une nuée d'orage fondit tout-à-coup d'une montagne appelée la montagne de Robert, enveloppa et écrasa entièrement la partie de la ville qui se trouvait dessous; en sorte que beaucoup de maisons furent renversées, une immense quantité de vivres détruits, une femme et deux enfans tués, se tenant embrassés; et que huit autres hommes, en différens endroits, furent blessés. Le samedi, pendant qu'on chantait vêpres, une femme qui lavait la tête à son enfant vit ses mains rougir de sang, qui coulait au lieu d'eau. Il naquit à Namur un monstre, à qui jamais, ou rarement, on ne vit de semblable : c'était un enfant à deux têtes, portant les deux sexes, et cependant n'ayant qu'un seul corps.

Le 20 décembre, à la première heure de la nuit, des bataillons de feu apparurent dans le ciel, depuis le nord jusqu'à l'orient, et, s'étendant ensuite partout le ciel, émerveillèrent et saisirent de stupeur ceux qui les virent. Le pape Pascal étant mort, Gélase II, le cent soixante-deuxième pape, fut créé le chef de l'Église romaine. Mais Henri, empereur des Romains, n'ayant pas assisté à l'élection, établit à sa place un Espagnol, nommé Bourdin. Le pape Gélase, chassé du saint Siége par la tyrannie de l'empereur et des Romains, eut recours à l'appui et à la protection de Louis, roi de France, et à la compassion de l'Église gallicane, comme avaient coutume autrefois de le faire ses prédécesseurs les pontifes de Rome, et il convoqua un concile à Rheims. Dans ce temps fut fondée l'abbaye de Preuilly, par Thibaut, comte de Champagne, et Adèle, sa nièce, fille de Guillaume le bâtard, et qui avait épousé Étienne, comte de Chartres.

[An 1119.] Le pape Gélase étant mort à Cluny, où il fut enterré, Gui, archevêque de Vienne, frère d'Étienne, comte de Bourgogne, fut, sous le nom de Calixte II, le cent soixante-sixième pape qui gouverna l'Eglise de Rome. Il célébra le concile convoqué à Rheims par son prédécesseur. On y excommunia les simoniaques et ceux qui exigeaient un paiement pour la sépulture, le saint chrême et le baptême; et on y défendit expressément aux prêtres, diacres et sous-diacres, de vivre avec des femmes ou des concubines. On y traita, avec les envoyés de l'empereur des Romains, de sa réconciliation avec l'Eglise, et le pape Calixte, n'ayant pas réussi, excommunia l'empereur avec ses fauteurs. Baudouin, comte de Flandre, neveu, par sa sœur, du pape Calixte, voulant mettre en possession de l'héritage de son père, Guillaume, fils de Robert, duc de Normandie, que Henri, roi d'Angleterre, retenait prisonnier, après s'être emparé d'une grande partie de la Normandie, mourut d'une blessure à la tête, que lui firent dans un combat des chevaliers du roi d'Angleterre. Son cousin-germain Charles, fils de Canut, roi des Danois, lui succéda en son comté. Guillaume, fils de Robert, duc de Normandie, prit en mariage la sœur de Louis, roi des Français, et la Flandre lui fut accordée après la mort du comte Charles.

[1120.] Naissance de l'ordre des Prémontrés, fondé, ainsi que le couvent, par Norbert, homme de Dieu. Dans le même temps fut créé l'ordre des chevaliers du Temple, sous Hugues, leur grand-maître. A Vézelai, la veille de la fête de sainte Marie-Madeleine, on ne sait par quel jugement de Dieu, l'église ayant pris feu tout-à-coup, au crépuscule de la nuit, une innombrable quantité de personnes de tout sexe, de tout âge, de tout rang, furent brûlées. Guillaume et Richard, fils de Henri, roi des Anglais, la fille et la nièce de ce roi, et beaucoup de grands et de nobles d'Angleterre, ayant voulu quitter la Normandie pour passer en Angleterre, furent submergés dans la mer, quoiqu'aucun vent n'en troublât le calme. On disait, et c'était avec vérité, qu'ils étaient presque tous souillés du crime de sodomie. Presque tous furent privés de sépulture.

Le pape Calixte, après le concile de Rheims, partit pour Rome, et fut reçu avec honneur par tout le sénat et le peuple. A peine siégeait-il depuis quelque temps, que les Romains attachés à son parti par sa grande noblesse et sa générosité, assiégèrent Bourdin, schismatique et anti-pape, qui faisait sa résidence à Sorrente, et qui forçait les clercs qui passaient aux tombeaux des apôtres à fléchir le genou devant lui, le conduisirent par le milieu de la ville, couvert de peaux de chèvres fraîches et encore sanglantes, et, par l'ordre du seigneur pape Calixte, le condamnèrent à rester pour toujours en prison dans les montagnes de la Campanie. Pour conserver la mémoire d'un si grand châtiment, ils le représentèrent, dans une chambre du palais, foulé aux pieds du seigneur pape.

[1121.] Henri, roi d'Angleterre, épousa, à cause de sa beauté, Adèle, fille du duc de Lorraine, car elle était très-belle. Foulques, comte d'Anjou, et sa femme Eremburge, fondèrent, dans le diocèse d'Angers, l'abbaye de l'Oratoire.

[1122.] Dans ce temps, l'église d'Autun était gouvernée par le seigneur Hugues, pieux abbé de Saint-Germain d'Autun, neveu de saint Hugues de Cluny, et homme remarquable et à jamais vénérable par ses vertus. Suger, moine de Saint-Denis en France, renommé dans la science des écritures, élevé seulement au rang de diacre à son retour de Rome, où il avait été envoyé par Louis, roi de France, fut élu abbé après la mort de son abbé Adam. Dès qu'il fut revenu, il fut d'abord ordonné prêtre, et ensuite, en présence du roi, consacré abbé dans son église de Saint-Denis par l'archevêque de Bourges.

[1123.] Le pape Calixte célébra à Rome un concile composé de plus de trois cents évêques, dans lequel la paix fut rétablie entre la royauté et le sacerdoce, sur la querelle des investitures épiscopales. On y cassa le privilége que l'empereur Henri avait extorqué du pape Pascal, au sujet des investitures, et on le réduisit à rien par un perpétuel anathème. Suger, abbé de Saint-Denis en France, réforma, par sa sagesse, et à cause de la négligence des abbés ses prédécesseurs et de quelques moines de ce monastère, les règles de l'institution, qui étaient tellement mises en oubli, qu'à peine les moines conservaient-ils l'apparence de la vie religieuse. Daimbert, archevêque de Sens, étant mort, Henri surnommé le Sanglier, lui succéda. Le feu de la guerre s'alluma entre le clergé de l'église Saint-Martin de Tours et les bourgeois de la ville.

[1124.] Le pape Calixte étant mort, Honoré II, cent soixante-septième pape, gouverna l'Église de Rome. Foulques, comte d'Anjou, assiégea et prit sur Girard Berlay le château de Montreuil. Baudouin, roi de Jérusalem, fut enveloppé et pris par les Sarrasins; mais après une longue captivité, il fut pour argent mis en liberté. Henri, empereur des Romains, ayant conçu depuis long-temps en son cœur de la rancune d'esprit contre le roi de France Louis, parce que c'était dans son royaume, à Rheims, que s'était tenu le concile où le pape Calixte l'avait enchaîné du lien de l'anathème, rassembla une nombreuse armée, et se prépara à attaquer la France, dans l'intention de détruire la ville de Rheims; mais Louis, roi des Français, étant venu à sa rencontre avec une forte armée, l'empereur redouta la valeur des Français et retourna promptement chez lui. Le roi des Français l'ayant appris put à peine s'empêcher, à la seule prière des archevêques, des évêques et des religieux, de dévaster la terre de l'empereur.

[1125.] L'hiver, par une gelée plus rigoureuse qu'à l'ordinaire et par des amas de neige qui tombaient très-souvent, fut excessivement dur et incommode. Un grand nombre d'enfans, de femmes et de pauvres périrent du trop grand froid. Dans beaucoup de rivières les poissons périrent engloutis sous la glace si épaisse et si forte qu'on pouvait faire passer dessus des chariots chargés, et y chevaucher comme sur la terre. Dans le Brabant, d'innombrables anguilles sortant de leurs marais à cause de la glace, chose merveilleuse, s'enfuirent et se cachèrent dans des granges à foin ; mais l'excessive rigueur du froid les fit périr, et elles pourrirent. Il y eut aussi une grande mortalité sur les animaux. A l'hiver succéda, jusqu'au milieu de mars, une intempérie de l'air, causée tantôt par la neige, tantôt par la pluie, et par la gelée alternativement, et qui fit un grand dommage ; à peine au mois de mai suivant les arbres étaient-ils fleuris, et les herbes et les graines commençaient-ils à pousser de la verdure. Une pluie tomba ensuite continuellement pendant plusieurs mois, et noya presque entièrement la semence dans les champs ; le froment et l'avoine trompèrent grandement l'espérance de la récolte. Beaucoup de gens furent consumés par le feu du ciel. La ville de Tyr, assiégée des Chrétiens par mer et par terre, fut prise et soumise à l'empire du Christ. Une grande famine ravagea aussi le royaume de France.

[1126.] En Espagne, une femme de bas lieu enfanta un monstre formé de deux corps, lesquels étaient attachés dos à dos, portant à la face antérieure, dans tout le corps et les membres, la ressemblance d'un homme, tandis que la face postérieure présentait, de même dans tout le corps et les membres, les formes du chien. Dans le Brabant, une autre femme enfanta quatre enfans mâles dans une seule couche.

Henri, empereur des Romains, conduit par la pénitence, abandonna l'empire et disparut de la société des hommes, sans y avoir été depuis ni vu ni connu. Cependant quelques-uns disent qu'il fut vu et reconnu de sa femme dans un hôpital de pauvres à Angers, avoua qui il était, mourut dans cet hôpital, et y fut enterré. On lit autre part qu'étant venu à Utrecht pour y célébrer la Pentecôte, il y mourut d'un chancre au bras, chez lui un mal de naissance, et que son corps, dont on avait retiré les intestins, et qu'on avait saupoudré de sel, fut transporté à Spire. L'empereur ainsi disparu, l'impératrice Mathilde, sa femme, n'ayant pas d'enfans, retourna vers son père Henri, roi d'Angleterre. Alors croissait à Paris Hugues, chanoine de Saint-Victor, renommé pour sa piété et sa science, et qui n'avait pas son semblable dans ce temps pour l'habileté dans les sept arts libéraux. Parmi le grand nombre de choses utiles qu'il écrivit, il fit sur les sacremens un ouvrage en deux volumes grandement utile. L'empereur Henri étant mort, ou ayant disparu, comme nous l'avons dit plus haut, comme quelques princes de la Souabe et de l'Allemagne voulaient élever au trône Conrad, son neveu, d'autres créèrent roi Lothaire, duc de Saxe, homme sage et valeureux.

[1127.] En Syrie, l'armée des Chrétiens livra deux batailles aux Sarrasins. Dans le premier combat, tombèrent deux mille cent païens et seulement quinze Chrétiens; mais dans le second, les Chrétiens n'obtinrent qu'une sanglante victoire; quoique la plus grande partie des leurs eût péri, ranimés cependant par le secours de Dieu, ils renversèrent et vainquirent une innombrable quantité d'ennemis. Norbert, fondateur et premier abbé des Prémontrés, fut élu archevêque de la ville de Parthénople, c'est-à-dire Magdebourg.

Charles, comte de Flandre, fils de Canut, roi des Danois, qui par droit de parenté avait succédé à Baudouin, fils de Robert, roi de Jérusalem, pendant qu'il entendait la messe dans le temps du carême, à Bruges, dans l'église de Saint-Donatien martyr, fut tué en trahison par Bouchard, neveu de Bouchard, prévôt de l'église de Bruges [1]. Ce crime fut aussitôt vengé par Louis, roi de France; car il punit par différens supplices les traîtres meurtriers de Charles. Guillaume, fils de Robert, duc de Normandie, que son oncle Henri, roi d'Angleterre, avait dépouillé de son héritage, après avoir renfermé son père dans une prison, succéda à Charles dans le comté de Flandre, par le secours de Louis, roi de France. Henri, roi d'Angleterre, excitant les principaux de Flandre contre ledit Guillaume son neveu, fit, par leur moyen, appeler contre lui Thierry, cousin-germain de Charles d'Alsace. Gilbert, archevêque de Tours, mourut et eut pour successeur Hildebert, auparavant évêque du Mans, fameux dans l'art d'écrire et de faire des vers, et dont quelqu'un a dit:

Fameux pour la prose, et le premier entre tous pour la poésie,
Hildebert exhale partout une odeur de rose.

[1128.] Beaucoup de gens dans le royaume de France, brûlés du feu du ciel, s'étant rassemblés à Soissons dans l'église de Sainte-Marie, mère de Dieu, furent guéris par les mérites et les prières de la très-sainte Vierge. A Laon, des religieux de l'église de Saint-Jean, ayant été chassés par le conseil du roi de France et des princes, pour l'infamie de leur vie, on en mit d'autres à leur place. Drogon, homme recommandable par sa dévotion et sa faconde, fut ordonné

[1] Voir la *Vie de Charles le Bon, comte de Flandre*, par Galbert, dans cette collection.

premier abbé en cet endroit par Barthélemy, évêque de Laon, et dans la suite il fut créé, par le pape de Rome Innocent II, cardinal évêque d'Ostie. Foulques, comte d'Anjou, abandonnant le comté d'Anjou à son fils Geoffroi, partit pour la Syrie, et prit en mariage Mélisende, fille aînée de Baudouin, roi de Jérusalem. Louis, roi des Français, fit marcher une armée contre Thomas de Marle, seigneur de Coucy. Raoul, comte de Vermandois, vint au secours du roi, et livrant combat audit Thomas, le remit blessé à mort entre les mains de Louis. Peu de temps après, ayant reçu la divine eucharistie, il exhala sa méchante ame. Il avait fait souffrir aux églises de ce pays de cruels ravages, et dépouillait de leurs biens les marchands voyageurs.

[1129.] L'archevêque Norbert ayant renvoyé de l'église de Sainte-Marie à Magdebourg les chanoines séculiers, y plaça des frères de l'ordre des Prémontrés. Philippe, fils aîné de Louis, roi des Français, fut sacré roi à Rheims, le jour de Pâques, en présence de son père et de Henri, roi d'Angleterre. Thierry d'Alsace étant arrivé en Flandre, et ayant, au moyen des persuasions du roi d'Angleterre, acquis à son parti quelques Flamands, disputa la Flandre au comte Guillaume qui, ayant rangé son armée en bataille, marcha à sa rencontre, et le combattit vigoureusement. Les ennemis presque entièrement défaits, le château où ils étaient cachés étant au moment de se rendre, le noble Guillaume, blessé à la main, se retira du combat, et mourut peu de temps après. Ledit Thierry lui succéda.

D'infâmes religieuses qui avaient long-temps possédé, par la puissance d'une sœur de Charlemagne, roi des Français, l'église de Sainte-Marie d'Argenteuil, en furent chassées par la sagesse de Suger, abbé de Saint-Denis en France, et l'église fut rendue aux moines de ce lieu, auxquels elle avait appartenu auparavant. En ce temps furent fondées les abbayes d'Ourschamp et de Clairvaux, de l'ordre de Cîteaux. L'impératrice Mathilde, fille du roi des Anglais, fut donnée en mariage au comte d'Anjou, dont elle eut Henri, dans la suite roi d'Angleterre, Guillaume Longue-Épée, et Geoffroi Plantagenet, qui prit en mariage la fille de Conan, comte de Bretagne, et en reçut le comté de Bretagne.

[1130.] Le pape Honoré étant mort, Innocent II, cent soixante-huitième pape, gouverna l'église de Rome. D'un autre côté, on lui opposa Pierre de Léon, et l'église de Rome fut troublée par un funeste schisme; mais Pierre, soutenu par sa parenté, étant resté à Saint-Pierre, Innocent sortit de Rome, et vint en France. Le roi et les prélats de France ayant, à l'occasion de son arrivée, assemblé un concile à Étampes, saint Bernard, abbé de Clairvaux, conseilla d'accueillir Innocent. Après qu'il eut été reçu honorablement par le roi à Orléans, Geoffroi, évêque de Chartres, homme de grande vertu, le conduisit à Chartres, où Henri, roi des Anglais, vint au devant de lui avec honneur. En visitant l'Église française, ainsi que l'exigeait la circonstance, il passa vers le pays des Lorrains. Lothaire, empereur des Romains, vint au devant de lui à Liége, avec un grand cortége d'archevêques, d'évêques et de grands du royaume d'Allemagne, et s'offrant très-humblement à lui pour son défenseur, marcha à pied au milieu de la sainte procession, tenant d'une main une baguette pour le défendre, et de l'autre la bride de son cheval blanc, et il le conduisit ainsi comme son seigneur vers l'église épiscopale. Lorsque le Pape descendit de cheval, Lothaire le soutint tout le temps par le pied, manifestant ainsi aux yeux de ceux qui le savaient et de ceux qui ne le savaient pas, toute la grandeur de la dignité du saint Père. De là le Pape revenant en France, célébra à Saint-Denis la fête de Pâques. Un monastère fut fondé à Beaumont, au dessus de Mortemar, sous Alexandre, qui en fut le premier abbé, par Robert de Candes.

[1131.] Philippe, fils de Louis, roi de France, récemment sacré roi des Français, étant à chevaucher par la ville de Paris, un porc se jeta soudainement entre les pieds de son cheval, le fit renverser sur lui, et sa tête s'étant brisée dans sa chute, il resta étendu mort sur le pavé. Les Français déplorant cette subite et déplorable mort, enterrèrent son corps à Saint-Denis.

Dans le même temps, comme on le voit dans la vie de saint Bernard de Clairvaux, le roi de France Louis, père de Philippe, irrité contre quelques évêques de son royaume, les avait chassés de leurs villes et de leurs siéges; et saint Bernard, qui avait inutilement envoyé au roi plusieurs évêques pour rétablir la paix entre eux, n'avait pu réussir. Il arriva dans la suite qu'en présence du saint homme Bernard, un grand nombre d'évêques desirant fléchir l'indignation du roi, se prosternèrent en toute humilité jusqu'à terre, le suivirent ainsi prosternés, et ne purent cependant obtenir grâce. Sur quoi le lendemain, l'homme de Dieu, Bernard, animé d'une ardeur religieuse, réprimanda longuement le roi de ce qu'il méprisait les ministres du Seigneur, et lui déclara sans aucune feinte ce qui lui avait été révélé la nuit même. Cet endurcissement, lui dit-il, sera puni par la mort du roi Philippe, ton fils aîné : ce qui arriva, comme on l'a vu plus haut. Le pape Innocent II tint à Rheims un grand synode, dans lequel, après beaucoup de dispositions faites pour l'honneur de Dieu, il couronna roi, à la place de son frère Philippe, tué par un porc, Louis, autre fils de Louis, roi des Français.

L'église de Saint-Médard de Soissons fut consacrée par le pape Innocent. Baudouin, roi de Jérusalem, mourut, et eut pour successeur Foulques, comte d'Anjou, son gendre.

[1132.] En ce temps mourut le saint homme Hugues, évêque de Grenoble, dont Gui, prieur de la Chartreuse, a écrit la très-pieuse vie. A cette époque, l'Eglise portait une face brillante et belle, et elle se voyait entourée d'un grand nombre d'ordres de règles diverses : d'un côté les moines de Cluny et de Cîteaux, de l'autre, les chanoines des Prémontrés et les chanoines réguliers, comme aussi des nonnes de divers habits et professions, et des femmes consacrées à Dieu, vivaient, selon les règles, dans la continence et la pauvreté, sous le joug de l'obéissance, rivalisant de ferveur religieuse, et fondant à l'envi de nouveaux monastères dans différens endroits. Avec eux aussi les moines chartreux se multipliaient plus considérablement en France. Plus continens que tous les autres, ils mirent des bornes à l'avarice, dont nous voyons beaucoup de gens atteints sous l'habit religieux; se fixèrent, pour la quantité en biens en terre et le bétail, de certaines limites qu'ils ne pouvaient dépasser. Ils avaient chacun une petite cellule, et se rassemblaient rarement, si ce n'est pour le service de Dieu, ou pour jouir des consolations d'une mutuelle charité; ils aimaient mieux mourir plus parfaitement en ce monde et vivre d'autant plus près de Dieu, qu'ils étaient plus éloignés des autres hommes. En outre, les chevaliers du Temple de Jérusalem et les frères de l'Hôpital, vivant dans la continence sous l'habit religieux, se multipliaient et étendaient leur ordre de tous côtés. Les évêques des églises et les princes du siècle donnaient aux religieux le plus prompt consentement, offrant de leur propre mouvement leurs terres, leurs prés, leurs bois et autres choses nécessaires pour la fondation des monastères.

Presque toute la ville de Noyon, y compris l'église de Sainte-Marie et l'évêché, fut consumée par un incendie. Ce fut, dit-on, par un juste jugement de Dieu, parce qu'un grand nombre de ceux de la ville avaient reçu d'une manière peu convenable le souverain pontife Innocent.

Le jour de Pâques, Clairvaux donna naissance à deux monastères, Long-Pont et Riéval, et peu de jours après à celui de Nancelles.

[1133.] Lothaire, empereur des Romains, ayant fait des préparatifs de guerre pour passer en Italie, conduisit à Rome, avec des archevêques, des évêques et d'autres prélats, le pape Innocent contre Pierre de Léon, qui avait fortifié l'église de Saint-Pierre, et le plaça avec honneur à Latran sur le siége pontifical.

Lothaire fut sacré empereur à Rome par le pape.

[1134.] En ce temps mourut l'archevêque Norbert, fondateur de l'ordre des Prémontrés. Hildebrand, archevêque de Tours, termina aussi son dernier jour. L'abbaye d'Asnières fut fondée dans l'évêché d'Angers.

[1135.] Fondation du monastère du Pré. Henri, roi d'Angleterre, mourut en Normandie, et fut enterré à Radingues, en Angleterre. Après sa mort, Etienne, comte de Boulogne, son neveu par sa sœur, fils d'Etienne, comte de Blois, et frère de Thibaut, comte de Champagne, passa en Angleterre, et, aidé par l'évêque de Winchester, son frère, fut couronné roi d'Angleterre. L'impératrice Mathilde, fille du défunt Henri, roi d'Angleterre, avec le comte d'Anjou, son mari, s'opposèrent à lui, et ne le laissèrent pas régner en paix; mais, aidé de ses adhérens, il défendit merveilleusement ses intérêts en Angleterre.

[1136.] Il souffla, le vingt-huitième jour d'octobre, un vent très-impétueux qui renversa un grand nombre de tours. La mer d'Angleterre sortit de son lit, et submergea une partie de la Flandre avec ses habitans. Jean, empereur de Constantinople, mourut, et eut pour successeur Manuel, son fils. Guillaume, comte de Poitou et prince d'Aquitaine, étant parti en pélerinage pour Saint-Jacques, mourut la veille de Pâques, et fut enterré près de l'autel de Saint-Jacques. Il laissait deux filles, Eléonore et Pétronille. Avant de mourir, il certifia aux grands qui l'accompagnaient qu'il voulait qu'Eléonore, sa fille aînée, fût donnée en mariage à Louis le Jeune, roi des Français, avec le duché d'Aquitaine.

[1137.] Il y eut, depuis le mois de mars jusqu'au mois de septembre, une sécheresse inouie, au point que les sources, les puits et un grand nombre de rivières furent taris. Le roi des Français Louis, ayant appris la mort de Guillaume, duc d'Aquitaine, envoya en Aquitaine Louis, son fils, déjà couronné et sacré roi, pour épouser Eléonore, fille dudit duc. Louis, la recevant pour femme avec le duché d'Aquitaine, l'épousa à Bordeaux. Il eut d'elle dans la suite Marie, comtesse de Champagne, et Adèle, femme de Thibaut, comte de Blois. Un mois après le mariage du roi Louis le Jeune, dans les calendes d'août, mourut le roi Louis, son père, qui fut enterré dans l'église de Saint-Denis, en France. Son fils Louis, surnommé le Jeune, lui succéda. Dans la forêt de Lyon fut fondée l'abbaye de Mortemar. L'abbé d'Ourschamp, l'adoptant pour sa fille, y envoya ses moines. Lothaire, empereur des Romains, ayant fait en Italie une seconde irruption, mourut en revenant dans son pays, après avoir soumis l'Italie et la Pouille. Il eut pour successeur Conrad, neveu par sa sœur de l'empereur Henri.

[1138.] Pierre de Léon, qui s'était, par un schisme, emparé pendant huit ans du pontificat, mourut, frappé du jugement de Dieu. Alors le pape Innocent destitua ceux qu'il avait ordonnés, et les déclara, par le jugement de Dieu, incapables d'être élevés aux ordres de l'Eglise. Dans ce temps florissait Thibaut, comte de Champagne, père des orphelins, le défenseur des veuves, l'œil des aveugles, le pied des boiteux, qui soutenait les pauvres avec une singulière munificence, et se montrait incomparablement libéral à aider toutes sortes de religieux, et construisit des monastères. Il fit bâtir l'abbaye de Saint-Florent de Saumur, l'abbaye d'aumône de Cîteaux, et plusieurs autres. Il eut de Mathilde, sa noble épouse, allemande d'origine, Henri, comte de Champagne ; Thibaut, comte de Blois ; Etienne, comte de Sancerre ; Guillaume, qui fut d'abord élu archevêque de Chartres, ensuite archevêque de Sens, et après archevêque de Rheims ; Adèle, reine des Français, comtesse du Perche, comtesse de Bar, et femme du duc de Bourgogne.

En ce temps florissait aussi le noble Guillaume, comte de Nevers, qui fit éclater sa merveilleuse dévotion, en se rendant, de puissant prince du siècle qu'il était, humble pauvre du Christ au monastère des Chartreux. Dans ce temps florissait saint Bernard, abbé de Clairvaux, et saint Malachie en Hibernie, qui ressuscita un mort. Alors florissait aussi maître Gilbert, surnommé Porré, aussi célèbre, et presque aussi incomparable dans les arts libéraux que dans la science des divines Ecritures. Il continua, d'après les saints pères, les commentaires de maître Anselme sur le psautier et les épîtres de saint Paul.

[1139.] A cette époque mourut Jean Des Temps, qui avait vécu trois cent soixante et un ans depuis le temps de Charlemagne, dont il avait été homme d'armes. Dans ce temps il s'éleva en Allemagne un faux empereur qui, après avoir vécu pendant quelques années dans la retraite à Soleure, en sortit, et prétendit faussement être l'empereur Henri, qui avait disparu. Ayant, par ses mensonges, séduit beaucoup de gens, il les attacha tellement à son parti, qu'il en advint de cruels et meurtriers combats, les uns le recevant, et les autres le proclamant publiquement un imposteur; mais enfin son imposture fut reconnue, et il fut tondu moine de Cluny.

[1140.] En ce temps mourut maître Hugues, chanoine régulier de Saint-Victor à Paris. On construisit dans un endroit appelé Montdieu une maison de serviteurs de Dieu de l'ordre des Chartreux. Le monastère de Sainte-Marie de Froidemont, de l'ordre de Cîteaux, fut fondé dans l'évêché de Beauvais. Henri, frère de Louis, roi de France, se fit moine à Clairvaux, et, peu de temps après, fut élevé à l'évêché de Beauvais. Outre ce Henri, le roi de France eut d'autres frères, Robert, comte de Dreux, et Pierre, seigneur de Courtenai. Le pape Innocent fonda le monastère de Saint-Anastase, martyr; et y ayant fait construire des demeures pour les moines, il demanda une société de moines et un abbé tirés de Clairvaux. On y envoya, avec une société de moines, Bernard, autrefois vicomte de la ville de Pise, qui dans la suite devint le pape Eugène.

Dans ce temps des hommes célèbres par leur dévotion et leur sagesse faisaient fleurir l'Eglise française : c'était Milon, évêque des Morins, remarquable par sa vertueuse humilité; Éloi, évêque d'Arras, fameux par sa libéralité, sa sagesse et sa faconde; Geoffroi, évêque de Langres; Hugues, évêque d'Autun; Goslin, évêque de Soissons; Geoffroi, évêque de Chartres; Aubry, archevêque de Bourges, homme savant et célèbre par la sagesse de ses conseils; Suger, abbé de Saint-Denis en France, homme très-érudit. Parmi eux et beaucoup d'autres hommes remarquables par leur science, brillait éminemment Bernard, abbé de

Clairvaux, homme de la plus éclatante dévotion, qui fit un grand nombre de miracles, prêcha avec la plus grande ferveur la parole de Dieu, fonda plusieurs monastères, et gagna à Dieu beaucoup d'ames; au point que les maîtres des écoles, accompagnés d'un grand nombre de clercs, accourant en foule des nations lointaines se ranger sous son excellente domination, remplirent la maison d'épreuves de plus de cent novices, et que quarante se firent moines en un our. On voyait aussi fleurir maître Richard, chanoine régulier de Saint-Victor de Paris, qui écrivit, dans différens livres et traités, beaucoup de choses utiles à la sainte Eglise. Dans ce temps brilla aussi Hugues de Feuillet, moine de Saint-Pierre de Corbeil, qui composa un livre de la prison de l'ame et du corps; d'autres disent que ce même Hugues fut chanoine régulier dans le territoire d'Amiens.

L'impératrice Mathilde, fille de Henri, roi d'Angleterre, après s'être emparée de la Normandie par le secours de Henri, roi de France, passa en Angleterre, et, combattant contre le roi Étienne, ravagea par différentes guerres ce royaume, qui lui était dû de droit.

[1141.] Dans le même temps maître Pierre Abailard, fameux et très-célèbre dans la dialectique, d'abord marié, ensuite devenu moine de Saint-Denis en France, établi ensuite abbé en Bretagne, où il était né, ayant professé perfidement touchant la foi chrétienne, fut, par les soins de saint Bernard, abbé de Clairvaux, appelé à Sens devant les évêques et un grand nombre de religieux, en présence de Louis, roi des Français. Là, interpellé par eux sur les articles de la foi, comme il allait répondre selon la loi, épouvanté, il en appela à l'audience du Siége apostolique; ayant ainsi éludé, il mourut peu de temps après dans son voyage vers l'Eglise de Rome, à Châlons, dans Saint-Marcel. Il avait fait construire dans l'évêché de Troyes, dans un pré auprès de Nogent-sur-Seine, où il avait coutume de demeurer, un monastère qu'il avait nommé le Paraclet. Il y fit venir, avec quelques nonnes, son ancienne femme, qui s'était faite religieuse à Argenteuil, mais qui avait été évincée du couvent avec plusieurs autres par Suger, abbé de Saint-Denis en France. Elle devint abbesse de ce monastère, après sa mort, et, continuant à prier fidèlement et assidûment pour lui, fit transporter son corps, du lieu où il était mort, audit monastère du Paraclet. On grava cette épitaphe sur son tombeau :

> Il suffit d'apprendre que ci-gît Pierre Abailard,
> Qui seul connut tout ce qu'on peut savoir.

Roger de Sicile, fils de Robert Guiscard de Normandie, qui possédait la principauté de la Pouille et de la Calabre, excommunié par le pape Innocent, à cause des investitures des églises qu'il avait usurpées, le fit prisonnier dans un combat; mais ensuite, ayant conclu la paix avec lui, il obtint de lui qu'il le couronnât roi de Sicile. C'était le premier des Normands qui eût possédé le titre de roi. Il s'empara ensuite de presque toute l'Afrique. Étienne, roi des Anglais, fut pris par l'impératrice Mathilde, fille du roi Henri; mais peu après, s'étant échappé de sa prison, il défendit vigoureusement contre elle son royaume.

[1142.] L'Eglise française fut troublée par une dissension qui s'éleva entre le pape Innocent et le roi de France Louis. Aubry, archevêque de Bourges, étant mort, le pape envoya en France Pierre, qu'il consacra pasteur de l'église de ladite ville; mais, rejeté par le roi Louis, parce qu'il avait été ordonné sans son assentiment, il ne fut pas reçu dans la ville. Le roi Louis avait accordé à l'église de Bourges la liberté d'élire l'évêque qu'elle voudrait, excepté ledit Pierre, et il avait publiquement juré que de son vivant il ne serait pas archevêque. Pierre cependant, ayant été élu, partit pour Rome, et fut consacré par le pape Innocent, qui dit que le roi était un enfant qu'il fallait former et empêcher de s'accoutumer à de telles actions; et il ajouta qu'il n'y avait pas liberté d'élection quand le prince exceptait quelqu'un, à moins qu'il ne soutînt devant le juge ecclésiastique que celui-ci n'était pas éligible, auquel cas le prince serait entendu comme un autre. Cependant le roi, comme on vient de le dire, refusa l'archevêque à son retour; mais Thibaut, comte de Champagne, le reçut dans sa terre, dont toutes les églises lui obéirent. Le roi, indigné de cela, appela presque tous ses grands à faire la guerre avec lui au comte Thibaut. Raoul, comte de Vermandois, répudiant sa femme, prit en mariage Pétronille, sœur d'Éléonore, reine de France. C'est pourquoi, d'après les instantes sollicitations de Thibaut, comte de Champagne, Ives, légat de l'Eglise romaine en France, excommunia le comte Raoul, et suspendit les évêques qui avaient fait ce divorce.

Jean, empereur de Constantinople, ayant assiégé pendant quelque temps la ville d'Antioche, fit la paix avec le prince et entra dans la ville. Ensuite, après avoir pris un grand nombre de forteresses pendant qu'il était à chasser et tendait son arc, il se blessa lui-même à la main gauche de sa flèche empoisonnée et en mourut. Manuel son fils lui succéda à l'empire.

[1143.] Au mois de janvier il souffla un vent extraordinaire qui renversa des églises et des maisons, et abattit à terre de vieux arbres. Louis, roi des Français, mena une armée contre Thibaut, comte de Champagne, et prit le château de Vitry, où le feu ayant été mis à une église, treize cents personnes de différens âges et de différens sexes y furent brûlées. On dit que le roi, touché de miséricorde, en versa des larmes, et quelques-uns prétendent que ce fut ce qui le détermina plus tôt à entreprendre le pélerinage de Jérusalem. Le roi cependant donna le château de Vitry à Eudes de Champagne, neveu du comte Thibaut, qui lui avait enlevé son patrimoine. Le pape Innocent étant mort, Célestin II, cent soixante-neuvième pape, gouverna l'Eglise de Rome. Il conclut aussitôt la paix avec Louis, roi des Français.

A la Saint-Martin d'été, Foulques, roi de Jérusalem, étant à la chasse et poursuivant un lièvre, son cheval broncha et le jeta à terre; ayant eu comme par miracle le cou rompu, il en mourut. Avant d'être roi de Jérusalem, tant qu'il avait été en possession du comté d'Anjou, il avait, ainsi que le disent quelques-uns, persécuté de tout son pouvoir l'église de Saint-Martin de Tours. Après sa mort, Baudouin, son fils, régna avec sa mère, la reine Mélisende.

[1144.] Le pape Célestin étant mort, Luce II, cent soixante-dixième pape, gouverna l'Eglise de Rome.

Par l'entremise de Bernard, abbé de Clairvaux, la paix fut rétablie entre Louis, roi des Français, et Thibaut, comte de Champagne. Un certain Arnaud, de la ville de Brescia en Italie, à qui l'austérité de sa vie avait attiré un grand nombre de sectateurs qu'il séduisait en s'élevant contre les richesses et le luxe du clergé de Rome, ayant été pris par quelques-uns, fut pendu et brûlé. C'était, comme dit saint Bernard dans ses lettres, un homme qui ne mangeait ni ne buvait, mais qui, ainsi que le diable, avait faim et soif du sang des ames, qui convertissait en poison l'éloquence et la science, qui avait une tête de colombe et une queue de scorpion, vomi par Brescia, abhorré de Rome, repoussé de la France, exécré de l'Allemagne.

[1145.] Edesse ou Roha, ville de Mésopotamie, qui renfermait les corps des apôtres Thomas et Thaddée, et n'avait jamais été souillée des ordures de l'idolâtrie depuis qu'elle s'était pour la première fois convertie à la foi chrétienne, fut assiégée et prise par les Turcs; l'évêque de la ville fut décollé et les saints lieux profanés; plusieurs milliers d'hommes furent égorgés, et beaucoup emmenés en servitude. Le pape Luce assiégea dans le Capitole les sénateurs romains, qui s'étaient élevés contre les églises; mais il mourut peu de temps après.

Eugène III, cent soixante-onzième pape, gouverna l'Eglise de Rome. D'abord vice-seigneur de l'église de Pise, ensuite moine de Clairvaux et disciple de saint Bernard, puis créé abbé de Saint-Anastase, martyr, il fut tenu pour un homme digne d'honneur et d'une éternelle mémoire. Les Romains lui ayant opposé Jourdan, patrice et sénateur, le chassèrent de la ville; une sédition s'étant élevée parmi le peuple, il secoua la poussière de ses pieds sur les factieux, et les laissant, vint en France. Saint Bernard l'ayant accompagné, fit beaucoup de miracles dans le voyage. A Spire, ville d'Allemagne, un si grand concours de peuple se pressa autour de lui, à cause des miracles qu'il opérait sur les malades, que Conrad, roi des Romains, craignant que la foule ne l'étouffât, ôta son manteau, et le prenant dans ses propres bras, le transporta hors de la basilique. Ledit saint homme Bernard écrivit, pour le pape Eugène, un livre très-subtil et très-utile, intitulé de *la Considération*. Dans le même temps, une grande famine désola la France.

[1146.] Le roi de France Louis, enflammé de zèle à la nouvelle de la prise de Roha, ville de Mésopotamie, ou plutôt, comme d'autres empereurs, touché en sa conscience de l'incendie de Vitry, reçut la croix à Vézelai au temps de Pâques, et résolut avec les grands de son royaume et une innombrable multitude de gens, d'entreprendre le pélerinage d'outre-mer.

L'église de Tournai, qui, pendant environ six cents ans, depuis le temps de saint Médard, soumise à l'évêque de Noyon, n'avait pas eu d'évêque particulier, commença à en avoir un. Anselme, consacré abbé de Saint-Vincent de Laon par le pape Eugène, fut consacré évêque de Tournai. Dans le pays d'Allemagne, il y avait une admirable vierge, d'un âge avancé, qui avait reçu de telles grâces de Dieu que, laïque et non lettrée, ravie souvent en des sommeils miraculeux, elle avait non seulement la révélation de choses véritables qu'elle publiait ensuite, mais dictait en latin, et faisait ainsi dictant des livres de la doctrine catholique. Telle était, au rapport de quelques-uns, sainte Hildegarde, qui, dit-on, fit beaucoup de prédictions.

[1147.] Conrad ayant été établi empereur des Romains à Francfort, le jour de la Purification de sainte Marie, saint Bernard, abbé de Clairvaux, donna au roi et à tous les princes d'Allemagne la croix de pélerins d'outre-mer. Alors les pélerins se multiplièrent à l'infini. L'armée navale de Dieu, composée de près de deux cents vaisseaux, rassemblés d'Angleterre, de Flandre et de Lorraine, partit la veille des ides d'avril, de Dartmouth, port d'Angleterre, assiégea le 4 des calendes de juillet, la veille de la fête des apôtres Pierre et Paul, Lisbonne, ville d'Espagne, et par la puissance de Dieu et sa propre adresse, s'en empara après un siége de quatre mois : quoiqu'ils ne fussent que treize mille, ils tuèrent cependant deux cent mille cinq cents Sarrasins. Étant ainsi entrés dans la ville au milieu des hymnes et des cantiques, ils consacrèrent une église, et y établirent un évêque et des clercs. Trois muets reçurent l'usage de la parole sur les corps des Chrétiens morts. Conrad, empereur des Romains, ayant, au mois de mai, pris le chemin d'outre-mer avec une innombrable multitude de pélerins, passa heureusement le Bosphore. S'étant inconsidérément détourné pour assiéger Iconium, les grains de la terre furent consumés et les vivres manquèrent. Les hommes étant tourmentés par la famine, il revint sans avoir réussi, et, poursuivi par les

Turcs, perdit beaucoup de milliers des siens. Louis, roi des Français, prit avec sa femme, la reine Éléonore, le chemin d'outre-mer, le 30 mai, c'est-à-dire le mercredi après la Pentecôte, et partit pour la Hongrie avec un grand nombre de milliers d'hommes tout équipés. Ayant passé le Bosphore, il se rencontra avec Conrad, empereur des Romains. Cet empereur, abandonné d'un grand nombre des siens que la disette forçait à s'en retourner chez eux, et accompagné d'un petit nombre de gens seulement, fut accueilli avec bienveillance par les Français, et fit route pendant quelque temps avec eux. Mais l'approche de l'hiver et le desir de faire reposer les siens, le ramenèrent à Constantinople. L'hiver étant passé, l'empereur des Grecs lui prêta assistance, et lui donna des vaisseaux pour le conduire à Jérusalem. Dans le même temps, l'administration de tout le royaume de France fut confiée à Suger, abbé de Saint-Denis en France.

[1148.] Le pape Eugène tint à Rheims un concile dans lequel saint Bernard, l'Achille de son temps, réfuta publiquement maître Gilbert, surnommé Porrée, dans une discussion qu'il eut seul à seul avec lui. Ce Gilbert, évêque de Poitiers, était très-instruit dans les saintes Écritures ; mais dans sa folie il sonda des choses trop profondes pour lui. Ne concevant pas simplement l'unité de la sainte Trinité, et la simplicité de la Divinité, et n'écrivant pas selon la foi sur ce sujet, il nourrissait ses disciples de pains cachés et d'eaux inconnues. Il n'avouait pas facilement aux personnes en autorité toute sa sagesse ou plutôt toute sa folie, car il craignait ce que l'on rapporte lui avoir

été dit à Sens par Pierre Abailard : « C'est de toi
« maintenant qu'il s'agit, car le feu est à la maison
« voisine. »

Enfin, comme déjà le scandale des fidèles augmentait à ce sujet, et que les murmures croissaient, Gilbert fut appelé en jugement, et sommé de remettre le livre dans lequel il avait vomi des blasphèmes graves, il est vrai, mais couverts sous certains mots. Saint Bernard, découvrant d'abord par de subtiles interrogations tout ce que Gilbert s'efforçait de cacher sous des paroles équivoques, le réfuta pendant deux jours que dura la discussion, tant par ses propres argumens que par les témoignages des saints. Considérant que quelques-uns des juges, bien qu'ils condamnassent ses doctrines blasphématoires, répugnaient cependant à ce qu'il lui fût fait personnellement aucun mal, Bernard s'enflamma de zèle, et provoqua une assemblée particulière de l'Eglise française. Enfin, dans une assemblée commune des pères de dix provinces, les uns évêques, et un grand nombre abbés, ils opposèrent à de nouveaux dogmes un symbole nouveau, composé par l'homme de Dieu, et au bas duquel étaient signés les noms de chacun, afin de manifester à leurs confrères leur zèle, soit louable, soit blâmable. Enfin, cette erreur fut condamnée par le jugement apostolique et l'autorité de toute l'Eglise. L'évêque Gilbert, interrogé s'il consentait à cette condamnation, y consentit, et rétracta publiquement ce qu'il avait écrit et soutenu auparavant. Il obtint ainsi l'indulgence de ses juges, et surtout parce que dès le commencement il était convenu d'entrer dans cette discussion, à condition qu'il promettrait de corriger librement son opinion sans aucune obstination, selon le jugement de la sainte Église.

Il arriva après le concile que, pendant que le pape célébrait la messe dans la grande église, et que selon la coutume romaine un des ministres de l'autel lui apportait le calice, je ne sais par quelle négligence des ministres, le sang du Seigneur fut répandu sur le tapis devant l'autel. Cet événement frappa d'une grande terreur les plus savans, qui pensaient avec certitude qu'une chose de cette sorte n'arrivait jamais dans aucune église qu'elle ne fût menacée de toutes parts d'un grand danger; et comme cet événement était arrivé dans le Siége apostolique, on craignait que l'Eglise universelle ne fût en proie à tous les périls. Cette opinion n'était certes pas sans fondement, car cette même année, Conrad, empereur des Romains, comme on l'a dit plus haut, vit son armée détruite par les Turcs en Orient, et put à peine s'échapper. Le roi de France Louis, et son armée française, se rendant vers la Terre-Sainte, à travers les déserts de la Syrie, éprouvèrent de très-grandes pertes par la ruse et la fourberie des Grecs, et par les fréquentes attaques des Turcs, et furent tourmentés par une si violente famine, que quelques-uns d'entre eux se nourrirent de la chair des chevaux et des ânes. On dit qu'alors, à Jérusalem, le tonnerre se fit entendre dans le temple du Seigneur ou sur le mont des Oliviers, comme un présage de cette calamité. Les loups même, en beaucoup de lieux et de villes, dévorèrent des hommes. Alphonse, comte de Saint-Gilles, s'étant rendu dans la Palestine avec une grande armée navale, comme on attendait de lui quelque grande entreprise, mourut à Césarée, ville de Palestine, empoisonné, comme le disent quelques-uns, par la trahison de la reine de Jérusalem ; alors son fils, encore jeune, craignant pour lui-même, entra dans un château du comte de Tripoli, son oncle ; mais, par la trahison de cette même reine, il fut pris avec sa sœur par les Turcs.

[1149.] Le pape Eugène revint du pays de France en Italie, et livra aux Romains des combats dont les succès variés ne lui permirent pas de réussite. L'armée de Louis, roi des Français, ayant été défaite dans les déserts de la Syrie, il vint à Antioche, où il fut reçu avec honneur par le prince Raymond, frère de Guillaume, de bonne mémoire, duc d'Aquitaine, père d'Éléonore, reine des Français. Lorsqu'il se fut arrêté en cette ville pour reposer, refaire et remettre le reste de son armée, sa femme, la reine Éléonore, trompée par la fourberie de son oncle, le prince d'Antioche, voulut y rester. Le prince espérait en effet que le retard du roi de France lui ferait remporter la victoire sur les Turcs, ses voisins. Comme le roi se préparait à arracher sa femme de ces lieux, elle lui représenta sa parenté, disant qu'il ne leur était pas permis de demeurer plus long-temps ensemble, parce qu'il y avait entre eux consanguinité au quatrième degré. C'est de quoi le roi fort troublé, quoiqu'il l'aimât d'un amour presque immodéré, se détermina à l'abandonner ; mais ses conseillers et les grands refusèrent d'y consentir. Elle fut donc forcée malgré elle de partir pour Jérusalem avec le roi, son mari ; mais quoique tous deux dissimulassent autant qu'il leur était possible, ils eurent toujours cet outrage à cœur. Conrad, empereur des Romains, et Louis, roi de France, s'étant réunis à Jérusalem, partirent, d'après le conseil des barons, pour assiéger Damas. Cette ville ayant été assiégée pendant trois jours par les Français, les Allemands et les habitans de Jérusalem, comme les murs extérieurs qui entouraient les jardins étaient déjà pris, et qu'on avait lieu d'espérer de s'emparer bientôt de la ville, on leva le siége. Ce fut, dit-on, par la fourberie des princes de la Palestine, mécontens de ce que les rois l'avaient promise, dès qu'elle serait prise, à Thierri, comte de Flandre. S'étant donc éloignés, le roi des Français et l'empereur des Romains s'assemblèrent de nouveau avec leurs troupes à Joppé, à un jour fixé, pour assiéger Ascalon; mais les habitans de Jérusalem ne s'étant pas trouvés au jour convenu, l'empereur Conrad se rendit par mer à Constantinople, et les barons du roi de France étant retournés chez eux, il demeura un an à Jérusalem, accompagné seulement d'un petit nombre de gens.

En ce même temps Roger, roi de Sicile, attaqua l'Afrique à la tête d'une armée navale, et ayant pris la ville appelée Afrique et plusieurs châteaux, renvoya librement à son siége l'archevêque d'Afrique, qui était venu à Rome comme prisonnier pour y être consacré. Conrad, empereur des Romains, et Manuel, empereur des Grecs, se réunirent, et préparèrent une expédition contre Roger, roi de Sicile; mais leur armée ayant été tourmentée par la famine et l'intempérie de l'air, Conrad retourna chez lui. Saint Malachie, évêque d'Irlande, revenant de Rome, mourut et fut enterré à Clairvaux. Sa vie a été écrite par saint Bernard.

[1150.] Louis, roi de France, s'étant embarqué pour retourner de Palestine dans son pays, tomba au milieu de vaisseaux grecs qui lui avaient préparé des embûches. Comme ils l'emmenaient pour le présenter à l'empereur Manuel, qui assiégeait Corfou, ils furent attaqués par George, commandant des vaisseaux du roi de Sicile. George, après avoir ravagé et dépouillé les provinces grecques, s'était approché de Constantinople même, la ville royale, avait lancé dans le palais de l'empereur des traits enflammés, et incendiant les faubourgs, avait violemment enlevé les fruits des jardins du roi. De là, s'en retournant, il rencontra les vaisseaux grecs qui avaient pris le roi des Français, Louis. Il les attaqua et leur arracha le roi, qu'il conduisit avec honneur en Sicile, joyeux de son triomphe et de sa victoire. Le roi de Sicile avait fait en sorte qu'il en fût ainsi, car il craignait les embûches des Grecs, et desirait trouver l'occasion de montrer l'affection qu'il portait au roi et au royaume des Français. Louis fut par lui conduit avec honneur jusqu'à Rome, où ayant été reçu du pape Eugène avec joie et magnificence, il s'en retourna ensuite heureusement en France.

Aux calendes d'août Raimond, prince d'Antioche, ayant fait une sortie contre les Turcs, un grand nombre des siens furent pris ou tués, et lui-même périt par les embûches des ennemis. Les Turcs, portant partout sa tête, s'emparèrent de presque toutes les villes et châteaux de ce prince, à l'exception d'Antioche. Comme ils incommodaient excessivement cette ville,

Baudouin, roi de Jérusalem, entra contre eux en Syrie, et leur ayant fait beaucoup de mal, s'empara d'une de leur forteresse aux environs de Damas, et rendit les Damasquins pour jamais tributaires. Les chevaliers du Temple, qui rebâtissaient Gaza, ville de Palestine, incommodèrent violemment les Ascalonites. Hugues, archevêque de Tours, étant mort, Engebaud lui succéda.

[1151.] Il y eut en France des assemblées auxquelles assista le pape Eugène, dans le but d'envoyer à Jérusalem saint Bernard, abbé de Clairvaux, pour en encourager d'autres. On prêcha de nouveau dans un très-grand sermon le voyage d'outre-mer, mais tout manqua par le fait des moines de Cîteaux. Barthélemy, évêque de Laon, dans la trente-huitième année de son épiscopat, méprisant l'éclat du monde, revêtit l'habit monacal à Fuscy.

Thibaut, comte de Champagne, mourut et fut enseveli à Livry. Quelqu'un a dit de lui :

Par ta bonté, excellent comte, tu appartins à tous;
Ainsi fais-tu maintenant par la renommée qui te survit.

Geoffroi, comte d'Anjou, ayant pris le château de Montreuil à Girard Berlay, mourut et fut enseveli au Mans dans l'église de Saint-Julien. Il eut pour successeur dans le comté d'Anjou, Henri, son fils, qu'il avait eu de l'impératrice Mathilde, fille de Henri, roi d'Angleterre, et que le roi de France, Louis, avait auparavant investi, à l'exclusion du roi Étienne, du duché de Normandie qui lui revenait de droit.

[1152.] Louis, roi de France, enflammé de jalousie, alla en Aquitaine avec Éléonore, sa femme, retira ses garnisons et ramena ses gens de ce pays. En revenant il répudia, au château de Beaugency, sa femme, qu'il affirma sous serment être liée à lui de parenté. Il en avait eu deux filles, Marie que dans la suite Henri, comte de Troye, prit en mariage, et Alix qui fut mariée dans la suite à Thibaut, comte de Blois. Le divorce ayant donc été prononcé entre le roi de France et Éléonore, sa femme, comme elle s'en retournait dans sa terre natale, Henri, duc de Normandie et comte d'Anjou, vint à sa rencontre et l'épousa : d'où il s'éleva entre lui et le roi Louis une violente discorde. Dans la suite, ledit Henri, duc de Normandie, eut de ladite reine Éléonore, Henri, Richard et Jean, qui devinrent plus tard rois d'Angleterre, et Geoffroi, comte de Bretagne. Il en eut aussi quatre filles, dont l'une fut donnée en mariage au roi de Castille, d'où naquit Blanche, reine de France, mère du roi saint Louis; l'autre fut mariée à Alexis, empereur de Constantinople; la troisième au duc de Saxe, d'où naquit Othon, qui devint dans la suite empereur des Romains; la quatrième au comte de Toulouse, et de ce mariage naquit Raimond, dont la fille fut dans la suite mariée à Alphonse, comte de Poitou, frère de saint Louis, roi de France. La reine de Jérusalem vivant avec les ennemis de la foi dans une grande familiarité, le roi Baudouin, son fils, se révolta contre elle, et assiégea et prit ses places fortes. Elle l'empêcha de nouveau d'entrer dans la ville sainte; mais il y pénétra plus tard par force, et l'assiégea dans la citadelle. Ayant fait la paix avec lui, elle garda Naplouse pour elle, et abandonna paisiblement à son fils le reste du royaume.

Dans le même temps, les Mésamutes, que quelques-uns disent être les Moabites, après s'être emparés du royaume de la Mauritanie et en avoir attaché le roi à un gibet, tuèrent aussi le roi de Bulgarie, envahirent son royaume, et menacèrent même d'attaquer la Sicile, la Pouille et Rome. Le pape Eugène ayant fait la paix avec les Romains entra dans la ville de Rome, et y demeura d'abord un an avec eux. Raoul, comte de Vermandois, mourut, et par le secours de Louis, roi des Français, son comté fut dévolu à Philippe, comte de Flandre. Conrad, empereur des Romains, mourut sans la bénédiction impériale. Frédéric, duc de Saxe, son neveu, lui succéda par élection. En ce temps, moururent des hommes fameux par leur piété et leur science, Hugues, évêque d'Autun, Josselin, évêque de Soissons, et Suger, abbé de Saint-Denis en France.

[1153.] Le pape Eugène étant mort, Anastase IV, Romain de nation, cent soixante-douzième pape, gouverna l'Église de Rome. La même année, saint Bernard, abbé de Clairvaux, de vénérable sainteté et mémoire, illustre par ses actions, et après avoir gagné beaucoup d'ames à Dieu, se reposa dans une heureuse fin, après avoir fondé cent soixante monastères de son ordre, et s'être manifesté par plusieurs miracles. Tandis qu'un grand nombre de ses disciples avaient été élevés à l'épiscopat, à l'archiépiscopat, et même à la papauté, il ne voulut jamais qu'on le fît évêque ni archevêque, quoiqu'il eût été élu et appelé très-souvent dans plusieurs lieux. Il ordonna que l'on mît avec lui dans son tombeau et que l'on plaçât sur sa poitrine les reliques de l'apôtre saint Thaddée, afin qu'il se trouvât uni à ce même apôtre le jour de la commune résurrection, comme il l'était par la foi et la dévotion.

Louis, roi des Français, ayant attaqué la Normandie, assiégea et prit le château de Vernon pendant que le duc Henri était en Angleterre. Henri, duc de Normandie et d'Aquitaine, et comte de Poitiers et d'Anjou, attaquant vigoureusement Etienne, roi d'Angleterre, ce roi, affaibli par les fatigues de la vieillesse, privé en outre, par la mort de son fils Eustache, de l'espoir d'un héritier, conclut la paix avec l'impératrice Mathilde et son fils Henri, aux conditions suivantes : après lui, le royaume d'Angleterre devait paisiblement revenir à Henri, qui l'adoptait pour père, et qu'il adoptait pour fils. Le roi Etienne demeura donc en paix sur le trône d'Angleterre, et Henri, agissant au nom du roi, rétablit tout en Angleterre sur l'ancien pied. Baudouin, roi de Jérusalem, s'étant emparé de tout le royaume, prit, après un long siége, Ascalon, ville de Palestine ; mais ce ne fut pas sans de grands dommages et la perte de beaucoup des siens.

Dans ce temps florissaient en France Pierre, évêque de Lombardie ; Eudes, évêque de Soissons, et Ives, évêque de Chartres. Pierre écrivit un volume de sentences, divisé en quatre livres, utilement compilé, d'après les diverses paroles des saints et docteurs. Il expliqua plus au long et plus clairement les commentaires sur le psautier et les épîtres de saint Paul, ornés par Anselme, évêque de Laon, de gloses interlinéaires et marginales, et continués ensuite par Gilbert Porrée.

[1154.] En ce temps mourut Roger, roi de Sicile, qui se rendit célèbre par d'utiles actions, après avoir remporté sur les Sarrasins d'illustres victoires et s'être emparé de leurs terres. Il laissa un fils, nommé Guillaume, qui ne lui fut pas inférieur, et hérita de son trône comme de ses victoires. Etienne, roi d'Angleterre, étant mort, Henri, duc de Normandie et d'Aquitaine, et comte d'Anjou et de Poitou, fut élevé au trône. Dans la suite, il s'empara de la plus grande partie de l'Irlande. Le pape Anastase étant mort, Adrien IV, cent soixante-treizième pape, gouverna l'Eglise de Rome. Anglais de nation, il couronna aussitôt empereur Frédéric, roi des Romains. Les Romains s'étant opposés à ce couronnement, ils furent puissamment repoussés par les Allemands. Louis, roi des Français, prit en mariage à Orléans Constance, fille de l'empereur d'Espagne, distinguée par l'honnêteté de ses mœurs. Elle fut en cette ville sacrée reine par Hugues, archevêque de Sens, ce qui fut mal pris de Samson, archevêque de Rheims, qui le supporta avec peine, disant que le sacre du roi et de la reine de France lui appartenait, en quelque endroit qu'il se fît. Ives, évêque de Chartres, très-instruit dans les décrets et les lois, soutint contre lui, autant par des raisonnemens que par des exemples, que le sacre des rois de France ne lui appartenait pas exclusivement, disant qu'il ne pourrait prouver par aucun écrit ou exemple que lui, ou aucun de ses prédécesseurs, eût sacré quelque roi ou quelque reine de France hors de la province belgique de la France, et qu'il ne lui était pas permis, d'après le droit commun, de s'approprier un droit particulier dans la métropole ou le diocèse d'un autre. Le roi Louis eut de la reine Constance une fille, nommée Marguerite, qui fut mariée à Henri le Jeune, roi d'Angleterre, et, après la mort de celui-ci, à Bèle, roi de Hongrie.

[1155.] Le dix-huitième jour de janvier, dans le pays de Bourgogne, il y eut dans une seule nuit trois tremblemens de terre, qui renversèrent un grand nombre d'édifices. Guillaume, roi de Sicile, ayant conduit une armée en Egypte, dépouilla et ravagea la ville de Thanis. A son retour, il attaqua le fourbe empereur des Grecs, et, quoiqu'en petit nombre, les Siciliens prirent, dépouillèrent et vainquirent cent quarante vaisseaux grecs.

[1156.] Guillaume, roi de Sicile, prit et extermina ceux qui s'étaient emparés en Italie du château de Pouzzoles. Le roi des Babyloniens fut tué par un de ses grands; et comme celui-ci s'enfuyait avec d'immenses trésors, il fut tué par les chevaliers du Temple, et son fils fut pris avec toutes ses richesses. Frédéric, roi des Romains, ayant passé les Alpes, combattit vigoureusement contre l'Italie, et détruisit les châteaux de ses ennemis. Louis, roi de France, délivra l'église de Sens des perverses exactions dont elle avait coutume d'être accablée à la mort de son archevêque.

[1157.] Frédéric, empereur des Romains, assiégeant avec une armée innombrable les villes et les châteaux d'Italie, en prit un grand nombre, mais il demeura près de sept ans au siége de Milan. Engebaud, archevêque de Tours, étant mort, Josse, Breton, lui succéda. Marguerite, fille du roi de France Louis et de la reine Constance, fut fiancée à Henri, fils aîné de Henri, roi d'Angleterre, et la paix fut conclue entre eux.

[1158.] Dans le pays de Saxe, une nonne, nommée Elisabeth, eut de merveilleuses visions de la Conception, la Nativité et l'Assomption de la sainte vierge Marie, mère de Dieu, et de la gloire des onze mille vierges. Dans ce temps florissait Thibaut, archevêque de Cantorbéry, auparavant moine du Bec, en Normandie. C'était un homme louable et magnifique en tout, et aussi expérimenté dans les affaires séculières que dans les affaires ecclésiastiques. Par son influence, saint Thomas, depuis martyr, archidiacre de Cantorbéry, fut créé chancelier de Henri, roi d'Angleterre. Aux nones de septembre, parut dans la lune le signe de la croix. On vit, du côté de l'Occident, trois soleils, dont deux s'étant dissipés peu à peu, le soleil de ce jour-là, qui tenait le milieu, resta jusqu'à son coucher.

[1159.] Après la mort du pape Adrien, Alexandre III, Toscan de nation, cent soixante-quatorzième pape, gouverna l'Église de Rome. Les cardinaux divisés, favorisés par l'empereur Frédéric, lui opposèrent Octavien, et déchirèrent l'Église par un funeste schisme. C'est pourquoi les grands du pays furent en discorde, les uns favorisant Alexandre, et les autres Octavien. Louis, roi de France, et Henri, roi d'Angleterre, avec leurs prélats, reçurent Alexandre pour leur père et seigneur.

[1160.] Il y eut une éclipse de lune, et Constance, reine de France, mourut. Après sa mort, le roi Louis prit pour troisième femme Adèle, fille de Thibaut, comte de Champagne, dont nous avons plus haut rapporté la mort. Hugues, archevêque de Sens, sacra Adèle reine de France, à Paris, en présence de trois cardinaux de l'Église romaine. Vers le même temps commencèrent les miracles de sainte Marie de Roche d'Amant.

[1161.] Guillaume, comte de Nevers, mourut, et eut pour successeur Guillaume, son fils, qui éprouva beaucoup de dommages de la part du comte de Joigny et du comte de Sancerre; mais enfin il l'emporta sur eux. Henri, roi d'Angleterre, duc d'Aquitaine et de Normandie, s'avança vers Toulouse, à la rencontre du comte de cette ville. Mais comme le roi de France Louis y était entré pour la défendre, le roi Henri se retira, n'osant pas assiéger son seigneur.

[1162.] Baudouin, roi de Jérusalem, étant mort sans héritiers, son frère Amaury lui succéda. Il y eut une grande famine par tout le royaume de France. Les Milanais, assiégés depuis sept ans par Frédéric, empereur des Romains, étant tourmentés de la disette, et voyant que les autres villes d'Italie avaient renoncé à la révolte, se rendirent à l'Empereur, qui détruisit les murs de la ville, renversa les tours, et dispersa les habitans dans les environs. Cela fait, Renaud, archevêque de Cologne, transporta de Milan en cette ville les corps des trois rois Mages qui avaient adoré le Seigneur Jésus-Christ dans Bethléem. Ces corps avaient été autrefois apportés de Constantinople à Milan. Le pape Alexandre vint en France, et fut reçu par les rois de France et d'Angleterre. Saint Thomas devint archevêque de Cantorbéry en Angleterre.

[1163.] A la Pentecôte le pape Alexandre tint un concile à Tours, et ensuite à la fête de saint Jérôme, venant à Sens, il y demeura pendant un an et demi. Saint Thomas, archevêque de Cantorbéry, exilé d'Angleterre, se réfugia en France. S'étant rendu à Sens auprès du pape Alexandre, il lui fit connaître les coutumes d'après lesquelles le roi d'Angleterre l'avait exilé. Il s'expliqua devant le pape et les cardinaux avec de si bonnes raisons, que le pape, admirant sa sagesse, le reçut avec honneur, lui rendant grâces de ce que, dans des temps si dangereux, il avait entrepris de défendre l'Église de Dieu contre les attaques des tyrans. Alors le pape condamna pour jamais ces coutumes anglaises, et enchaîna sous un éternel anathème ceux qui les observeraient et ceux qui les feraient exécuter. Saint Thomas, par le conseil du pape, se rendit au monastère de Pontion, et y demeura pendant près de deux ans; ensuite demeurant à Sens dans le monastère de Sainte-Colombe, il fut soutenu aux frais du roi de France Louis. Le pape Alexandre consacra à Sens, dans l'église de Saint-Étienne, l'autel des saints apôtres Pierre et Paul. Il consacra aussi le monastère de Sainte-Colombe. Guillaume, comte de Nevers, vainquit dans un combat Étienne, comte de Sancerre, tua et prit un grand nombre des siens.

[1164.] Le roi d'Angleterre Henri, apprenant avec quel honneur saint Thomas, archevêque de Cantorbéry, avait été reçu par le pape Alexandre, et sachant qu'il avait choisi Pontion pour le lieu de sa demeure, ne pouvant plus exercer sur lui sa colère, s'emporta contre les siens à des cruautés inouies ; il ordonna que partout où on trouverait quelqu'un de sa parenté, homme ou femme, ils fussent dépouillés de leurs biens et héritages, et chassés de son royaume; et dans la vue d'affliger l'archevêque, il exigea d'eux le serment qu'ils partiraient pour Pontion, et se présenteraient à lui.

[1165.] Le pape Alexandre retourna à Rome, et fut reçu en grand honneur par les Romains. Un des jours d'août, jour de dimanche, dans l'octave de l'Assomption de sainte Marie, naquit à Louis, roi de France, un fils nommé Philippe. On dit que son père eut en songe cette vision à son sujet. Il vit que Philippe son fils tenait dans sa main un calice rempli de sang humain, dans lequel il présentait à boire à tous les princes, et tous buvaient dedans. Les actions de sa vie expliquèrent ce que présageait une vision de cette sorte. Guichard, abbé de Pontion, fut créé archevêque de Lyon.

[1166.] Dans le pays du Rouergue, il survint une calamité qui punit par un rigoureux châtiment le peuple de Dieu : des loups féroces, sortant des forêts, arrachaient les petits enfans du sein de leur mère et les dévoraient de leurs dents cruelles. Henri, évêque de Beauvais, frère de Louis, roi de France, que nous avons dit plus haut avoir été moine de Clairvaux, fut transféré à l'archevêché de Rheims.

[1167.] Frédéric, empereur des Romains, marcha enflammé d'une ardente haine contre Alexandre, pape de Rome; mais, par le jugement de Dieu, presque toute son armée périt de la peste, et, vaincu ainsi, il s'en retourna chez lui avec peu de troupes. En ce temps mourut l'impératrice Mathilde, mère de Henri, roi d'Angleterre. Guillaume, roi de Sicile, mourut, et eut pour successeur son fils, Guillaume. En ce temps mourut Amaury, auparavant abbé de Charlieu, qui devint ensuite évêque de Senlis.

[1168.] Il y avait à Jérusalem une telle peste, que presque tous les pélerins moururent. Là, Guillaume, comte de Nevers, mourut sans héritier, et eut pour successeur Guy, son frère. Il y avait alors en Sicile un Français, chancelier du roi Guillaume, qui était odieux aux grands de Sicile. En haine de lui, ils envoyèrent dans la Pouille et la Calabre une lettre pour que tous les Français qu'on trouverait fussent mis à mort : ce qui fut exécuté; mais le roi de Sicile l'ayant su, condamna à un pareil sort les auteurs de cette sédition.

[1169.] En Sicile, la ville de Catane fut renversée par un tremblement de terre. L'évêque, le clergé et l'abbé de Milet périrent avec quarante moines et près de quinze mille hommes. Henri, roi d'Angleterre, par haine pour saint Thomas, archevêque de Cantorbéry, fit sacrer roi son fils aîné Henri, gendre de Louis, roi de France, par Roger, évêque d'Yorck, quoique cette fonction appartînt exclusivement à l'archevêque de Cantorbéry; cela, malgré l'opposition de l'archevêque, qui vivait exilé en France.

Hugues, archevêque de Sens, mourut, et eut pour successeur Guillaume, fils de feu Thibaut, comte de Champagne et frère de la reine de France Adèle, qui était élu évêque de Chartres, mais qui n'avait pas encore été consacré. Il fut consacré à Sens par Maurice, vénérable évêque de Paris.

[1170.] Dans le pays d'outre-mer, il y eut, le 28 juin, un horrible tremblement de terre qui renversa des villes et des châteaux, et fit périr une innombrable multitude de Chrétiens et de Païens. La plus grande partie d'Antioche croula, et la ville de Jérusalem éprouva une secousse, mais, par la miséricorde de Dieu, ne fut pas détruite. Henri, roi d'Angleterre, par l'intercession du pape Alexandre et du roi de France Louis, rappela de l'exil saint Thomas, archevêque de Cantorbéry. Il promit de se raccommoder avec lui; mais sur le point de leur réconciliation, il fit chanter une messe des morts, sachant bien qu'il ne donnerait point la paix qu'il ne voulait pas recevoir de l'archevêque.

[1171.] Amaury, roi de Jérusalem, ayant attaqué l'Egypte, fit tributaire Molin, roi gentil. Saint Thomas, archevêque de Cantorbéry, trois jours après son arrivée en Angleterre, fut, le 29 décembre, dans la soirée, tué non loin de l'autel, dans l'église métropole de Cantorbéry, par des serviteurs impies du roi d'Angleterre, et il fut, par ce glorieux martyre, un sacrifice du soir très-agréable à Dieu. La très-juste cause pour laquelle il mourut, aussi bien que d'innombrables miracles, attestent son mérite auprès de Dieu.

[1172.] Saladin, gentil, lequel avait été d'abord marchand d'esclaves à Damas, et fait ensuite chevalier par Eufride de Tours, illustre prince chrétien de la Palestine, faisant la guerre en Egypte, tua en trahison Molin, roi de ce pays, et s'empara de toute la principauté de l'Egypte. C'est pourquoi, si nous mesurons le prix des choses à un juste jugement, et non à l'opinion du monde, quelque grande que soit la puissance de la terrestre félicité, nous devons l'estimer méprisable, puisque des gens pervers et indignes l'atteignent souvent. Ce marchand d'esclaves, qui passa sa vie dans les lieux de prostitution, fit ses armes dans les tavernes et ses études au jeu, soudainement élevé, siégea avec les princes, et même, plus grand que les autres princes, gouverna glorieusement le royaume d'Egypte, et commanda dans la suite à presque tout l'Orient. Saint Thomas, archevêque de Cantorbéry, fut canonisé par le pape Alexandre. Il s'éleva une guerre entre Henri, roi d'Angleterre, et ses trois fils, Henri, Richard et Geoffroi.

[1173.] Le onzième jour de février, il apparut pendant la nuit, du côté septentrional du ciel, des bataillons de feu; et il éclata une telle lumière qu'on pouvait distinguer une pièce de monnaie d'une autre. Les fils du roi d'Angleterre Henri, attaquant leur père, firent en Normandie, par le secours de Louis, roi de France, et des grands, de violens ravages. Josse, archevêque de Tours, mourut dans une si grande pauvreté, qu'on put à peine trouver dans ce qu'il possédait de quoi l'ensevelir après sa mort. Il eut pour successeur Barthélemy, d'une illustre naissance, et éloquent dans ses discours. Après de longs débats, par l'autorité apostolique, il soumit à sa juridiction l'évêque de Dol, qui pendant long-temps avait été rebelle à l'église de Tours. Dans ce temps, florissait à Paris l'élite des docteurs, Pierre le Mangeur, homme très-éloquent, et supérieurement instruit dans les divines Ecritures. Rassemblant en un seul volume les histoires des deux Testamens, il fit un ouvrage très-utile et très-agréable, compilé d'après diverses histoires, et qu'il nomma l'Histoire scolastique.

[1174.] Amaury, roi de Jérusalem, mourut et eut pour successeur son fils, Baudouin. En ce temps mourut aussi Noradin, roi des Turcs, qui régnait à Damas. Saladin, qui avait soumis l'Egypte, prit en mariage la femme dudit Noradin, et avec elle s'empara du gouvernement du royaume après avoir mis en fuite les héritiers. Ensuite s'étant emparé de la terre de Roha et de Gésire, il soumit par la ruse ou par les armes les royaumes environnans jusqu'au fond de l'Inde citérieure, composa une monarchie de plusieurs sceptres, et s'appropria les principautés de Babylone et de Damas. Telles vicissitudes voulut opérer la puissance de la fortune, qui, en se jouant, d'un pauvre fait un riche, d'un homme de peu un grand, et d'un esclave un maître.

[1175.] Au mois de novembre il y eut une inondation d'eau extraordinaire qui renversa des métairies, engloutit les semences, et produisit plus tard une horrible et violente famine. C'est pourquoi un grand nombre de gens disaient que l'Antechrist était né, et qu'une si grande calamité annonçait sa venue. Henri, archevêque de Rheims, frère de Louis, roi de France, mourut, et eut pour successeur Guillaume, archevêque de Sens, frère d'Adèle, reine de France, et que Guy remplaça dans l'église de Sens. La paix fut rétablie entre Henri, roi d'Angleterre, et ses fils.

[1176.] Il y eut en France une très-grande famine; c'est pourquoi, afin de soutenir les pauvres, on prit les ornemens des églises et l'on brisa les châsses des saints : c'est alors surtout qu'éclata la munificence de Cîteaux pour le soutien des pauvres. Dans ce temps florissait Maurice, évêque de Paris, qui, par son habileté et sa science, de l'état le plus bas de pauvreté s'était élevé à la dignité pontificale. Pendant qu'il était pauvre et obscur, il ne voulut point recevoir un petit domaine ecclésiastique qu'il avait demandé, et qu'on lui offrit à condition qu'il ne deviendrait jamais évêque.

[1177.] Aux ides de septembre il y eut, à la sixième heure du jour, une éclipse de soleil. Dans ce temps florissait Anselme, évêque de Blois. Après sa mort, par la volonté divine, des lampes s'allumèrent d'elles-mêmes à son tombeau, à l'exception d'une seule à qui un certain usurier fournissait de l'huile, et qui ne put s'allumer. Il vint en la ville d'Avignon un jeune homme nommé Benoît, qui se dit envoyé du Seigneur pour construire un pont sur le Rhône. On le tourna en dérision tant qu'il n'eut pas de quoi exécuter ce projet, et parce que la largeur faisait croire la chose impossible; mais par l'inspiration de Dieu, les gens du pays furent excités à faire ce qu'il fallait pour le prompt accomplissement de cette œuvre.

[1178.] Frédéric, empereur des Romains, abjura le schisme qui avait duré seize ans et fit une réparation publique; il fit la paix avec le pape Alexandre, et le schisme ainsi fini, la concorde se rétablit dans l'Eglise. Malgré les schismes nombreux dont on lit que fut déchirée l'Eglise romaine, aucun cependant n'y produisit un embrasement plus furieux et plus durable que celui dont nous venons de parler. Une innombrable multitude de Turcs vint à Jérusalem, mais ils se retirèrent vaincus par les Chrétiens, inférieurs en nombre, en forces et en armes.

[1179.] Le pape Alexandre célébra à Latran dans Rome, après la mi-carême, un concile où se rassembla, de divers pays, un nombre infini d'évêques et d'abbés. Dans le pays d'outre-mer, des chevaliers du Temple s'étant, par le secours du roi de Jérusalem et des princes, réunis en un lieu appelé le Gué de Jacob, occupèrent un château très-fortifié. Après qu'ils l'eurent tenu pendant quelque temps, les Turcs s'emparèrent par sédition des chevaliers et du château, qu'ils rasèrent. Agnès, fille de Louis, roi des Français, fut conduite à Constantinople et mariée au fils de l'empereur Manuel. A la fête de la Toussaint, Philippe, fils de Louis, roi de France, fut couronné roi de France, à Rheims, dans la quinzième année de son âge, par Guillaume, archevêque de Rheims, son oncle, en présence de Henri le Jeune, roi des Anglais, qui avait épousé sa sœur, et du vivant même de son père le roi Louis, fut attaqué d'une paralysie. En ce temps, mourut le très-fameux docteur Pierre le Mangeur, qui partagea toutes ses richesses aux pauvres et aux églises. On grava cette épitaphe sur son tombeau dans l'église de Saint-Victor, à Paris :

> Celui que couvre cette pierre était Pierre, appelé le Mangeur.
> Maintenant je suis mangé.
> Vivant, j'ai enseigné, et, mort, je ne cesse pas d'enseigner,
> Afin que celui qui me verra devenu cendre dise :
> Ce que nous sommes, il l'a été, et nous serons un jour ce qu'il est.

[1180.] Le jeune Philippe, roi des Français, prit en mariage Isabelle, fille de Baudouin, comte du Hainaut, et nièce par sa sœur de Philippe, comte de Flandre, et reçut avec elle Arras, et tout ce que le comte possédait de terre aux environs de la Lys ; Guy, archevêque de Sens, la sacra reine à Saint-Denis, promesse ayant été faite auparavant qu'il ne réclamerait pour cela aucun droit sur l'église de Saint-Denis, en France, qui est indépendante de sa juridiction et de celle de l'évêque de Paris.

Louis, roi de France, succomba sous une paralysie et les infirmités de la vieillesse, et fut enseveli dans une abbaye de Cîteaux par lui construite, sous le nom de Saint-Port, dans le lieu appelé Barbeaux, près du château de Melun, sur la Seine. Il fut louable par son honnêteté, simple et bienveillant envers ses sujets, aimant la paix; il fit ou soutint quelquefois, mais rarement, la guerre, et gouverna son royaume tranquillement et avec bonté. C'est pourquoi sous son règne un grand nombre de nouvelles villes furent bâties et d'anciennes agrandies. Beaucoup de forêts furent coupées et divers ordres religieux s'étendirent en différens lieux. Il eut pour successeur son fils, le roi Philippe.

Manuel, empereur de Constantinople, mourut et eut pour successeur son fils Manuel encore jeune, qui avait pris en mariage la fille de Louis, roi de France. Il s'éleva de violentes discussions entre Frédéric, empereur des Romains, et le duc de Saxe. Beaucoup de gens furent pris et tués, et beaucoup de villes et d'églises incendiées et détruites. Guérin, archevêque de Bourges, et Jean, évêque de Chartres, moururent; c'étaient des hommes aussi fameux par leur sagesse que par la fermeté de leur esprit. Jean écrivit la passion de saint Thomas, archevêque de Cantorbéry, dont il avait été le compagnon.

[1181.] Henri, comte de Champagne, revenant, par l'Asie, de Jérusalem, fut pris par les Turcs; mais il fut délivré par l'empereur de Grèce. Cependant dès qu'il eut atteint sa terre, il affligea bientôt par sa mort les hommes que son retour avait comblés de joie. Baudouin, roi de Jérusalem, fut, dès sa jeunesse, infecté de la lèpre. . . . . . . . . . .[1] jour de dimanche, pendant que le prêtre célébrait la messe, comme il avait posé sur l'autel deux hosties, l'une pour le sacrifice et l'autre dans l'intention de la serrer pour les malades, au moment où il disait, *notre père,* l'hostie qu'il tenait distilla du sang, ce qui rougit ses mains et la nappe de la communion, et cette hostie apparut, au roi de France et au peuple qui étaient présens, comme une chair livide. En Bourgogne, dans la ville de Brienne, à Vendôme et à Arras, il arriva de semblables miracles, et ce ne fut pas sans motifs, d'après le témoignage de l'Ecriture, qui dit : « Rien sur la terre ne se fait sans cause. » En effet, Henri, évêque d'Albano, fut envoyé en Gascogne par le pape Alexandre pour détruire la perfidie des hérétiques, qui ne croyaient pas au sacrement de l'autel. Ses prédications soutenues d'une innombrable armée de chevaliers et d'hommes de pied, domptèrent les hérétiques.

La paix fut rétablie entre Frédéric, empereur des Romains, et le duc de Saxe, à condition que le duc ne recevrait le duché de Saxe qu'après un exil de sept ans. C'est pourquoi le duc avec sa femme et ses fils Guillaume et Othon, qui dans la suite devint empereur, se rendit en France auprès de Henri, roi d'Angleterre, père de sa femme, et demeura longtemps avec le roi en ce pays et ailleurs.

Le pape Alexandre étant mort, Luce III, Toscan de nation, cent soixante-quinzième pape, gouverna

[1] Il y a ici une lacune.

l'Eglise de Rome. Philippe, comte de Flandre, duc de Bourgogne, Guillaume, archevêque de Rheims, le comte de Blois et le comte de Sancerre, conspirèrent ensemble contre le roi de France Philippe, et troublèrent toute la France. Le roi, se voyant abandonné de la plus grande partie des siens, appela les Brabançons à son secours, et ravagea avec eux la terre du comte Étienne.

[1182.] Frédéric, empereur des Romains, voulant porter secours aux ennemis de Philippe, roi de France, leva une armée par tout son empire ; mais le roi d'Angleterre Henri avec ses fils ayant porté secours au roi et interposé sa médiation, la paix fut rétablie entre le roi et lesdits barons. A Constantinople, Andronic, né de la race impériale, s'étant emparé par force de l'empire, sous prétexte de la tutelle du jeune Manuel [1], empereur, persuada aux Grecs qu'ils seraient exterminés par les Latins et les Francs s'ils ne les chassaient de la Grèce. Car l'empereur Manuel, père de celui-ci, tant qu'il avait vécu, avait affectionné les Latins et les Francs, au point de les employer seuls dans ses expéditions, et de les revêtir des premiers honneurs du palais. Il avait pris en mariage une Française, dont il avait eu un fils, qu'il maria à une Française, à la fille de feu Louis, roi des Français. C'est pourquoi les Grecs irrités se jetèrent sur les Latins et les Francs, et, autant qu'ils en trouvèrent, ils les tuèrent, ou les chassèrent de la ville. Andronic s'étant ainsi emparé du palais, les portiques furent incendiés, et le feu consuma d'innombrables richesses et beaucoup d'édifices. Dans ce temps floris-

[1] Le nom du pupille d'Andronic n'était point Manuel, mais Alexis.

sait Pierre le Borgne, abbé de Clairvaux, à qui saint Bernard et saint Malachie apparurent et dirent que l'abbé Girard, son prédécesseur, tué par un frère à cause d'une correction de discipline exercée contre lui, régnait comme martyr avec le Christ.

[1183.] A Constantinople, Andronic fit noyer dans la mer son seigneur le jeune empereur Manuel, et usurpa l'Empire. Henri le Jeune, roi d'Angleterre, mourut dans le territoire de Limoges, à un château appelé Marcel, et fut enseveli à Rouen dans la grande église.

Il s'éleva une dissension entre le pape Luce et les Romains, qui chassèrent le Pape de leur ville avec beaucoup d'outrages. Ils arrachèrent les yeux à beaucoup de gens du parti du Pape, et, leur mettant des mitres sur la tête, leur firent jurer qu'ils se présenteraient dans cet état au Pape. A cette vue, le Pape n'étant pas de force à soutenir la partie, se rendit à Vérone, espérant que l'empereur Frédéric lui porterait secours. Saladin, roi des Turcs, ayant attaqué le pays de Jérusalem, tua et prit un grand nombre de Chrétiens, mais peu de temps après il fut repoussé, et ayant accepté une trêve, s'en retourna chez lui.

Philippe, roi des Français, fit détruire dans son royaume les synagogues des Juifs dans la plupart desquelles il fit construire des églises. Il enferma d'un mur le bois de Vincennes près Paris, et fit bâtir à Paris, sur une place appelée Champeaux, des halles où il institua un marché.

Dans la province de Bourges, plus de sept mille Cotereaux furent tués par les habitans de ce pays, rassemblés contre les ennemis de Dieu. Ces Cotereaux ravageant la terre de France, en emportaient du butin, emmenaient avec eux, dans l'état le plus misérable, les hommes qu'ils avaient pris, couchaient, ô crime! avec les femmes des prisonniers et à la vue de ceux-ci; et, ce qui est pire, incendiaient les églises consacrées à Dieu, emmenaient captifs avec eux les prêtres et les religieux, et durant qu'ils les tourmentaient se moquaient d'eux, en les appelant chanteurs, et leur disant avec insulte : *Chantez pour nous, chanteurs, chantez,* et aussitôt ils leur donnaient des soufflets ou les frappaient avec de grosses verges. Quelques-uns, ainsi flagellés, rendirent leur sainte ame au Seigneur; d'autres, donnant de l'argent pour leur rançon, s'en retournèrent chez eux à demi morts par l'effet d'une longue captivité. Ces mêmes Cotereaux aussi, on ne le saurait dire qu'avec des soupirs et des gémissemens, par un acte encore plus détestable, en dépouillant les églises, retirèrent le corps du Seigneur des vases d'or ou d'argent où il était conservé pour le besoin des malades, et le jetant ignominieusement à terre le foulèrent aux pieds. Leurs concubines faisaient des coiffures avec les nappes de la communion, emportaient sans respect les calices et les brisaient à coups de pierres. Dans le même temps, un grand nombre d'hérétiques furent brûlés en Flandre par Guillaume, archevêque de Rheims, légat du Siége apostolique, et par Philippe, comte de Flandre. Ils prétendaient que toutes les choses impérissables avaient été créées de Dieu, mais que le corps de l'homme, et tout ce qui est périssable, avait été créé par Lucifer. Ils rejetaient le baptême des petits enfans et le sacrement de l'eucharistie, et disaient que les prêtres célébraient des messes par avarice et par cupidité pour les offrandes.

[1184.] Il s'éleva une dissension entre Philippe, roi de France, et Philippe, comte de Flandre, au sujet de la terre et du comté de Vermandois. Ledit comte avait pendant long-temps, du vivant du roi Louis, père dudit roi Philippe, après la mort de Raoul, comte de Vermandois, possédé cette terre en paix et tranquillité, quoiqu'injustement, et s'opiniâtrait encore à la vouloir retenir. C'est pourquoi le roi Philippe rassembla une armée près de la ville d'Amiens; mais le comte, craignant sa puissance et le grand nombre de ses troupes, lui rendit tout le Vermandois; il demanda cependant qu'on lui laissât, pendant sa vie seulement, les châteaux de Saint-Quentin et Péronne, et obtint ce qu'il desirait.

Héraclius, patriarche de Jérusalem, se rendit en France, avec le prieur de l'Hôpital, auprès du roi Philippe, qui leur rendit beaucoup d'honneurs, pour lui demander de secourir la Terre-Sainte. Comme le roi n'avait pas alors d'héritier, par le conseil des prélats et des grands, il envoya pour le secours de la Terre-Sainte une grande multitude de chevaliers et d'hommes de pied, leur fournissant sur ses propres revenus des sommes suffisantes.

Philippe, roi de France, fit paver de dures et fortes pierres toutes les rues de Paris, s'efforçant par là de faire perdre à cette ville son ancien nom, car elle avait été appelée autrefois Lutèce par quelques hommes, à cause de la boue dont elle était empuantie. Elle avait été fondée autrefois par les Troyens sortis de la Sicambrie avec Ybor, leur prince, huit cent quatre-vingt-cinq ans avant l'Incarnation du Seigneur, et ils lui avaient donné le nom de Paris, et avaient pris celui de Parisiens, d'Alexandre Pâris, fils de Priam, roi de la ville de Troie, détruite sous son règne.

[1185.] Baudouin, roi de Jérusalem, mourut. On créa roi à sa place Baudouin, son neveu par sa sœur Sybille, qui, étant tout jeune encore, fut mis en la garde de Raimond, comte de Tripoli. Guillaume, roi de Sicile, attaqua, à la tête d'une armée de terre et de mer, Andronic, usurpateur de l'empire de Constantinople, et prit et ravagea Thessalonique et beaucoup d'autres villes. A la mi-carême, il y eut un tremblement de terre en Grèce, dans une ville appelée Ucétique. La même année, aux nones du mois d'avril suivant, la veille du dimanche de la Passion, il y eut une éclipse de lune partielle.

Andronic, usurpateur de l'empire de Constantinople, fit périr un grand nombre de Grecs, et surtout des nobles; c'est pourquoi il devint odieux et suspect à tous. On créa donc empereur un descendant de la race impériale, nommé par les uns Cursat, et par d'autres Isaac. Il vint à Constantinople, se concilia les esprits des citoyens, et obtint d'être couronné empereur par le patriarche. Il attaqua aussitôt Andronic avec les siens, lui fit couper les pieds et les mains, le fit conduire ainsi par la ville sur un chameau, et ensuite lui fit arracher les yeux et couper la langue. Le pape Luce étant mort à Vérone, Urbain III, Milanais de nation, cent soixante-seizième pape, gouverna l'Eglise de Rome.

[1186.] Geoffroi, comte de Bretagne, troisième fils de Henri, roi d'Angleterre, mourut à Paris, et fut, par le consentement du roi de France, enseveli dans la grande église de Sainte-Marie. Philippe, roi de France, délivra le château de Vergy, en Bourgogne, assiégé pendant long-temps par le duc de Bourgogne. Henri, fils de l'empereur Frédéric, fut créé roi des Romains par son père, et prit en mariage une sœur de Guillaume, roi de Sicile, nommée Constance. Il s'éleva entre elle et le pape Urbain une violente inimitié. Baudouin, roi de Jérusalem, mourut, encore enfant. Il eut pour successeur au trône Gui, comte de Lusignan, marié à Sybille, mère du jeune prince. Cette élection déplut au comte de Tripoli, qui avait été créé tuteur du jeune roi; c'est pourquoi il commença par donner au roi et aux siens diverses preuves de sa haine. La sœur de Philippe, roi de France, auparavant femme de feu Henri le Jeune, roi d'Angleterre, fut conduite en Hongrie pour être mariée à Bèle, roi de ce pays.

Renaud, prince d'Antioche, rompit la trêve que de part et d'autre avaient promis d'observer les alliés chrétiens et le roi des Turcs. Comme une nombreuse et riche caravane de Turcs passait de Damas en Egypte, sans crainte de faire route dans l'intérieur de la terre des Chrétiens, car ils avaient confiance en la trêve, tout-à-coup ledit prince fondit sur eux, et eut l'infamie de les emmener prisonniers avec tous leurs bagages.

Il vint, du pays de Calabre, vers le pape Urbain, qui demeurait à Vérone, un abbé, nommé Joachim, qui avait reçu de Dieu le don d'intelligence, en sorte qu'il expliquait avec éloquence et sagesse les difficultés des Ecritures. Il disait qu'ignorant les lettres, un ange du Seigneur lui avait apporté un livre, lui disant : « Vois, lis et comprends. » Et ainsi avait-il été divinement instruit. Il disait que jusqu'alors les mystères de l'Apocalypse avaient été inconnus, mais que maintenant ils allaient être par lui éclaircis dans l'esprit de la prophétie, comme il serait évident à ceux qui liraient le petit ouvrage qu'il avait écrit. Il disait de plus que de même que les Ecritures de l'ancien Testament contiennent l'espace de cinq âges du monde écoulés depuis Adam jusqu'au Christ, ainsi le livre de l'Apocalypse expose le temps du sixième âge commençant depuis le Christ; que ce sixième âge se divise en six petits âges, désignés assez convenablement par chaque période de ce livre. Il rapportait que ces choses lui avaient été révélées à la fin du cinquième petit âge, et que bientôt viendrait le sixième, dans lequel il assure qu'un grand nombre de différentes tribulations fondront sur le monde, et l'accableront, comme on le voit d'une manière évidente, à l'ouverture du sceau et dans la période du sixième livre, qui traite de la ruine de Babylone. Ce qu'il y a de plus remarquable et de plus suspect dans cet ouvrage, c'est qu'il y annonce la fin du monde, et pense qu'elle doit arriver dans l'espace de deux générations, formant selon lui soixante ans. On rapporte qu'il écrivit beaucoup, et offrit ses livres à corriger au Pape, car on dit que dans quelques-uns il commit des erreurs.

[1187.] Saladin, soudan de Babylone, irrité de l'outrage que le prince d'Antioche avait fait aux siens, attaqua vigoureusement la Palestine, et envoya l'émir d'Edesse avec sept mille Turcs ravager la Terre-Sainte.

Celui-ci s'étant avancé dans le pays de Tibériade, rencontra par hasard Gérard de Bedford, grand-maître de la milice du Temple, et Roger des Moulins, maître de l'Hôpital; les attaquant à l'improviste, il les vainquit, mit en fuite Gérard, tua Roger, prit et tua un grand nombre de Templiers.

Il s'éleva une dissension entre le roi de France Philippe et Henri, roi d'Angleterre. Le roi Philippe demandait à Richard, fils du roi d'Angleterre, qui était devenu comte de Poitou, qu'il lui fît hommage de ce comté. Richard, conseillé par son père, tardait de jour en jour à le faire. Philippe réclamait aussi du roi d'Angleterre Gisors et d'autres châteaux du Vexin normand, livrés par son père, le roi Louis, pour la dot de Marguerite, sa sœur, lorsqu'il la maria au roi Henri, fils de Henri le Grand, et qui devaient revenir au roi de France, si Henri mourait sans héritier. Le roi d'Angleterre n'ayant pas voulu les rendre, Philippe, roi de France, rassembla une armée, entra en Aquitaine, prit Issoudun et plusieurs forteresses du roi d'Angleterre, et ravagea la terre jusqu'à Châteauroux, où était le roi d'Angleterre; mais la clémence de Dieu intervenant, comme on s'attendait à une bataille de part et d'autre, la paix fut tout-à-coup rétablie entre eux par l'intervention des prud'hommes.

Saladin, rempli de joie de la victoire des siens, éleva plus haut ses vues, et s'enflamma du desir de s'emparer de tout le royaume de Jérusalem. Il attaqua la Galilée, et assiégea Tibériade. A la nouvelle de ce siége, Gui, roi de Jérusalem, les Templiers, les Hospitaliers, les évêques, les grands et le peuple, se rassemblèrent, et marchèrent à la rencontre des ennemis, qui levèrent le siége, et campèrent auprès des sources situées à quatre milles de Tibériade. Le troisième jour de juillet, on s'avança au combat, et on se battit avec une très-grande ardeur; mais la nuit sépara les combattans. Ce jour-là, les nôtres se battirent avec une très-grande force, mais sans pouvoir s'approcher des sources, dont les ennemis s'étaient emparés; en sorte que pendant ce combat, qui dura tout le jour, ils furent accablés de chaleur et de soif, n'ayant pas d'eau à boire. Le lendemain matin, les ennemis se tinrent prêts, et commencèrent à fondre sur les nôtres, qui n'étaient pas encore préparés au combat; ce que voyant les princes et les premiers de l'armée, ils allèrent en toute hâte trouver le roi, et délibérèrent en commun sur ce qu'ils avaient à faire. Le roi consulta quelqu'un d'entre les chevaliers qui avaient combattu contre les Turcs sur ce qu'il devait faire dans une si pressante occasion. Celui-ci conseilla de se précipiter de toutes ses forces sur le bataillon où flottait en l'air la bannière de Saladin. Cet avis plut à tout le monde, excepté au comte de Tripoli, par le conseil duquel on s'empara des hauteurs. Ainsi l'utile conseil ayant été rejeté, les nôtres furent accablés par la chaleur et l'éclat du soleil, et écrasés par des pluies de traits. Le comte de Tripoli jeta ses armes, et se sauva dans un château appelé Saphet. Cependant il se fit un déplorable carnage des nôtres; l'évêque d'Accon, blessé à mort, remit la croix du Seigneur qu'il portait à un autre qui la donna au roi. Le combat s'étant animé, le roi Gui fut pris, et la sainte croix du Seigneur fut emportée par les Turcs. Ce fut le second outrage que souffrit cette sainte croix, à cause de nos crimes, depuis Cosdroé (Cosroès), roi des Perses; et celle qui nous a délivrés du joug de notre ancienne captivité a été, à cause de nous, emmenée captive et profanée par l'attouchement des mains des Gentils. Les ennemis décapitèrent immédiatement tout ce qu'ils trouvèrent de Templiers et d'Hospitaliers.

Le roi Gui et le grand-maître du Temple furent gardés comme monumens de cette victoire. Renaud, prince d'Antioche, qui avait toujours opprimé les Sarrasins, eut la tête tranchée de la propre main de Saladin. Ainsi les nôtres furent, selon leur mérite, livrés entre les mains des Gentils, et subjugués par les Turcs. En effet, le clergé et le peuple s'étaient plongés dans différens excès de luxure, et tout le pays était souillé de crimes et de désordres. Ceux-là même qui portaient l'habit religieux avaient honteusement dépassé les bornes de la tempérance prescrite par leurs règles; on en voyait peu dans les monastères ou dans la Sicile qui ne fussent attaqués de la maladie d'avarice ou de luxure.

Saladin, après avoir remporté sur les nôtres cette fameuse victoire, retourna vers le pont de Tibériade, où il fit le partage des dépouilles, dont il fit porter les meilleures à Damas; ensuite levant les yeux au ciel, il rendit grâces à Dieu de la victoire qu'il avait remportée; ce qu'il avait coutume de faire en toute circonstance; et on rapporte entre autres choses qu'il répéta souvent que nos seules iniquités, et non sa puissance, lui avaient valu cette victoire. Ensuite étant venu assiéger Accon, appelée aussi Ptolémaïs, cette ville se rendit à lui après deux jours de siége. Il ne fit pas subir à ceux qui voulurent y rester d'hostiles vexations, et donna un sauf-conduit à ceux qui aimèrent mieux se retirer. Ce qui fait honneur à la générosité de Saladin, c'est qu'il ne souffrit pas qu'on opprimât ceux qui voulaient se soumettre à lui et vivre ses tributaires. Il était rigide observateur de sa parole et gardien intègre de son serment, et si généreux qu'à peine personne essuyait-il jamais de lui un refus. Tout le pays, privé de ses plus vaillans défenseurs, était dans l'épouvante.

Sur ces entrefaites, arriva le marquis Conrad, fils du marquis de Montferrat, qui se rendait de Constantinople à Jérusalem. Etant marié à une sœur de l'empereur Cursat, il avait combattu avec un noble Grec, qui voulait déposer Cursat et s'introduire dans Constantinople, et l'avait tué. De là, s'éloignant, il apprit que les Turcs étaient en possession de la ville d'Accon, et s'approcha de Tyr dans la résolution de la défendre. Son arrivée fut avantageuse aux Chrétiens présens et futurs, et lui tourna à gloire et honneur. Alors le comte de Tripoli, qui s'était réfugié à Tyr après le combat de Tibériade, témoin de la puissance du Marquis, suspect à tous, et soupçonnant tout le monde, s'enfuit à Tripoli. Saladin lui manda aussitôt qu'il fît jurer aux siens les conventions dont il lui avait prêté serment. Le comte ayant assemblé les citoyens, leur ordonna de prêter serment, disant qu'il fallait céder au temps, et qu'ils ne pourraient résister à Saladin. Les citoyens répondirent qu'ils refusaient absolument de jurer, à moins d'apprendre auparavant la teneur du serment; et ayant demandé un délai à ce sujet pour jusqu'au lendemain matin, il leur fut accordé. La nuit même, le comte fut frappé de la vengeance divine; la chose ne put être douteuse, car le corps du défunt ayant été mis à nu, on vit qu'il avait reçu récemment la marque de la circoncision; d'où il fut publiquement reconnu qu'il avait fait alliance avec Saladin et commencé à observer la religion des Sarrasins. Après lui, le fils du prince d'Antioche obtint par droit de parenté le gouvernement de la ville de Tripoli.

Louis, le premier fils de Philippe, roi de France, naquit la veille de l'Assomption de la sainte Vierge Marie, mère de Dieu. Saladin, après la reddition d'Accon, s'empara de Béryte et de Sidon; mais ayant espéré de s'emparer de Tyr avec la même facilité, il fut honteusement repoussé par le Marquis, et s'éloigna. De là, il arriva à la ville d'Ascalon, qui se rendit à lui le 4 septembre, après différens assauts, à condition que les citoyens en sortiraient librement, et qu'il rendrait le roi Gui avec quinze des principaux prisonniers. Le jour que la ville fut livrée à ces conditions, le soleil, comme prenant part à une telle affliction, priva par une éclipse la ville et le monde des bienfaits de sa lumière, de telle sorte que les étoiles apparurent comme dans la nuit. Dans ce temps les Turcs assaillirent la ville de Laodicée, et, livrant bataille au prince d'Antioche, tuèrent un grand nombre des siens; ensuite ils infestèrent Antioche et le pays d'alentour de meurtres, d'incendies et de pillages, et ravagèrent par les rapines et par la flamme la riche terre appelée Montferrat; mais, comme ils s'en revenaient, ils furent vaincus et mis en fuite par les habitans d'Antioche.

Saladin, ayant fortifié Ascalon, se hâta de marcher

avec ses Turcs vers Jérusalem. Ayant mis le siége devant cette ville du côté de l'occident, il l'assaillit pendant dix jours consécutifs; mais les citoyens lui opposèrent une courageuse résistance. Les Turcs, voyant qu'ils n'avançaient en rien de cette manière, dirigèrent leurs attaques sur la Cité sainte du côté de l'occident. Alors les habitans, considérant qu'ils ne pourraient résister aux assiégeans, prirent en commun la résolution de se rendre, vie et bagues sauves. Mais Saladin, comme ils avaient long-temps résisté à sa volonté, demanda qu'il lui fût donné pour leur rançon dix bysantins pour chacun des habitans au dessus de quinze ans, cinq pour chaque femme, et un pour chaque enfant. Dès qu'on se fut accordé de part et d'autre, le second jour d'octobre, qui était le treizième du siége, un vendredi, la sainte Cité, chose douloureuse à rapporter, fut livrée à Saladin. Il fit aussitôt briser les cloches des églises, dont les Turcs firent des étables pour leurs chevaux et leurs bêtes de somme. Les Syriens rachetèrent à prix d'or l'église du sépulcre, de peur qu'elle ne fût souillée par les ordures des Gentils. Saladin fit arroser d'eau de rose, en dedans et en dehors, avant d'y entrer, le temple du Seigneur, que les Turcs, selon leurs rites, avaient depuis long-temps en vénération. Il tint quitte de la taxe imposée beaucoup de milliers de pauvres, qui ne pouvaient la payer, et fit pendant quelque temps donner sur son propre fisc le nécessaire à des malades. La reine Sibylle, avec le patriarche Héraclius, les Templiers, les Hospitaliers et une immense troupe d'exilés, partirent pour Antioche; d'autres naviguèrent vers Alexandrie ou vers la Sicile.

Ainsi donc fut prise Jérusalem, la cité sainte, quatre-vingt-huit ans après qu'elle avait été arrachée aux Turcs. Les nôtres la possédèrent à peu près autant de temps que les Turcs l'avaient auparavant possédée. Les Syriens, les Géorgiens, les Jacobites, les Grecs et les Arméniens, restèrent dans Jérusalem sous la domination des Turcs, réduits en esclavage. Dès que le récit du malheur du pays d'outre-mer eut été entendu dans l'Occident, il blessa le cœur de tous d'une poignante douleur. Le pape Urbain ayant appris une si déplorable nouvelle, en fut saisi d'une grande affliction, et, tombant en langueur, mourut peu de temps après, et fut enterré à Ferrare. Il eut pour successeur Grégoire VIII, Bénéventin de nation, cent soixante-dix-septième pape de l'Eglise romaine. Mais, deux mois après, étant venu à Pise, et ayant rétabli la paix entre les habitans de cette ville et ceux de Gênes, qui étaient en discorde, et prêché de toutes ses forces pour le secours de Jérusalem, ô douleur! à l'approche de la Nativité du Seigneur, Grégoire fut enlevé à la vie de ce monde. On l'enterra avec honneur dans la ville de Pise. Après lui, Clément III, Romain de nation, fut le cent soixante-dix-huitième pape qui gouverna l'Eglise de Rome. L'empereur de Constantinople et le roi de Sicile furent ramenés à la paix.

[1188.] Gui, roi de Jérusalem, délivré de la prison de Saladin, s'avança vers Tyr, mais le marquis Conrad lui refusa l'entrée de cette ville. Le roi, dissimulant sagement cet affront, demeura pendant un an tantôt à Antioche, tantôt à Tripoli, attendant que les Chrétiens d'outre-mer vinssent au secours de la Terre-Sainte. Philippe, roi de France, et Henri, roi d'Angleterre, s'étant réunis à une conférence entre Trie et Gisors, pour apaiser leurs différends, prirent la croix, à la persuasion de l'archevêque de Tyr, qui était venu en France solliciter des secours pour la Terre-Sainte. Les barons et les chevaliers, et une foule innombrable d'hommes de toute condition, excités par leur exemple, prirent aussi la croix du Seigneur. Dans le même temps, Frédéric, empereur des Romains, s'engagea au même vœu de pèlerinage, et tous, dans son empire, et même dans tout l'univers, brûlaient du même desir et du même zèle.

Par le conseil de Philippe, roi de France, et des grands de son royaume, on mit la dîme sur tous les biens et meubles pour le soutien des pèlerins qui marchaient vers la Terre-Sainte. Cela tourna à grand dommage, parce qu'un grand nombre de ceux qui percevaient la dîme surchargeaient plus violemment les églises; et l'on a cru que ce fut à cause de ce péché qu'échoua le voyage d'outre-mer. Satan, jaloux des heureux commencemens de l'entreprise des princes croisés, sema la discorde entre eux pour que cette parole du prophète fût accomplie: « La discorde s'est « répandue sur les princes et les a fait errer hors du « bon chemin. » En effet, bientôt s'éveilla entre Philippe, roi de France, et Henri, roi d'Angleterre, la discorde qu'on croyait entièrement assoupie. Le roi Philippe, ayant rassemblé un grand nombre d'hommes d'armes, entra dans le territoire d'Auvergne, et se soumit tout ce qui appartenait au roi d'Angleterre. Dès que le roi d'Angleterre l'apprit, violemment irrité, il entra en Normandie du côté de Gisors, et détruisit un grand nombre de villes. Le roi de France l'ayant ap-

5.

pris, vint à sa rencontre, et le força de fuir jusqu'à un château appelé Trou, d'où il le chassa honteusement, et soumit sur son passage le Vermandois. Enfin, l'hiver étant arrivé, on conclut une trêve, et de part et d'autre on se reposa des fatigues de la guerre. Les Templiers, les Hospitaliers, et un grand nombre de vaillans hommes, se mirent en mer pour aller secourir les opprimés de la Terre-Sainte. Guillaume, roi de Sicile, faisait tenir le chemin de la mer libre et à l'abri des pirates par le commandant de sa flotte, et aidait très-généreusement les Chrétiens d'outre-mer, tant du secours de ses vaisseaux que par une grande abondance de choses de toutes sortes.

Il y eut une sécheresse extraordinaire, au point que, dans beaucoup d'endroits, les fleuves, les sources et les puits furent taris, et la France souffrit beaucoup de désastres par les incendies; car les villes de Tours, de Chartres, de Beauvais, d'Autun et de Troyes, le château de Provins et un grand nombre d'autres villes, furent misérablement brûlés. Saladin fit réparer et munir de fortifications les villes et châteaux qu'il avait enlevés aux Chrétiens. Il assiégea de nouveau la ville de Tyr par mer et par terre, et, essayant tous les moyens, il présenta captif aux yeux du Marquis son père, qu'il avait pris au combat de Tibériade, dans la confiance que, pressé des sentimens de l'affection filiale, il lui rendrait la ville en échange. Tantôt il offrait de le rendre, tantôt il menaçait de le faire périr, et essayait différens moyens; mais en tout ses espérances furent trompées, car le Marquis, ne sachant pas fléchir, se moqua de son offre, méprisa ses menaces; et toutes les fois que pour exciter sa compassion, on lui montrait son père dans les fers, saisissant aussitôt une arbalète, il dirigeait obliquement ses traits sur son père, décidé à le manquer, mais voulant avoir l'air de le tirer. Il affirma à des envoyés du soudan, qui le menaçaient de la mort de son père, qu'il la desirait de tous ses vœux, afin qu'après tant de crimes, ce méchant trouvât une mort honorable, et que lui, il eût la grâce d'avoir un père martyr. Saladin, trompé dans l'espérance d'avoir la ville par ce moyen, tenta par les armes ce qu'il ne pouvait obtenir par la ruse; mais, vaincu par le Marquis sur terre et sur mer, il se retira honteusement.

[1189.] Les archevêques de Ravenne et de Pise, s'étant mis en mer avec une nombreuse armée d'Italiens, firent voile vers Tyr, et furent d'un grand secours pour les habitans de cette ville. Frédéric, empereur des Romains, et le duc de Souabe, son fils, prirent le chemin du pélerinage d'outre-mer à la fête de saint George, entrèrent dans la Hongrie avec une multitude infinie, et furent reçus avec honneur par le roi de ce pays. De là ayant passé le Danube, ils se dirigèrent vers la Thrace par la Bulgarie. Mais l'empereur des Grecs leur ayant refusé passage et obstrué les chemins, ils se détournèrent vers la Grèce, et, s'emparant d'une partie de ce pays, y demeurèrent quelque temps. Cinquante vaisseaux de la Grèce et du Danemarck, ligués ensemble, entreprirent le même pélerinage. Trente vaisseaux partis de la Flandre, et suivant les autres, assiégèrent en passant du côté de l'Espagne une ville des Sarrasins, nommée Silvie; et l'ayant prise après quarante jours de siége, ils la pillèrent, n'épargnant ni le sexe, ni l'âge, et massacrant tout sans distinction ; ensuite ils partagèrent également entre eux les richesses qu'ils trouvèrent, et remirent la ville en la possession du roi chrétien de Portugal.

Cependant la discorde s'échauffant entre le roi de France et le roi d'Angleterre, plusieurs villes et châteaux furent dévastés ; la ville de Tours, ainsi que celle du Mans, furent prises par le roi de France. Ensuite la paix ayant été conclue entre eux, le roi Henri mourut, pénétré, dit-on, d'une extrême douleur de se voir vaincu par le roi de France, et abandonné par son fils Richard, qui avait passé du côté de son ennemi. Il fut enterré dans un monastère de nonnes, appelé Fontevrault, qu'il avait enrichi de beaucoup de revenus et de présens. Ce fut un homme fameux par sa sagesse et ses exploits, qui prospéra par d'heureux succès, et digne d'une éternelle mémoire s'il n'eût persécuté saint Thomas de Cantorbéry. Il eut pour successeur Richard son fils.

Le château de Crach ou Crac, assiégé depuis deux ans par les Turcs, fut remis à Saladin, et par là fut délivré Honfroi de Toron, retenu dans les fers. Gérard, grand-maître du Temple, obtint également sa liberté, et le père du Marquis fut rendu en échange d'un prisonnier gentil. Beaucoup de milliers de Chrétiens s'étant approchés de Tyr et de Tripoli, Gui, roi de Jérusalem, leur fit gagner et assiéger Acre. Saladin vint à leur rencontre pour secourir les assiégés, et attaqua les assiégeans. Les nôtres, hors d'état de soutenir l'attaque des ennemis, construisirent des retranchemens et barricades, en forme de châteaux, et, mis à l'abri, soutinrent contre les ennemis de très-violens combats. Etant ainsi demeurés pendant long-temps au siége, un grand nombre moururent du mal de dysenterie; devant et derrière eux ils étaient menacés de l'attaque des ennemis. Le temps fut si mauvais, et il y eut de telles inondations de pluie, que l'excessive humidité corrompait les vivres. C'est pourquoi nous devons admirer et vénérer à jamais le courage d'un homme que tant de maux ne purent abattre, et qui demeura inébranlable. A ce siége mourut Sibylle, reine de Jérusalem, avec quatre fils, ses seuls enfans, qu'elle avait eus du roi Gui son mari. Par sa mort, le roi Gui perdit ses droits au trône, qui revint à Isabelle, sœur de la reine, femme de Honfroi de Toron, mais qui avait été séparée de lui, parce qu'il l'avait épousée avant l'âge nubile et contre sa volonté, et s'était mariée au marquis Conrad, qui de cette manière obtint le gouvernement du royaume de Jérusalem.

Guillaume, roi de Sicile, mourut, et beaucoup perdirent à cette mort. Comme il n'avait pas d'héritier, Henri, fils de Frédéric, empereur des Romains, s'annonçait pour son successeur, par convention, par promesse et par droit de parenté, parce qu'il avait pris en mariage la sœur du roi Guillaume. Mais les grands de Sicile, ayant tenu conseil, nommèrent roi, à la place de Guillaume, l'illustre Tancrède; ce qui donna occasion à de grands troubles : le désordre fut dans les provinces, et la Pouille et la Campanie furent les principaux théâtres de la guerre. La reine Isabelle, femme de Philippe, roi de France, mourut et fut enterrée à Paris dans la grande église de Sainte-Marie.

[1190.] Philippe, roi de France; Richard, roi d'Angleterre; Eudes, duc de Bourgogne; Philippe, comte de Flandre; Henri, comte de Champagne; Thibaut, comte de Blois; Etienne, comte de Sancerre; un grand nombre d'évêques, et presque tous les barons et chevaliers du royaume de France, ayant pris la croix du Seigneur, se mirent en route, avec une innombrable armée et un incroyable appareil, pour le pays d'outre-mer. Dès qu'ils se furent embarqués, repoussés dans différens ports par une tempête, ils abordèrent à différens rivages. Le roi Philippe et le roi Richard abordèrent avec peine à Messine, ville de Sicile, et ne pouvant avancer au-delà, ils y passèrent l'hiver ensemble. Alors vint vers eux l'abbé Joachim, appelé de son monastère, situé en Calabre. Interrogé par eux sur l'avenir, il répondit qu'ils traverseraient la mer, mais qu'ils ne feraient rien ou peu de chose, parce que le temps n'était pas venu où Jérusalem et le pays d'outre-mer devaient être délivrés.

Frédéric, empereur des Romains, ayant conclu la paix avec Cursat, empereur des Grecs, et passé le Bosphore, traversa l'Asie, et ses troupes éprouvèrent de grandes pertes, tant par les attaques des ennemis, que par le manque de vivres. Il craignait de faire le voyage par mer, parce que, comme il est dit dans ses histoires, appelées les Frédériques, il lui avait été prédit qu'il mourrait dans l'eau. Il poursuivit jusqu'à Iconium le soudan de cette ville, qui empêchait d'arriver les vivres qu'il lui avait promis, et ravagea par le feu les environs d'Iconium; ensuite étant arrivé à un certain défilé, il y trouva une multitude infinie de Turcs, et, les attaquant, les vainquit vaillamment. Ayant donc remporté sur les ennemis une insigne victoire, pendant qu'il passait un fleuve, hélas! ce grand prince fut submergé, et mourut noyé. Homme magnanime, brave, généreux, éloquent, sage, fameux par ses exploits et puissant vainqueur des rebelles, il étendit tellement l'Empire, qu'il surpassa presque Charlemagne par la grandeur de ses actions. Il eut pour successeur son fils Henri, qui avait été laissé pour la garde de l'Empire. Après la mort de l'empereur Frédéric, son armée vint vers Antioche, où ses hommes refirent leur corps fatigué et s'abandonnèrent aux festins, en sorte qu'un grand nombre d'entre eux furent malades ou moururent, et que d'une si forte armée il resta à peine un petit nombre de chevaliers. Le duc de Souabe, fils de l'empereur, fit transporter le corps de son père jusqu'à Tyr, où il fut enterré. Etant venu au siége d'Acre, il mourut peu de temps après.

En ce temps moururent Philippe, comte de Flandre; Thibaut, comte de Blois; Etienne, comte de Sancerre, et une foule très-nombreuse de grands et de nobles réunis à Acre de différentes parties du monde.

[1191.] Le pape Clément étant mort, Célestin III, Romain de nation, cent soixante-dix-neuvième pape, gouverna l'Eglise de Rome. Il reçut la consécration pontificale le jour de Pâques, et le lendemain couronna empereur Henri, fils du roi Frédéric. Le roi de France Philippe, qui l'année précédente avait passé l'hiver en Sicile avec Richard, roi d'Angleterre, le somma, comme son homme-lige, de traverser la mer avec lui, selon sa promesse. Non seulement Richard n'y voulut point consentir, mais il ne voulut pas épouser la sœur de Philippe, qu'il était tenu par serment de prendre en mariage, et il différa son passage jusqu'au mois d'août. Le roi de France s'étant donc embarqué, se rendit en droit chemin à Acre, fut reçu comme un ange sauveur, avec honneur et joie, par ceux qui étaient depuis long-temps occupés au siége de cette ville. Richard, roi d'Angleterre, quittant la Sicile après le roi de France, avec ses vaisseaux et ses galères, vint à Chypre. Ayant trouvé cette île gouvernée par un faux empereur, il le prit, et s'étant ainsi emparé de Chypre, il y mit une garnison de ses gens. Cependant Philippe, roi de France, attendait pour assiéger Acre le roi d'Angleterre ; car ils étaient convenus de ne combattre qu'ensemble. Dès que Richard fut venu, on s'efforça d'abord de combler les fossés; mais comme le roi d'Angleterre différait souvent d'avis avec le roi de France, et, à ce qu'on disait, n'allait pas franchement à pousser les attaques, le roi de France fit assaillir vigoureusement la ville par ses gens au moyen d'un grand nombre de pierriers, qui, ne cessant pas de lancer des pierres nuit et jour, rompirent une partie des murs, et ébranlèrent la tour, qui était d'une solidité extraordinaire, mais que les pionniers minaient en dessous. Alors les ennemis, vigoureusement poussés, ne voyant aucune possibilité pour eux de résister au roi de France, demandèrent une entrevue, et rendirent bientôt avec la ville, eux et leurs biens. Acre fut donc reçue par les nôtres, le 13 de juillet, après un siége d'environ deux ans. Les Turcs qui furent trouvés dans la ville n'ayant pu observer les conventions faites avec le roi de France, les uns se rachetèrent, les autres furent enchaînés comme esclaves, et d'autres périrent par le glaive. A la nouvelle de la prise d'Acre, la terreur s'empara des ennemis, et ils détruisirent et abandonnèrent Ascalon et quelques châteaux enlevés aux nôtres.

Henri, empereur des Romains, assiégea Naples; mais y étant tombé malade, il laissa là ses ravages, et regagna l'Allemagne. Dans le monastère de Saint-Denis en France, on retira la tête du pieux Denis l'Aréopagite, martyr, de la châsse où elle reposait avec son corps, afin de convaincre d'erreur des chanoines de Paris qui prétendaient l'avoir. Cette très-sainte tête fut déposée dans un beau vase d'argent, afin que désormais elle fût offerte à découvert aux baisers des fidèles. Ensuite le vénérable Matthieu, abbé de ce monastère, ayant fait lui-même un autre vase d'or d'un ouvrage merveilleux et orné de pierres précieuses, y fit transférer cette relique par les mains du vénérable père en Christ, le seigneur Simon, alors prêtre-cardinal de Sainte-Cécile, et qui fut dans la suite appelé le pape Martin IV. Cette cérémonie eut lieu en présence du roi de France Philippe, fils du très-saint roi de France Louis; et tous ceux qui dans le temps actuel visitent ledit monastère peuvent voir ce vase.

La discorde s'étant élevée à Acre entre le roi de France et le roi d'Angleterre, Philippe, roi de France, remit son armée entre les mains du duc de Bourgogne, et s'en revint des pays d'outre-mer. Mais Richard, roi d'Angleterre, y resta, délivra par son aide les Chrétiens, qui, les mains liées, demeuraient en quelque sorte comme arrêtés, et fit beaucoup d'autres choses utiles.

[1192.] Ceux qui, après le départ du roi de France,

étaient restés dans le pays d'outre-mer, avancèrent de peu de chose ou rien. Mais enfin une trêve de trois ans fut conclue entre eux et Saladin. Les nôtres cependant furent contraints de nouveau d'abandonner Ascalon, qu'ils avaient construite avec grand travail et grandes dépenses; et ainsi cette noble ville fut livrée à la désolation.

Pendant que le marquis Conrad cheminait en une rue dans sa ville de Tyr, il fut tué à coups de poignard par deux sicaires, appelés Arsacides[1]. L'un fut tué sur-le-champ, l'autre pris et brûlé vif. Eudes, duc de Bourgogne, et un grand nombre de nobles, moururent dans le pays d'outre-mer; peu d'entre eux revinrent chez eux. Henri, comte de Champagne, prit en mariage la veuve du marquis Conrad, tué par les Arsacides, et fut élu à la principauté de Tyr. Richard, roi d'Angleterre, vendit l'île de Chypre, qu'il avait conquise, à Gui, autrefois roi de Jérusalem, et qui fut rétabli roi dans cette île.

[1193.] Richard, roi d'Angleterre, revenant, après beaucoup de naufrages, du pays d'outre-mer, résolut de traverser en secret l'Autriche pour se rendre dans son royaume; mais il fut surpris par le duc d'Autriche, et livré à Henri, empereur des Romains, qui le retint prisonnier pendant un an, et le laissa enfin aller, moyennant une forte somme d'argent.

Saladin, soudan de Babylone et de Damas, mourut, et, à sa mort, ordonna que son porte-bannière portât son linceul au bout d'une lance, et criât par la ville de Damas : « Le roi de tout l'Orient n'emporte rien de

---

[1] Voyez sur cet événement, l'ouvrage de Bernard le Trésorier, page 203.

« plus avec lui de tous ses biens. » Après lui, ses fils, partageant son royaume avec Saladin, son frère, disputèrent long-temps pour le trône. Philippe, roi de France, étant entré en Normandie, prit Gisors, et incendia, détruisit, ou garda et fortifia un grand nombre d'autres châteaux qu'il avait reçus à rançon, ou dont il s'était emparé de vive force. La même année, le roi Philippe prit en mariage dans la ville d'Amiens Isemburge, sœur du roi des Danois, qui fut en cette même ville consacrée reine par Guillaume, archevêque de Rheims; mais, par un jugement étonnant de Dieu, aussitôt qu'il l'eut reçue, il la prit tellement en haine, qu'il desira sur-le-champ l'abandonner, et songea à un divorce. Gui, archevêque de Sens, mourut, et eut pour successeur Michel, doyen de l'église de Paris.

[1194.] Richard, roi d'Angleterre, s'étant racheté, au moyen de sommes immenses, retourna dans sa terre. Assiégeant aussitôt un château que Gui de Vaugrigneuse tenait pour le roi de France, il s'en empara peu de temps après, et fit de même de beaucoup d'autres châteaux de sa terre, retenus par le roi de France. Etant venu à Tours, il chassa de l'église les chanoines de Saint-Martin, et enleva violemment leurs biens. Tancrède, roi de Sicile, et Roger, son fils, déjà sacré roi, quittèrent le trône avec la vie. Henri, empereur des Romains, l'ayant appris, attaqua par terre et par mer la Pouille et la Sicile, et, reçu par les princes, soumit tout le pays à sa domination. Philippe, roi de France, entrant dans la Normandie, assiégea et prit Verneuil, puis brûla et détruisit la ville d'Evreux.

[1195.] Henri, empereur des Romains, ayant pris possession de la Sicile, s'en retourna en Allemagne, emmenant avec lui les trésors des rois de Sicile, la femme et la fille de Tancrède, et quelques grands qui avaient conspiré contre lui, et laissa à Palerme, en ce pays, sa femme et son fils Frédéric. Une innombrable armée de Sarrasins passa par mer d'Orient en Espagne, vainquit dans une bataille le roi de Castille, prit et ravagea par le pillage et le meurtre une partie de l'Espagne. La France fut affligée pendant quatre années consécutives par une violente famine qui fit tellement souffrir le peuple, que ceux qui auparavant florissaient dans la richesse furent réduits à mendier publiquement.

Philippe, roi de France, détruisit de fond en comble Vaudreuil, dont il était en possession, et peu de jours après, ayant reçu sa sœur, demeurée entre les mains de Richard, roi d'Angleterre, il la donna en mariage au comte de Poitiers. Ensuite le roi ayant rassemblé des troupes près d'Issoudun, dans le pays de Bourges, et le roi d'Angleterre se tenant avec les siens du côté opposé, les deux armées se préparèrent au combat; mais, par l'œuvre du Seigneur, il arriva, contre l'attente de tous, que le roi d'Angleterre, déposant les armes, se rendit avec un petit nombre de gens vers le roi de France, et là, en présence de tous, lui fit hommage pour le duché de Normandie et les comtés de Poitou et d'Anjou. Les deux rois firent donc serment en cet endroit de demeurer désormais en paix. Foulques, prêtre de Paris, commença à prêcher en France, et amena un grand nombre de gens à restituer leurs usures.

[1196.] Il y eut au mois de mars, en plusieurs endroits, une soudaine et excessive inondation d'eaux et de fleuves, qui détruisit des villes avec leurs habitans, et brisa plusieurs ponts établis sur la Seine. Il y eut par toute l'Allemagne une grande agitation pour la délivrance du pays d'outre-mer; et l'évêque de Mayence, le duc de Saxe, et un grand nombre d'évêques et de princes, firent vœu de prendre la sainte croix. L'empereur Henri fit aussi sur les côtes de la Pouille et de la Sicile de grands préparatifs, tant en vaisseaux qu'en vivres. Le divorce fut prononcé entre Philippe, roi de France, et sa femme, la reine Isemburge, la parenté ayant été prouvée entre elle et celle que le roi avait épousée auparavant. Richard, roi d'Angleterre, rompant le serment qu'il avait fait au roi de France, prit par ruse, et détruisit de fond en comble le château de Vierzon, dans le pays de Bourges. C'est pourquoi le roi de France Philippe, rassemblant une armée, assiégea Aumale. Pendant qu'il était arrêté à cette ville, le château de Nonancourt fut livré au roi d'Angleterre pour une somme d'argent qu'il donna aux chevaliers chargés de le garder; mais le roi de France, n'abandonnant pas ledit château d'Aumale, fit dresser des pierriers et d'autres machines, et l'assiégea jusqu'à ce qu'ayant renversé la tour et les murs, il forçât les assiégés à se rendre. Après avoir rasé le château de fond en comble, il assiégea Nonancourt, s'en empara en peu de temps, et le remit à la garde de Robert, comte de Dreux. Maurice, évêque de Paris, mourut, et eut pour successeur Eudes de Souilly. Ledit évêque Maurice, de vénérable mémoire, fit d'innombrables bonnes œuvres, et fonda en particulier, et dota à ses propres dépens les quatre abbayes d'Hermal, d'Hermery, d'Hesdère et de Gif. Comme dans son temps, beaucoup de gens doutaient de la résurrection des morts, à laquelle il croyait très-fermement, il fit en mourant écrire cette cédule : « Je sais que mon Rédempteur est vivant, « et que je ressusciterai de la terre au dernier jour, « que je serai encore revêtu de cette peau, et que je « verrai mon Dieu dans ma chair[1], » et la fit étendre sur sa poitrine, afin qu'elle pût être lue par tous ceux qui se réuniraient à sa sépulture ; et dans la suite, presque tous les prêtres, à leur mort, imitèrent son exemple.

[1197.] Les Allemands qui avaient passé dans le pays d'outre-mer, toujours turbulens, rompirent la trêve conclue entre les nôtres et les Turcs, et attaquèrent et prirent la ville de Béryte. Les Turcs, irrités, attaquent la ville de Jaffa, massacrent tous les habitans, renversent et rasent les remparts. Philippe, roi de France, prit en mariage Marie, fille du duc de Méranie et de Bohême, et marquis d'Istrie, dont il eut dans la suite Philippe, comte de Boulogne, et une fille, qui fut femme du duc de Louvain. Baudouin, comte de Flandre, qui, l'année précédente, avait, à Compiègne, fait hommage à Philippe, roi de France, renonçant ouvertement à sa foi, s'allia avec Richard, roi d'Angleterre, et persécuta partout avec violence le roi de France, son seigneur, et sa terre. Renaud, fils du comte de Dammartin, à qui le roi, par une extrême affection, avait donné en mariage la comtesse de Boulogne avec son comté, quitta aussi son parti. Le mari de la reine de Hongrie, sœur du roi Philippe, étant mort à Acre, ladite reine passa

---

[1] Job, chap. 19, v. 25, 26.

vers le pays d'outre-mer, et y mourut quelque temps après.

Dans cette même ville d'Acre et dans le même temps, Henri, comte de Champagne, qui, s'étant marié à la femme du Marquis, régnait sur le royaume de Jérusalem, s'étant approché, le dos tourné, d'une fenêtre dans l'étage supérieur de son palais, vint à tomber, et expira brisé par cette déplorable chute. Sa mère, nommée Marie, qui gouvernait avec vigueur le comté de Champagne, ayant reçu la nouvelle de la mort de son fils et de sa sœur la reine de Hongrie, en conçut un violent chagrin, et mourut peu de temps après. Thibaut, son fils, frère de feu Henri, lui succéda dans le comté de Champagne. Les deux filles du comte Henri, qu'il avait eues de la femme du Marquis, demeurèrent à Acre, ainsi qu'une autre qu'elle avait eue avant du marquis Conrad. Amaury, créé roi de Chypre après la mort de Gui, son frère, roi de Jérusalem, prit en mariage ladite Isabelle, mère desdites filles, à qui revenait de droit le royaume de Jérusalem, et alors, pour la première fois, ladite Isabelle fut, avec son mari, couronnée reine à Acre. Pierre, chantre de Paris, célèbre par sa bonne vie et science, mourut dans un monastère appelé Long-Pont. La France fut, par le pape Célestin, soumise à l'interdit à cause du divorce du roi de France et de la reine. Ce pape étant mort peu de temps après, Innocent III fut le cent quatre-vingtième pape qui gouverna l'église de Rome. Il fonda l'hôpital du Saint-Esprit, et restaura l'Eglise de Saint-Sixte. Il composa un livre sur les misères de la condition humaine, et fit aussi un grand nombre de décrétales. Henri, empereur des Romains, mourut à Messine en Sicile, laissant entre les mains du pape Innocent son fils Frédéric, encore enfant, et sa femme; mais il confia le gouvernement de l'Empire, pour cedit enfant, à Frédéric, son frère, duc de Souabe. Les Allemands qui avaient navigué vers la Terre-Sainte, ayant appris la mort de l'empereur, au moment où ils avaient lieu d'espérer de grands succès, retournèrent dans leur pays.

[1198.] Il s'éleva entre les princes d'Allemagne une âpre dissension, les uns voulant élever au trône Philippe, frère de feu l'empereur Henri, et les autres Othon, fils du duc de Saxe, et neveu, par sa sœur, de Richard, roi d'Angleterre. Ainsi ce royaume, long-temps tranquille, fut troublé par différens partis. Cependant Philippe, duc de Souabe, et frère de l'empereur Henri, s'empara d'une grande partie de l'Empire. Othon, secouru du roi d'Angleterre, s'opposa à lui et l'attaqua à diverses fois. Quelques femmes, d'après la prédication de Foulques, prêtre de Paris, méprisant le mariage, et desirant ne servir que Dieu seul, furent placées dans l'abbaye de Saint-Antoine, à Paris, qui fut en ce temps fondée pour elles. A Rosay, dans la Brie, au sacrifice de l'autel, le vin se changea visiblement en sang, et le pain en chair. Dans le territoire du Vermandois, un chevalier mort ressuscita, prédit à beaucoup de personnes un grand nombre d'événemens futurs, et ensuite vécut long-temps sans boire ni manger. En France, vers la fête de saint Jean-Baptiste, il tomba du ciel, pendant la nuit, une rosée emmiellée qui pénétra les épis des moissons, en sorte que beaucoup de personnes les ayant mis dans leur bouche, sentirent parfaitement le goût du miel. Au mois de juillet, il s'éleva dans l'évêché de Paris un violent orage, et il tomba des morceaux de grêle d'une telle grosseur, que depuis Tremblai, métairie de Saint-Denis, jusqu'à un monastère de filles appelé Chelles, et aux lieux environnans, les moissons, les vignes et les bois furent entièrement détruits.

Philippe, roi de France, contre l'attente de tous et contre son édit, rappela à Paris les Juifs qu'il avait chassés, et persécuta violemment les églises de Dieu; mais il ne tarda pas à en être puni, car Richard, roi d'Angleterre, étant entré dans le Vexin avec une armée innombrable, ravagea tout aux environs de Gisors, et brûla Corcelles et plusieurs autres villages. Il emmena du butin, et cette fois s'en retourna triomphant.

[1199.] Richard, roi d'Angleterre, étant à assiéger un château du comte de Limoges, frappé à l'œil d'un trait d'arbalète, mourut peu de temps après. Son frère Jean, appelé *Sans-Terre,* lui succéda au trône. Le roi Richard fut enterré à Fontevrault. Après la mort de Richard, roi d'Angleterre, Philippe, roi de France, prit la ville d'Evreux avec les forteresses environnantes, à savoir Avrilly et Agny, et y mit une garnison de gens à lui; et il ravagea toute la Normandie, jusqu'au Mans. Arthur, comte de Bretagne, et neveu du roi d'Angleterre, tout jeune encore, s'avança avec une forte troupe, prit le comté d'Anjou, et, se rendant au Mans auprès du roi de France, lui fit hommage. La reine Éléonore, mère du roi d'Angleterre, fit hommage à Tours au roi Philippe pour

6.

le duché d'Aquitaine et le comté de Poitou, qui lui appartenaient par droit d'héritage. Ensuite une trêve fut conclue entre le roi de France et le roi d'Angleterre. Henri, archevêque de Bourges, mourut, et eut pour successeur Guillaume, abbé de Charlieu. Michel, archevêque de Sens, mourut aussi et eut pour successeur Pierre de Corbeil, docteur du pape Innocent. On se soumit dans tout le royaume de France à l'interdit général lancé à cause du divorce du roi et de la reine : c'est pourquoi le roi irrité chassa de leurs siéges tous les évêques de son royaume qui avaient consenti à cet interdit, mit hors de sa terre leurs chanoines et leurs clercs, et combla la mesure du mal en renfermant dans son château d'Etampes la reine Ismeburge, sa femme légitime. Il ajouta encore à tout cela une autre chose qui troubla toute la France, car il enleva aux hommes de ses chevaliers la troisième partie de leurs biens, et extorqua à ses bourgeois des tailles et d'innombrables exactions.

[1200.] A la fête de l'Ascension du Seigneur, la paix fut rétablie entre le roi de France et le roi d'Angleterre. Le lundi suivant, Louis, fils aîné du roi des Français, prit en mariage Blanche, fille d'Alphonse, roi de Castille, et petite-fille du roi d'Angleterre. A l'occasion de ce mariage, Jean, roi d'Angleterre, céda audit Louis et à ses héritiers toutes les forteresses, villes et châteaux, et tout le pays que Philippe, roi de France, avait pris sur les rois des Anglais, et lui abandonna toute la terre en deçà de la mer, pour en jouir après sa mort, en cas qu'il lui advînt de mourir sans héritiers. Cursat, empereur des Grecs, éleva si haut en Grèce son frère Alexis, qu'il était regardé comme possédant un pouvoir égal à celui de l'empereur, dont il ne différait que par le privilége de la couronne et le seul nom de la dignité. Enorgueilli de ces honneurs, Alexis séduisit les grands par ses présens, et, fratricide plein de scélératesse, se révolta contre son frère et son seigneur, et, après l'avoir renversé du trône, il lui fit crever les yeux et le renferma dans une prison. Ensuite, ayant ignominieusement usurpé le nom d'empereur, il donna ordre de crever les yeux au fils de l'empereur Cursat, nommé Alexis. Alexis en ayant été instruit, se réfugia auprès de Philippe, roi des Romains, mari de sa sœur.

[1201.] Octavien, évêque d'Ostie, et Jean, évêque de Velletri, vinrent en France en qualité de légats, et, par leurs avertissemens, le roi de France, Philippe, reçut en grâce, en quelque façon, sa femme Isemburge, et se sépara de son autre femme; c'est pourquoi, levant l'interdit de la France, les légats convoquèrent à Soissons un concile dans lequel, en présence du roi et des évêques et barons de tout le royaume, on traita pendant quinze jours de la confirmation ou de la rupture du mariage de la reine Isemburge. Après beaucoup de différentes discussions des jurisconsultes, le roi, ennuyé de tant de longueurs, laissa là les cardinaux et les évêques, et s'éloigna dès le grand matin avec sa femme Isemburge, sans leur dire adieu. Il leur manda par ses messagers qu'il emmenait sa femme avec lui, comme lui appartenant, et qu'il ne voulait pas se séparer d'elle. A ce message, tous restèrent stupéfaits et le concile fut rompu. La reine Marie, que le roi Philippe avait épousée après la reine Isemburge, ayant appris la nouvelle de son divorce, accablée par la douleur, mourut à Poissy. Les deux enfans qu'elle avait donnés au roi furent dans la suite, à la prière du roi de France, déclarés légitimes par un acte du pape Innocent.

La mort de Thibaut, comte de Troyes, arrivée en ce temps, causa aux siens et à beaucoup de gens un violent chagrin, à cause de son excellent caractère, et parce qu'ayant pris la croix, on espérait qu'il partirait pour le pélerinage de Jérusalem. Il avait récemment pris en mariage la sœur du roi de Navarre, qui eut de lui deux enfans, une fille qu'elle mit au monde du vivant de son mari, et un fils dont elle était enceinte et dont elle accoucha après sa mort. L'église de Mirebeau, en Poitou, fut consacrée et l'on y établit des chanoines. Gautier, comte de Brienne, vint à Rome pour le motif suivant : La femme de feu Tancrède, roi de Sicile, long-temps retenue prisonnière avec ses enfans par Henri, empereur des Romains, qui s'était emparé de la Sicile, s'était enfin échappée avec ses filles, et s'était réfugiée auprès dudit comte auquel elle avait fiancé une de ses filles : c'est pourquoi ledit comte s'étant adjoint les compagnons qu'il put trouver, partit pour Rome afin de réclamer les droits héréditaires de sa femme, et fut reçu solennellement par le pape Innocent. Fortifié par son secours, une partie de la Campanie lui ayant été livrée, il en vint aux mains avec le tyran Tybod [1], qui s'était emparé de ce pays, le mit en fuite avec son armée, le poursuivit et le vainquit. Dans un second combat livré devant la ville de Capoue, noble ville de la Pouille, l'armée dudit tyran

[1] Dieppold.

fut taillée en pièces, et lui-même, prenant la fuite avec un petit nombre de gens, se renferma dans une forteresse. Le comte de Brienne ayant donc remporté cette victoire, fut élevé au premier rang, et bientôt, par ses heureux succès, il soumit à sa domination, et arracha à la tyrannie de Tybod, la plus grande partie du pays.

[1202.] Éléonore, reine d'Angleterre, étant morte, le roi de France Philippe somma le fils de ladite reine, Jean, roi d'Angleterre, de venir à Paris lui faire hommage pour le duché d'Aquitaine et les comtés de Poitou et d'Anjou qui lui revenaient après la mort de sa mère. Mais Jean n'ayant nullement comparu au jour fixé, et n'ayant envoyé personne à sa place avec des pouvoirs suffisans, le roi de France se prépara à la guerre, entra en Normandie, détruisit de fond en comble une forteresse appelée Boutavant, ensuite prit et brûla les châteaux d'Arques, de Mortemar et de Gournay; puis, s'empara de Conches, de l'île d'Andely et de Vaudreuil; après quoi il assiégea le très-fort château de Gaillard, situé sur la Seine, au haut d'une roche très-élevée, et le prit enfin après un siège de six mois. Parcourant ainsi la Normandie, il ravagea tous les environs par le pillage et la flamme.

En ce temps mourut Foulques, ce très-célèbre prêtre, qui, par ses prédications dans différentes provinces, avait excité beaucoup de gens à marcher au secours de la Terre-Sainte. D'innombrables milliers de pèlerins, excités par les exhortations dudit Foulques, prirent le chemin de Jérusalem. Leurs vaisseaux ayant été agités pendant tout l'été par la violence des vents, dans le détroit qui sépare l'Espagne de l'Afrique, un grand nombre, après de longs détours, abordèrent au port de Marseille, ne pouvant s'avancer au-delà. Louis, comte de Blois, Baudouin, comte de Flandre, et beaucoup de grands et de prélats du royaume de France qui avaient pris la croix, après avoir couru sur mer beaucoup de dangers, parvinrent à Venise. Mais comme de là ils voulaient passer vers la Terre-Sainte, il survint entre eux et les Vénitiens des causes d'empêchement; d'où il arriva que les pélerins ayant souffert beaucoup de dommages, les uns se retirèrent, d'autres poussèrent plus loin, et d'autres étant restés dépensèrent presque tout ce qu'ils avaient. Le trente du mois de mai, trois jours avant l'Ascension du Seigneur, il y eut dans le pays d'outre-mer un tremblement de terre, et une voix terrible fut entendue. Une grande partie de la ville d'Acre, avec le palais du roi, s'écroulèrent, et il périt un grand nombre d'habitans. Tyr fut presque entièrement renversée. La très-forte ville d'Archas fut détruite jusqu'à terre; la plus grande partie de Tripoli s'écroula, et beaucoup d'habitans furent écrasés. Antarados, où l'on dit que l'apôtre saint Pierre avait construit la première basilique de la Mère de Dieu, ne reçut aucune atteinte. Cet événement fut suivi de stérilité et de mortalité d'hommes. Guillaume, archevêque de Rheims, étant venu à Laon, y fut attaqué d'une maladie subite; sa langue s'étant embarrassée, il mourut intestat; peu de temps après, son neveu Retroc, évêque de Châlons, mourut de la même manière.

Jean, roi d'Angleterre, prit Arthur, comte de Bretagne, fils de son frère aîné, feu Geoffroi, que le roi de France Philippe avait envoyé faire la guerre en Aquitaine, et qu'il avait récemment fait chevalier. Le roi d'Angleterre, dis-je, le prit à Mirebeau, avec plusieurs autres, dans un moment où il n'était pas sur ses gardes; mais les autres pris avec lui ayant été délivrés par le moyen d'otages, on rapporte que le roi Jean fit secrètement périr Arthur. C'est pourquoi, accusé et cité par les barons de France devant le roi des Français, dont il était le vassal, comme après beaucoup de citations il ne voulut point comparaître, il fut, par le jugement des pairs, dépouillé de ses fiefs. Arthur ayant donc été tué, comme nous l'avons dit, et sa sœur Éléonore étant retenue en exil en Angleterre, leur mère Constance, comtesse de Bretagne, reçut en mariage Guy de Thouars, qui dans la suite mourut de la lèpre. Il eut d'elle une fille, qui plus tard fut donnée en mariage avec le comté de Bretagne à Pierre Mauclerc, fils de Robert, comte de Dreux, et oncle de Philippe, roi de France. Les Tartares, après le meurtre de leur seigneur David, roi de l'Inde, sortirent alors pour la première fois de l'Orient, pour la destruction des peuples.

[1203.] Philippe, roi de France, regagnant de nouveau la Normandie, prit le très-fort château de Falaise, celui de Domfront et celui de Caen, et soumit à sa domination tout le territoire environnant jusqu'au mont Saint-Michel. Enfin les Normands lui demandant pardon, lui rendirent toutes les villes qu'ils gardaient, à savoir, Coutances, Bayeux, Lisieux et Avranches, avec les châteaux et les faubourgs; car comme il avait déjà pris Evreux et Caen, il ne restait plus de toute la Normandie que Rouen, Arques et Verneuil.

Les pèlerins du royaume de France, après avoir été long-temps arrêtés à Venise, conclurent avec les Vénitiens quelques conventions, et marchant vers Zara, ville maritime du roi de Hongrie, ennemie des Vénitiens, l'assiégèrent, la prirent et la livrèrent aux flammes. Alors Alexis, fils de Cursat, empereur de Grèce, ayant appris que les Français étaient avec les Vénitiens à Zara, leur manda par des envoyés que s'ils voulaient le secourir, il les acquitterait de trente mille marcs qu'ils devaient aux Vénitiens, paierait le prix de leurs vaisseaux, soumettrait au pape l'Eglise d'Orient, et secourrait admirablement la Terre-Sainte. Les Français à ce message firent venir vers eux Alexis, qui leur prêta et reçut d'eux le serment d'accomplir leurs promesses mutuelles. Ils firent voile avec lui et les Vénitiens vers Constantinople, où ils arrivèrent en peu de temps. Naviguant avec intrépidité au milieu des flots de la mer étroite appelée le Bosphore ou le Bras de Saint-George, ils s'emparent d'une tour appelée Galata, et brisent la chaîne qui forme l'entrée du port. Se rendant maîtres des côtes, ils prennent de vive force le territoire environnant, et contraignent les Grecs à fuir et à se réfugier dans la ville. Ce que voyant, l'usurpateur de l'Empire, à la tête de trente mille cavaliers et d'une quantité innombrable d'hommes de pied, se disposa à livrer bataille aux Français et aux Vénitiens. Les deux partis étaient près l'un de l'autre, à une portée de flèche, lorsque, miraculeusement saisi de terreur, le tyran se retira dans la ville, et dans la nuit même s'enfuit avec un petit nombre de gens. Les Grecs, apprenant sa fuite, s'assemblèrent dans le palais, et on élut solennellement le jeune exilé. Le matin venu, ils ouvrent les portes, et, entrant sans armes dans le camp des Français, ils demandent celui qu'ils viennent d'élire, et, le recevant aussitôt, ils délivrent Cursat son père de la prison où il était renfermé. Cela fait, ils paient le prix des vaisseaux et les dettes des Français aux Vénitiens, et donnent aux Français et aux Vénitiens deux cent mille marcs. Ayant passé là l'hiver avec les Grecs, ils renouvelèrent et confirmèrent les conventions au sujet de l'obéissance à l'Eglise romaine, et des secours à accorder à la Terre-Sainte.

[1204.] Depuis la fin du mois de janvier jusqu'au mois de mai, il y eut une sécheresse continuelle et une chaleur ardente comme celle de l'été. Philippe, roi de France, assiégea Rouen. Il pressa tellement cette ville par des assauts que les citoyens, voyant qu'ils ne pouvaient eux-mêmes se défendre ni obtenir de secours du roi d'Angleterre, se rendirent à lui. Les deux châteaux de Verneuil et d'Arques, qui avaient résisté jusque là, furent livrés au roi de France; en sorte que le roi, maître de toute la Normandie, composée de sept diocèses, la réunit au corps de son royaume, trois cent trente-deux ans après que le roi Charles, surnommé le Simple, l'avait donnée avec sa fille au Danois Rollon, qui, le premier des ducs normands, reçut le baptême avec le nom de Robert. Ensuite, presque toute l'Aquitaine, avec la ville de Poitiers, se soumit au roi de France. Le corps du royaume s'augmenta ainsi en peu de temps; et partout où le roi s'avança, il marcha sous de joyeux auspices, et fut accompagné de succès.

Alexis, empereur des Grecs, pria les Français et les Vénitiens qui hivernaient avec lui à Constantinople de sortir de la ville, à cause du mécontentement des Grecs. Ils y consentirent sur-le-champ, et établirent un camp de l'autre côté de la ville. Mais l'empereur, séduit par les conseils de son père et par ceux des Grecs, changea de disposition à leur égard, et se prépara à brûler la flotte qui l'avait amené au trône. Mais par la grâce de Dieu, ses efforts demeurèrent sans succès. Ensuite les Grecs, ayant pris en haine leur empereur Alexis, s'en créèrent un autre; et l'empereur Alexis, n'ayant d'espoir qu'aux Français, envoya vers eux son familier Morgoulfe [1] avec beaucoup de promesses. Morgoulfe jura de la part de l'empereur qu'il leur livrerait, comme garantie du traité, le palais de Blaquernes jusqu'à ce qu'il eût entièrement accompli tout ce qu'il avait promis. Mais Boniface, marquis de Montferrat, et les Français, s'étant avancés pour recevoir le palais, ils se trouvèrent joués. Pendant ce temps, Morgoulfe avait révélé aux Grecs le secret de la reddition du palais, et, par haine pour Alexis, il fut aussitôt créé le troisième empereur. Attaquant bientôt Alexis, son seigneur, il le fit étrangler pendant qu'il dormait, et tua Nicolas, qu'on avait aussi élu empereur. Sur ces entrefaites, mourut Cursat, père de l'empereur Alexis. Ensuite Morgoulfe s'étant déclaré l'ennemi des Français et des Vénitiens, ceux-ci prirent la ville de Constantinople, et le tuèrent. L'empereur Alexis étant mort, ainsi que les usurpateurs, les Français, par le conseil du

[1] Murzuphle.

doge de Venise et des autres princes, et avec le consentement du clergé et du peuple, créèrent empereur Baudouin, comte de Flandre.

Pierre, roi d'Aragon, offrit son royaume à l'Eglise romaine, dont il se reconnut tributaire. Le comte de Tripoli et le roi d'Arménie se disputèrent long-temps à main armée la principauté d'Antioche.

[1205.] Les Français et les Vénitiens qui avaient pris Constantinople, tandis que tout leur avait jusque là heureusement réussi, reçurent, vers la fête de Pâques, un important échec. Le roi des Blacques et des Bulgares, les ayant attaqués, de concert avec les Comans, les Grecs et les Turcs, les vainquit; par la permission du Seigneur, les principaux d'entre eux périrent dans le combat. Par un commun conseil, leur armée fut divisée en trois parties. Les uns se tenaient à la garde de Constantinople; les autres, avec Henri, frère de l'empereur Baudouin, se répandant partout, se rendaient maîtres des villes et châteaux non encore soumis, et veillaient à empêcher ceux qui l'étaient de se révolter. L'empereur Baudouin, avec les grands, assiégea la ville d'Andrinople, éloignée de l'espace de cinq journées de Constantinople. Comme ils étaient donc arrêtés à ce siége, harcelés un jour par les ennemis, Louis, comte de Blois, et d'autres nobles, les attaquèrent témérairement, et les poursuivirent trop loin. Lors ils furent entourés par un grand nombre d'ennemis, qui sortirent des embuscades dressées de tous côtés, et il se fit un misérable carnage des Français. L'empereur fut pris, et un grand nombre de nobles furent tués. Ainsi privée de ses chefs, l'armée leva le siége, et vint à Constantinople. Gautier, comte de Brienne, qui s'était emparé de la plus grande partie de la Pouille, et avait eu jusques alors la fortune prospère, entouré par Tybod, fut blessé et pris, et mourut peu de temps après.

Philippe, roi de France, s'empara, après un long siége, de Loches et de Chinon, châteaux très-fortifiés. Par là toute la Touraine et tout l'Anjou furent délivrés de la domination du roi d'Angleterre.

[1206.] La reine Adèle, mère de Philippe, roi de France, mourut à Paris, et fut enterrée en Bourgogne, à Pontion, auprès de feu son père Thibaut, comte de Champagne et de Blois. Jean, roi d'Angleterre, passa en Aquitaine, et amena avec lui d'innombrables troupes vers La Rochelle. Philippe, roi de France, marcha à sa rencontre avec de grandes forces. Les deux armées n'étant pas loin l'une de l'autre, il ne s'engagea cependant aucun combat; Jean, roi d'Angleterre, voyant ses provisions épuisées, laissa là l'expédition, et fut forcé de s'en retourner sans avoir réussi. Othon, qui avait long-temps disputé, au sujet de l'Empire, contre Philippe, roi des Romains, abandonné de ses partisans, demeurait à Cologne, seule ville qui lui fût favorable. Mais Philippe assiégea Cologne; les citoyens étant sortis pour combattre, furent vaillamment repoussés; et Othon ayant été honteusement mis en fuite, Cologne se rendit à Philippe.

Comme à Constantinople on n'avait aucune certitude sur la mort ou sur la vie de l'empereur Baudouin, les Français et les Latins élevèrent au trône de l'Empire et couronnèrent Henri, son frère, jeune homme d'une très-grande bravoure. Dans le même temps, un certain clerc, nommé Galon, revenant de

Constantinople dans son pays, apporta en France avec lui la partie antérieure de la tête de saint Jean-Baptiste, et en fit présent à l'église d'Amiens. La veille de Saint-Nicolas, chose peu commune en hiver, le tonnerre gronda, des éclairs brillèrent, et dans beaucoup d'endroits, des édifices en furent consumés. Il s'ensuivit de tels torrens de pluie qu'il n'y avait personne de cette époque qui dît avoir jamais vu fondre un tel déluge et inondation. La Seine, à Paris, brisa trois arches du Petit-Pont, renversa en cette ville un grand nombre de maisons, et causa ailleurs beaucoup de dommages. Barthélemy, archevêque de Tours, mourut, et eut pour successeur Geoffroi de Lande.

[1207.] Satalie, ville très-fortifiée, munie d'un port, d'où l'on passait aisément en Sicile, qui avait appartenu jusqu'alors aux Chrétiens, mais aux Chrétiens grecs, fut assiégée par le soudan d'Iconium, qui la prit au grand dommage de la chrétienté, et la soumit à la domination des Turcs. Les habitans furent, les uns pendus, les autres jetés dans les fers. Philippe, roi de France, étant entré en Aquitaine, ravagea la terre du vicomte de Thouars, qui avait quitté son parti et embrassé celui du roi d'Angleterre, prit Parthenay, et, détruisant beaucoup d'autres forteresses environnantes, en laissa quelques-unes fortifiées à la garde du sénéchal Guillaume Des Roches. Hugues, évêque d'Autun, mourut, et eut pour successeur Guillaume, qui obtint pour son église, du roi de France Philippe, une perpétuelle franchise des régales.

Dans le même temps, l'exécrable hérésie des Albigeois, la plus outrée peut-être de toutes les erreurs, se glissait dans beaucoup d'endroits, et faisait d'autant plus de mal que c'était avec plus de secret. Elle avait surtout éclaté avec plus de force dans la terre du comte de Toulouse et des princes voisins, où, professant hautement leur erreur, ces hérétiques rejetaient la suprématie et les décisions de l'Eglise de Rome, évitaient la fréquentation des Chrétiens soumis à la communion, disant qu'aucun de ceux qui y sont soumis, ou qui y croient, ne peut être sauvé; niaient ou pervertissaient tous les articles de la foi, blasphémaient contre toute religion, tout culte et tout ordre religieux, et contre la piété de l'Eglise catholique; condamnaient tout le genre humain, excepté eux seuls et leurs conventicules, et tournaient en dérision l'Eglise des Catholiques. C'est pourquoi, par le conseil du pape Innocent, on envoya en ce pays l'abbé de Cîteaux et d'autres abbés du même ordre, à peu près au nombre de treize. C'étaient tous hommes éprouvés, instruits dans la sagesse et la faconde, prêts à satisfaire tous ceux qui le demanderaient sur les vérités de la foi, pour lesquelles ils ne craignaient pas même de sacrifier leur vie. Étant donc sortis de Cîteaux au mois de mai, ils descendirent la Saône, gagnèrent le Rhône à peu de frais, sans nuls chevaux, afin de se montrer partout hommes évangéliques. Arrivés au but de leur voyage, ils se partagèrent par deux ou trois, et parcoururent ce pays, attaquant les ennemis de la foi par les traits de la saine doctrine. A peine cependant, parmi beaucoup de milliers d'hommes, en trouvèrent-ils un petit nombre observateurs de la véritable foi. Les autres, dont le nombre était infini, tenaient avec tant d'opiniâtreté à leur erreur, qu'ils ne consentaient pas à entendre les leçons de la vérité ; mais que, comme de sourds aspics, ils bouchaient leurs oreilles à la voix des savans enchanteurs, de peur que la vérité n'arrivât jusqu'à leurs esprits obscurcis de ténèbres. Pendant trois mois donc, accablés de beaucoup de fatigue et assaillis d'embûches, dans les villes, les villages et les châteaux, ils convertirent un petit nombre de gens, et instruisirent et confirmèrent dans leur foi le peu de fidèles qu'ils trouvèrent. Avec eux était le vénérable Elidac [1], évêque d'Osma, ville d'Espagne, qui, s'efforçant aussi de gagner des ames à Dieu, fournissait amplement sur ses revenus une abondante nourriture aux prédicateurs de la parole de Dieu.

Comme en Angleterre, après la mort d'Hubert, archevêque de Cantorbéry, on avait élu, par un choix unanime, Étienne, supérieur de Cantorbéry, Jean, roi d'Angleterre, voulant et ne pouvant en établir un autre sur le siége, fut saisi d'une telle colère qu'il chassa le chapitre de Cantorbéry, et confisqua ses revenus ecclésiastiques. C'est pourquoi le pape Innocent sacra archevêque le susdit Étienne, prêtre-cardinal de Saint-Chrysogone, qui, excommuniant le roi à cause de l'expulsion des chanoines et de la confiscation de leurs biens, jeta un interdit sur l'Angleterre.

[1208.] Le moine Pierre de Castelnau, envoyé en qualité de légat par le pape Innocent dans la terre des Albigeois, excommunia le comte de Toulouse. Alors le comte, promettant de faire pénitence de ses péchés, l'appela au village de Saint-Gilles; cependant il ne voulut point faire satisfaction, et le menaça publiquement de la mort. Le légat s'étant donc retiré,

[1] Diégo de Azebes.

deux serviteurs du comte se joignirent à lui, et logèrent pareillement dans la même hôtellerie. Le matin étant venu, Pierre, après avoir célébré la messe, sortit de l'hôtellerie; mais comme il était arrivé sur les bords du Rhône, un de ces deux serviteurs le frappa d'une lance entre les côtes. Le légat regardant celui qui le frappait, répéta souvent cette parole : « Que « Dieu te pardonne, et je te pardonne. » Ayant peu de temps après cessé de vivre, il fut enterré avec honneur dans l'église de Saint-Gilles.

Au moment où, tous les troubles assoupis, Philippe, roi des Romains, jouissait tranquillement de l'empire, il fut tué par le landgrave duc de Thuringe, qui avait, dit-on, conçu de la haine contre lui, parce que Philippe lui avait retiré sa fille, qu'il avait promis de lui donner en mariage. Ce meurtre accabla sa femme, fille de feu Cursat, empereur des Grecs, d'une grande douleur, dont elle mourut peu de temps après. Othon, fils du duc de Saxe, neveu de Jean, roi d'Angleterre, fut revêtu, par l'habileté et le pouvoir du pape Innocent, de la dignité impériale.

Le pape Innocent envoya en France Galon, diacre-cardinal de Sainte-Marie-de-Port, homme habile dans la jurisprudence, distingué par de bonnes mœurs, et très-soigneux à visiter les églises, pour mander et ordonner au roi de France, Philippe, et à tous les princes du royaume, de se montrer hommes catholiques en attaquant avec une forte armée la terre des Toulousains, des Albigeois et des Narbonnais, d'en extirper tous les hérétiques qui s'en étaient emparés, leur assurant que, si par hasard ils mouraient dans le chemin ou dans la guerre entreprise contre les hérétiques, ils seraient absous par lui-même de tous les péchés qu'ils avaient commis depuis le jour de leur naissance, et dont ils se seraient confessés. Guillaume Des Roches, maréchal de France, à qui Philippe, roi de France, avait remis la garde de quelques forteresses dans le Poitou, ainsi qu'il a été dit plus haut, ayant rassemblé environ deux cents chevaliers, attaqua à l'improviste et vainquit le vicomte de Thouars et Savary de Mauléon, qui, par l'ordre du roi d'Angleterre, étaient entrés avec une forte troupe de gens sur le territoire du roi de France, et en emmenaient du butin; Guillaume prit plus de quarante chevaliers, qu'il envoya à Paris au roi de France son seigneur. Eudes, évêque de Paris, mourut, et eut pour successeur Pierre, trésorier de Tours. Guillaume, archevêque de Bourges, s'endormit dans le sein du Christ, dans le temps qu'il se préparait à marcher contre les Albigeois. Geoffroi de Lande, archevêque de Tours, mourut empoisonné, et eut pour successeur Jean du Fay, doyen de l'église de Tours.

[1209.] Philippe, roi des Français, prit par la force des armes un château fortifié, nommé Garplie, situé dans la partie septentrionale de la petite Bretagne, et qui fournissait un facile passage vers l'Angleterre. Les Bretons l'avaient muni d'armes, d'hommes et de vivres, y recevaient les Anglais, ennemis du royaume de France, et causaient beaucoup de dommage à la province environnante. Un illustre et valeureux chevalier français, nommé Jean de Brienne, ayant été élu roi de Jérusalem par les habitans du pays d'outre-mer, s'embarqua en grand appareil, et, abordant à la ville d'Acre la veille de l'Exaltation de la Sainte-Croix,

7.

prit en mariage le lendemain matin la fille aînée de la reine Isabelle, qu'elle avait eue de feu le marquis Conrad. Peu de temps auparavant, la reine Isabelle était morte, et avait laissé trois filles; l'héritage du royaume appartenait donc, par droit de primogéniture, à celle que Jean prit en mariage. Le dimanche après la fête de saint Michel, avec la faveur des princes et du peuple de la Terre-Sainte, ledit Jean de Brienne fut, avec sa femme, couronné solennellement roi de Jérusalem à Tyr, et Amaury, roi de Chypre, qui avait long-temps régné au titre de sa femme feu la reine Isabelle, déposa alors le titre de roi de Jérusalem.

Othon, roi des Romains, étant entré en Italie, fut reçu avec respect par la plupart des villes, et, favorisé par le pape Innocent, malgré la volonté du roi de France Philippe et l'opposition de la plus grande partie des Romains et des grands de l'Empire, fondée sur ce que feu son père, le duc de Saxe, avait été, par le jugement des barons, convaincu du crime de lèse-majesté envers l'empereur Frédéric, condamné et dépouillé à jamais de la dignité ducale, il reçut à Rome, un dimanche, vers la fête de saint Michel, la bénédiction impériale. Dans cette bénédiction, le pape exigea de lui le serment d'être fidèle à l'Eglise, de maintenir ses droits, et de ne faire aucune attaque contre le royaume de Sicile. Aussitôt, le jour même, il viola et rompit ces sermens; c'est pourquoi il s'éleva dès ce moment entre lui et le pape une violente haine.

De toutes les parties de la France, des évêques, des chevaliers, des barons, et une multitude infinie de peuple, ayant pris la croix contre les hérétiques Albigeois, se rassemblèrent au mois de juin à Lyon; et de là, s'avançant vers la Provence, enflammés de colère contre ces hommes pestiférés et transfuges de leur foi, ils se préparèrent à combattre les Albigeois, auxquels se joignit le comte de Toulouse, qui, après avoir fait satisfaction de ses péchés, avait reçu l'absolution du pape par les mains d'un de ses légats. Ils assiégèrent d'abord et prirent d'assaut la ville de Béziers, et n'épargnèrent ni le sexe, ni l'âge, mais massacrèrent également tous les habitans, depuis le plus petit jusqu'au plus grand; en sorte qu'il périt dix-sept mille hommes par le fer et par le feu. De là, gagnant Carcassonne, où s'étaient rassemblés un grand nombre de gens du pays environnant, ils l'assiégèrent aussitôt. Mais Roger de Béziers, renfermé dans Carcassonne, homme perfide, dont la perversité avait favorisé cette contagieuse erreur, voyant la force et l'audace des catholiques, et l'impuissance dans laquelle étaient les siens de faire résistance, fit avec les nôtres un traité, par lequel il serait permis aux siens de se retirer où ils voudraient sans emporter leurs biens. Les habitans ayant quitté la ville, Roger seul fut retenu sous une étroite garde. Les nôtres prirent possession de la ville, et mirent à la tête de tout le pays Simon de Montfort, vaillant chevalier. On laissa sous son commandement tout ce qu'on trouva dans la ville et une partie de l'armée. Après ces exploits, les autres s'en retournèrent chez eux. Les Albigeois, voyant le départ des princes, causèrent aux nôtres beaucoup de dommages, car ils couraient secrètement vers les châteaux et les forteresses, prenant les chevaliers et leurs suivans laissés à la garde des villes, tuaient les uns, et en défiguraient un grand nombre, en leur coupant les oreilles, le nez, la lèvre supérieure, et leur faisant subir d'autres cruautés. Ils tuèrent un abbé de l'ordre de Cîteaux, qu'ils rencontrèrent voyageant avec sa suite, blessèrent un moine, et, le croyant mort, le laissèrent sur la route. Gérard de Pépieux, homme très-puissant de ce pays, étant venu avec une multitude d'hommes d'armes à une ville qui tenait pour le parti catholique, et ne pouvant s'emparer de six chevaliers, d'un prêtre et de cinquante serviteurs qui y étaient renfermés, il s'engagea par serment, s'ils se rendaient, à les conduire tranquillement jusqu'à Carcassonne. Les assiégés s'étant rendus, comme ils furent arrivés à la propre maison de Gérard sans soupçonner aucune trahison, ils furent aussitôt dépouillés et plongés dans une prison. Les chevaliers, le prêtre et les autres, ayant été tirés de la prison, Gérard les fit placer sur du feu entretenu par de la paille et beaucoup de bois, tandis que ses ministres criaient et blasphémaient en ces termes la sainte Marie, mère de Dieu : « Ah! coquine de sainte « Marie! » Quoique liés à ce feu, ils demeurèrent cependant trois jours sans être brûlés. Après avoir fait subir aux chevaliers divers supplices pour les forcer à renier le Christ et la foi catholique, comme ils persévéraient cependant dans leur foi, ils leur crevèrent les yeux avec leurs propres pouces, et leur coupèrent les oreilles, le nez et la lèvre supérieure. Un d'entre eux, glorieux martyr, succomba à ces tourmens; les autres survécurent. Le comte de Foix, rompant l'alliance qu'il avait conclue avec les catholiques, abandonna son fils unique, qu'il avait donné pour otage, et retourna à son vomissement, préférant la perversité hérétique à la foi catholique. Dans la suite, il causa aux nôtres beaucoup de chagrins.

[1210.] Les grands et les évêques de la France entreprirent de nouveau une célèbre expédition contre les Albigeois. Ils rassemblèrent donc une armée, s'avancèrent vers la ville de Minerve, l'assiégèrent et la prirent. On permit à ceux des assiégés qui voulurent abjurer l'hérésie, de se retirer en liberté; mais on en trouva environ cent quatre-vingts qui aimèrent mieux se laisser brûler que d'abjurer l'hérésie. Ensuite on assiégea Termes, château très-fortifié. Là, un arbalétrier, ayant frappé d'un trait, sur la croix qu'il avait sur l'épaule, un pélerin qui portait des branchages pour combler les fossés, le trait rebroussa comme s'il eût frappé sur une pierre. De tous côtés, tous accoururent, et furent saisis d'admiration lorsqu'ils trouvèrent vivant celui qu'ils croyaient mort, car le coup l'avait renversé; mais on ne trouva aucune déchirure sur son vêtement, ni aucune blessure sur son corps. Les assiégés, fatigués enfin d'un long siége, s'étant enfuis dans la nuit, furent arrêtés par nos gardes, qui en égorgèrent tant qu'ils en trouvèrent.

A Paris, quatorze hommes, dont quelques-uns étaient prêtres, furent convaincus d'hérésie. Dix d'entre eux furent livrés aux flammes, et quatre furent renfermés. Entre autres choses qu'ils enseignaient impudemment, ils prétendaient que le pouvoir du Père avait duré tant que la loi de Moïse avait été en vigueur, et que, comme il a été écrit que les anciens cèderaient la place aux nouveaux venus après l'arrivée du Christ, tous les mystères de l'ancien Testament avaient été abolis, et la nouvelle loi avait été en vigueur jusqu'à ce temps, c'est-à-dire celui où ils prêchaient ces doctrines. Ils disaient que cette époque était la fin des mystères du nouveau Testament, que le temps du Saint-Esprit était arrivé, et que la confession, le baptême, l'eucharistie et les autres sacremens, sans lesquels il n'y a point de salut, ne seraient plus d'usage désormais; mais que chacun pouvait être sauvé s'il était inspiré par la seule grâce intérieure du Saint-Esprit, sans aucun acte extérieur. Ils étendaient si loin le pouvoir de la charité, qu'ils disaient qu'une action qui autrement aurait été un péché, ne l'était pas si elle était faite dans l'esprit de charité; c'est pourquoi ils se livraient, au nom de la charité, aux fornications, aux adultères et aux autres plaisirs des sens. Ils promettaient l'impunité aux femmes avec lesquelles ils péchaient, et aux simples qu'ils trompaient, et leur prêchaient Dieu comme bon seulement, et non comme juste.

Henri, empereur des Grecs, ayant rassemblé une armée, parcourut la Grèce, soumit ce qui lui résistait, pacifia ce qui lui était soumis, et étendit de tous côtés les bornes de sa domination. Othon, empereur des Romains, selon le projet qu'il en avait conçu depuis long-temps, s'empara des châteaux et forteresses appartenant à l'Eglise romaine, prit Montefiascone et presque toute la Romanie; de là, passant dans la Pouille, il attaqua la terre de Frédéric, roi de Sicile, fils de l'empereur Henri, et prit un grand nombre de villes et de châteaux du fief de l'Eglise romaine. Des messagers ayant été envoyés de part et d'autre, comme l'empereur ne voulait en aucune manière rendre ce dont il s'était emparé, et faisait même dépouiller par des gens à lui, qu'il avait placés dans des châteaux, ceux qui se rendaient à Rome, le Pape convoqua un concile de ses cardinaux, dans lequel il lança contre lui une sentence d'excommunication; ensuite, comme Othon ne voulait pas revenir sur ses fautes, et continuait encore davantage à s'emparer des biens de l'Eglise et à interdire le passage à ceux qui se rendaient à Rome, le papé délia ses sujets du serment de fidélité envers lui, défendant, sous peine d'anathême, que personne l'appelât empereur, ou le regardât comme tel; c'est pourquoi Othon fut abandonné par le landgrave duc de Thuringe, l'archevêque de Mayence, l'archevêque de Trèves, le duc d'Autriche, le roi de Bohême, et beaucoup d'autres, tant ecclésiastiques que séculiers.

Dans ce temps florissait, dans le territoire de Beauvais, Hélinand, moine de Froidmont, auteur d'une chronique exacte, prenant depuis le commencement du monde, et allant jusqu'à son temps; d'un livre sur le *gouvernement des princes*, et d'un autre intitulé : *Lamentations d'un moine déchu*.

[1211.] L'empereur Othon ayant été, comme on l'a dit plus haut, réprouvé par l'autorité apostolique et privé de la dignité impériale, les barons d'Allemagne, par le conseil de Philippe, roi de France, élurent roi des Romains Frédéric, roi de Sicile, fils de feu l'empereur Henri et de Constance, sœur de feu Guillaume, roi de Sicile, et demandèrent au Pape de confirmer cette élection. Frédéric, appelé de Sicile, vint à Rome, et fut reçu avec honneur par les habitans de cette ville. Quittant Rome, il passa les Alpes, arriva en Allemagne, où presque tous l'accueillirent favorablement, et reçut à Mayence la couronne du royaume d'Allemagne. Etant ensuite venu à Vaucouleurs, château situé en Lorraine, sur la Meuse, Philippe, roi de France, lui envoya en cet endroit son fils Louis, pour qu'ils conclussent une mutuelle alliance, comme celle qui avait existé anciennement entre leurs prédécesseurs.

Philippe, roi de France, étendit les limites de Paris depuis le Petit-Pont jusqu'au-delà de l'abbaye des chanoines réguliers de Sainte-Geneviève, et entoura de murs très-solides les jardins et les champs, de droite et de gauche. Un roi des Sarrasins, nommé Miramolin, entré avec une grande armée sur le territoire d'Espagne, et superbe en ses paroles, fit la guerre au roi de Castille et aux Chrétiens. Ceux-ci, aidés par les illustres rois d'Aragon et de Navarre, lui livrèrent bataille en la foi et au nom du Christ, et le vainquirent, avec l'aide de Dieu et de quelques chevaliers français. Dans ce combat, il ne périt que trente hommes du côté des Chrétiens, tandis que cent mille Sarrasins succombèrent. En signe de cette victoire, le roi des Aragonais envoya à Rome la bannière et la lance de Miramolin, qui ont été conservées jusqu'à présent dans la basilique de Saint-Pierre.

Un grand nombre de gens marchèrent de nouveau du royaume de France contre les hérétiques Albigeois. S'étant réunis ensemble ils assiégèrent le château de Lavaur, assaillirent et pressèrent fortement les ennemis de la foi. Mais pendant qu'ils étaient arrêtés à ce siége, une troupe très-considérable des leurs ayant imprudemment passé auprès d'un château appelé Montjoire, furent pris par les ennemis, qui leur tranchèrent la tête. Une lumière céleste brilla pour révéler leur mérite, et un grand nombre de gens virent un globe de feu descendre du ciel sur leurs cadavres. Alors les évêques et les abbés s'assemblèrent en ce lieu, et y consacrèrent un cimetière dans lequel ils enterrèrent leurs corps. Ensuite Lavaur fut pris, et l'inexpugnable château de Pennes, en Agénois, fut assiégé et se rendit. Soixante-quatorze chevaliers trouvés dans le château, n'ayant pas voulu abandonner leur erreur, furent pendus à un gibet; ensuite on dressa un bûcher, et on donna à tous les autres le choix de revenir de leur erreur ou de périr dans les flammes. S'exhortant mutuellement, ils montèrent sur le bûcher, et aimèrent mieux être brûlés que d'abandonner leur secte perverse. Giraude, dame du château, qui déclara avoir conçu de son frère et de son fils, fut jetée dans un puits, qui fut aussitôt comblé par un amas de pierres lancées sur elle. A Limoges, une noble matrone mourut, et fut conservée enveloppée dans un linceul; mais pendant qu'on préparait les obsèques, ressuscitant tout-à-coup, elle dit que sainte Marie-Madeleine lui avait touché les lèvres, et qu'elle avait aussitôt repris ses esprits. A la fête de la Madeleine elle vint à Vézelai avec son linceul et un grand nombre de gens qui avaient été témoins de sa mort.

En Espagne, la nuit de la Nativité du Seigneur, comme un prêtre qui couchait avec une femme osait chanter la première messe sans être contrit ni s'être confessé, et chantait l'Oraison dominicale après le sacrement accompli, tout-à-coup une colombe, volant avec impétuosité, mit son bec dans le calice, avala tout, et, arrachant l'hostie de la main du prêtre, s'envola. Il arriva à ce prêtre, à la seconde messe, la même chose qu'à la première. Saisi de crainte alors, et revenant sur lui-même, le cœur contrit, et après s'être confessé et avoir reçu la pénitence, il commença la troisième messe. Après l'Oraison dominicale, la colombe, introduisant, comme la première fois, son bec dans le calice, rejeta tout ce qu'elle y avait bu, et, en s'envolant, plaça les deux hosties au pied du calice.

Ferrand, d'Espagne, fils du roi de Portugal, prit en mariage Jeanne, comtesse de Flandre, fille du comte Baudouin qui fut, comme il a été dit plus haut, empereur de Constantinople. La reine de Portugal, tante maternelle de Ferrand, femme de feu Philippe, comte de Flandre, s'était fallacieusement entremise pour ce mariage auprès du roi de France.

[1212.] Renaud de Dammartin, comte de Boulogne-sur-Mer, excommunié pour avoir dépouillé les veuves et les orphelins, cherchant enfin des gens semblables à lui, passa aux excommuniés. Il s'allia avec l'empereur Othon, et Jean, roi des Anglais : c'est pourquoi Philippe, roi de France, lui ôta les comtés de Boulogne, de Mortain, de Dammartin et d'Aumale, que ledit comte Renaud tenait des dons du roi et de son pouvoir, et s'empara de toutes les dépendances de ces comtés. Le comte Renaud, repoussé ainsi de tout le royaume de France, se rendit vers le comte de Bar, son parent.

Dans le même temps on sut que Raimond, comte

de Toulouse, favorisait les hérétiques Albigeois ; c'est pourquoi il fut donné à tous les nôtres permission de lui courir sus à lui et à ses propriétés, et il fut déclaré transfuge de la foi et ennemi public de l'Eglise. L'église cathédrale de Nevers fut brûlée.

Philippe, roi de France, ayant convoqué à Soissons les prélats et les barons de son royaume, y donna en mariage au duc de Brabant Marie, sa fille, veuve de Philippe, comte de Namur. On y régla aussi, du consentement des barons, le projet de passer en Angleterre. Le motif qui excitait le roi à cette expédition était celui de rendre à leurs églises les évêques d'Angleterre exilés dans le royaume de France, de faire renouveler en Angleterre le divin office interrompu depuis sept ans, et de punir comme il le méritait, en le chassant entièrement du royaume, le laissant tout-à-fait sans terre, conformément à son nom, le roi Jean lui-même, qui avait tué son neveu Arthur, comte de Bretagne, avait pendu un grand nombre d'enfans qu'il avait pour otages, et commis d'innombrables crimes. Le seul Ferrand, comte de Flandre, refusa son secours au roi de France, Philippe, parce qu'il avait fait alliance avec Renaud, comte de Boulogne, par la médiation de Jean, roi d'Angleterre. Philippe, roi de France, chassa les mimes de sa cour, donnant cet exemple aux autres princes.

[1213.] Philippe, roi de France, reçut en grâce la reine Isemburge, sa femme, dont il était séparé depuis plus de seize ans, et qu'il avait fait garder dans un château à Etampes. Cette réconciliation remplit d'une grande joie le peuple français. La flotte de Philippe, roi de France, équipée pour passer en Angleterre, étant prête, le roi se rendit avec une grande armée à Boulogne-sur-Mer. Ayant attendu pendant quelques jours en cette ville ses vaisseaux et ses hommes qui arrivaient de tous côtés, il passa jusqu'à Gravelines, ville située sur les frontières de la Flandre, où toute la flotte le suivit. Ferrand, comte de Flandre, qu'on y attendait, n'y vint pas, comme il avait été convenu, et ne satisfit en rien, quoiqu'à sa demande ce jour lui eût été fixé pour faire satisfaction. C'est pourquoi le roi, abandonnant le projet de passer en Angleterre, attaqua le territoire de Flandre, prit Cassel et Ypres, et tout le pays jusqu'à Bruges. Ayant traité cette ville selon son bon plaisir, il partit pour Gand, laissant un petit nombre de chevaliers et d'hommes d'armes pour la garde des vaisseaux qui l'avaient suivi par mer jusqu'à un port nommé Dam, et situé non loin de Bruges. Le roi avait le dessein, après la prise de Gand, de passer en Angleterre; mais comme il était occupé au siége de Gand, Renaud, comte de Boulogne, qui, à cause de ses méfaits, fuyant la présence du roi des Français, demeurait alors avec le roi d'Angleterre, et quelques autres envoyés secrètement par mer de la part du roi d'Angleterre, s'emparèrent d'une grande partie des vaisseaux du roi de France, et assiégèrent promptement le port et la ville de Dam. Le roi l'ayant appris, abandonna le siége de Gand, retourna vers Dam, en fit lever le siége, et força les assiégeans de fuir. Un grand nombre des siens cependant furent tués, submergés ou pris, et il perdit une très-grande partie de ses vaisseaux. Ayant fait décharger le reste des vaisseaux des vivres et autres différentes choses, il y fit mettre le feu, et livra aux flammes la ville et tous le pays d'alentour. Après avoir reçu des otages de Gand, d'Ypres, de Bruges, de Lille et de Douai, il retourna en France. Jean, roi d'Angleterre, sachant qu'il était haï de beaucoup de gens, et voyant sa puissance en danger, fut saisi d'une grande crainte, et voulant apaiser plusieurs personnes qu'il avait offensées, il apaisa d'abord le pape par des présens, ses sujets par la clémence, les prélats, et Etienne, archevêque de Cantorbéry, qu'il avait exilés, par la permission de revenir. Ayant obtenu du pape l'absolution, il lui soumit son royaume à titre de fief, se reconnaissant obligé, à raison de ce, de lui payer chaque année mille marcs, sept cents pour l'Angleterre, et trois cents pour l'Hibernie. Simon de Montfort, qui avait été laissé à Carcassonne contre les hérétiques Albigeois, assiégé dans un château appelé Muret, et situé non loin de Toulouse, par Raimond, comte de Toulouse, qui favorisait les hérétiques, et le roi d'Aragon, qui était venu à son secours, ainsi que par le comte de Foix, livra contre eux un admirable combat, car n'ayant que deux cent soixante chevaliers, cinq cents hommes d'armes, cavaliers et pèlerins, et sept cents hommes de pied, sans armes, après avoir entendu la messe du Saint-Esprit et invoqué sa protection, il sortit du château et livra bataille aux ennemis; et, soutenus par la puissance divine, les siens tuèrent dix-sept mille ennemis et le roi d'Aragon lui-même. Il ne périt ce jour-là que huit hommes de l'armée de Simon. Ledit Simon, quoique très-vaillant dans les combats et très-affairé, assistait cependant chaque jour à la messe et à toutes les heures canoniques.

Jean, roi d'Angleterre, débarqua à La Rochelle avec une multitude d'hommes d'armes. Philippe, roi des Français, envoya contre lui son fils, Louis. Le roi, ayant lui-même rassemblé des troupes, se prépara à marcher en Flandre contre Ferrand. Geoffroi, évêque de Senlis, renonçant à l'épiscopat, se rendit à l'abbaye de Charlieu. Il eut pour successeur Guérin, frère profès de l'hôpital de Jérusalem, et conseiller spécial de Philippe, roi de France. Geoffroi, évêque de Meaux, renonça aussi à l'épiscopat, et se retira dans le monastère de Saint-Victor, à Paris, où il s'adonna plus particulièrement à la contemplation divine. Guillaume, chantre de Paris, lui succéda.

[1214.] Jean, roi d'Angleterre, s'étant réconcilié avec le comte de la Marche et les autres grands d'Aquitaine, prit la ville d'Angers, et envoya ses coureurs au-delà de la Loire avec une troupe de chevaliers qui prirent auprès de Nantes Robert, fils aîné du comte de Dreux, lequel venait au secours de Louis, fils aîné de Philippe, roi de France. Enorgueilli par de tels succès, et croyant recouvrer le reste du territoire qu'il avait perdu, il passa la Loire et assiégea un château appelé la Roche-Moine. Louis, fils de Philippe roi de France, qui demeurait alors à Chinon, dans la Touraine, l'ayant appris, se hâta de marcher au secours des assiégés. Comme l'armée des Français n'était déjà plus éloignée du château que d'une seule journée, Jean, roi d'Angleterre, craignant pour lui, abandonna ses tentes, ses machines de guerre et la ville d'Angers, et repassant la Loire, retourna en Aquitaine, laissant derrière lui tout ce qu'il avait amené, comme Esaü errant et fugitif. Louis reprit possession de la ville d'Angers, et démolit les murs que Jean avait fait réparer.

Dans le même temps que Louis, fils de Philippe, roi des Français, combattait dans le Poitou contre le roi d'Angleterre, son père était entré en ennemi sur le territoire de Ferrand, comte de Flandre, et ravageait tout jusqu'à Lille. Comme il revenait de Lille, Othon, empereur des Romains, qui avait été déposé, et neveu du roi d'Angleterre, étant venu à Valenciennes au secours de Ferrand, comte de Flandre, et n'étant éloigné du roi que de cinq milles, conduisit son armée de Mortain près de Tournai jusque près du pont de Bovines, afin d'attaquer à l'improviste l'arrière-garde du roi des Français. Le roi de France, ayant su qu'Othon venait avec une armée, ordonna à ses troupes de s'arrêter. Voyant ensuite que les ennemis, miraculeusement saisis de frayeur, ne venaient pas à sa rencontre, il ordonna de nouveau que les bataillons se rangeassent. Comme presque la moitié de son armée passait déjà le pont de Bovines, et que le roi lui-même, entouré d'une multitude de vaillans hommes, venait après son armée, les ennemis, frappés tout-à-coup comme d'épouvante et d'horreur, passèrent sur le flanc septentrional de l'armée, ayant devant les yeux le soleil plus ardent ce jour-là qu'à l'ordinaire. A la vue de ce mouvement, le roi des Français commanda de sonner la trompette et de prendre les armes, et rappela ses troupes qui marchaient en avant. Les ayant exhortées à défendre de tous leurs efforts la couronne de France, il s'élança aussitôt sur les ennemis. Que dirai-je? on combattit de part et d'autre avec une égale ardeur, pendant presque toute une journée. Philippe, renversé à terre, y demeura long-temps étendu; mais ayant enfin retrouvé un cheval, et soutenu par l'aide de Dieu, il vainquit l'ennemi sur tous les points. L'empereur Othon, le duc de Louvain, le comte de Limbourg, Hugues de Boves, tournant le dos, trouvèrent leur salut dans la fuite et abandonnèrent les bannières impériales. Ferrand, comte de Flandre, Renaud, comte de Boulogne, Guillaume, comte de Salisbury, et son frère, deux comtes d'Allemagne, et beaucoup de gens de grand nom, barons et autres, furent faits prisonniers. Il périt beaucoup de monde du côté d'Othon, et peu du côté du roi de France. Ainsi que le disaient ceux qui avaient été pris, le nombre des chevaliers d'Othon était de mille cinq cents, celui des autres hommes d'armes, bien équipés, était de cent cinquante mille, outre la multitude du commun peuple; trois jours après, il devait avoir de plus cinq cents chevaliers et un nombre infini d'hommes de pied; mais le Dieu miséricordieux accomplit, sur le roi de France et les siens, le cantique de Moïse, car un des siens en poursuivait mille, et deux des siens en mettaient dix mille en fuite. Le roi de France ayant tout terminé envoya dans ses châteaux, sous une étroite garde, les ennemis prisonniers, et retourna à Paris, où il amena Ferrand avec lui. Le clergé et le peuple l'accueillirent avec des larmes de joie et des acclamations jusqu'alors sans exemple.

A la nouvelle de la victoire de Philippe, roi des

Français, les Poitevins, saisis d'une grande frayeur, lui envoyèrent des députations, et s'efforcèrent de se réconcilier avec lui; mais le roi, qui avait éprouvé bien des fois leur perfidie, n'y consentit pas, rassembla une armée dans le Poitou, et s'avança près du lieu où était Jean, roi d'Angleterre. Le vicomte de Thouars l'ayant appris, fit tant, par le moyen du comte de Bretagne qui avait épousé sa mère, qu'il fut reçu en l'amitié du roi de France. Le roi des Anglais, éloigné de lui de dix-sept milles, ne pouvant fuir nulle part, et n'osant s'avancer pour lui livrer bataille en plaine, envoya Renoulf, comte de Chester, avec Robert, légat du Siége apostolique, pour traiter d'une trêve. Le roi Philippe, selon sa bonté accoutumée, lui accorda une trêve de cinq ans, et s'en retourna à Paris.

[1215.] La victoire que Dieu avait refusée à l'empereur Othon près de Bovines fit qu'un grand nombre quittèrent son parti; en sorte que, cédant au sort, et ne pouvant secouer l'infortune, il alla vivre dans son patrimoine, c'est-à-dire en Saxe, dépouillé de l'Empire, et privé des consolations de ses amis. Attaqué enfin de la dysenterie, il convoqua les évêques et le reste du clergé, demanda avec larmes l'absolution, et mourut peu de temps après l'avoir reçue. Frédéric, roi de Sicile, qui, par l'ordre du pape Innocent, avait été couronné roi des Romains à Mayence, ayant appris qu'Othon était revenu de Flandre dans son pays, sans avoir obtenu de succès, fit marcher son armée, du pays de Souabe, où il demeurait alors, et étant arrivé à Aix-la-Chapelle, assiégea et prit d'assaut cette ville, où il fut de nouveau proclamé roi des Romains, le 25 juillet. Bientôt après, pour ne pas se montrer indigne de l'honneur que Dieu lui avait accordé, il prit le signe de la croix du Seigneur, dans l'intention de marcher avec d'autres au secours de la Terre-Sainte.

Quelques grands du royaume d'Angleterre se révoltèrent contre leur roi Jean, à cause de quelques coutumes qu'il avait établies, et qu'il refusait d'observer lui-même, selon son serment : le commun peuple, à savoir la foule des paysans et un grand nombre de villes, se rangèrent du parti des grands. Ceux-ci, craignant cependant de ne pouvoir résister au roi Jean jusqu'à la fin, invitèrent par des messagers Louis, fils aîné du roi des Français, à leur porter secours, lui promettant la monarchie de toute l'Angleterre lorsqu'ils auraient chassé le roi. Louis, ayant reçu d'eux des otages, leur envoya un grand nombre de chevaliers. Au mois de septembre, de nobles hommes, tant du Brabant que de la Flandre, éprouvèrent un naufrage, et furent submergés en voulant passer en Angleterre au secours du roi, qui promettait une riche solde à ceux qui viendraient à son secours. Les ennemis du roi, joyeux de cet accident, en furent d'autant plus ardemment animés dans leur révolte contre lui, assurant qu'il apparaissait en toutes choses que la main de Dieu était contre le roi.

Au mois de novembre, le pape Innocent tint à Rome un concile général, appelé le concile de Latran, auquel assistèrent quatre cent douze évêques, parmi lesquels il y eut deux patriarches, le patriarche de Constantinople et celui de Jérusalem. Le patriarche d'Antioche, retenu par une grave maladie, n'y put venir, mais il envoya à sa place l'évêque d'Antarados ; le patriarche d'Alexandrie, placé sous la domination des Sarrasins, fit ce qu'il put, et envoya pour lui un diacre, son frère. On y vit les primats, soixante-onze métropolitains et plus de huit cents abbés et prieurs de couvens ; on y vit en foule les envoyés de l'empereur des Romains, de l'empereur des Grecs, du roi des Français, du roi de Jérusalem, du roi d'Angleterre, du roi de Chypre, du roi d'Espagne, et d'autres rois et princes. Le saint synode décréta beaucoup de choses utiles, et en confirma beaucoup d'autres anciennement établies. Raimond, comte de Toulouse, et son fils Raimond furent condamnés comme hérétiques, et un grand nombre d'autres hérétiques et de leurs fauteurs furent frappés du glaive de l'anathême. On condamna un ouvrage ou traité sur la Trinité, que l'abbé Joachim avait écrit contre maître Pierre Lombard; et le dogme pervers d'Amauri fut déclaré impie et hérétique.

Dans le même temps, comme quelques-uns prétendaient que Denis l'Aréopagite était le même que Denis évêque de Corinthe, qui avait souffert le martyre en Grèce, où on l'avait enterré, et qu'il avait existé un autre Denis qui avait prêché la foi chrétienne en France à Paris ; et que d'un autre côté, d'autres affirmaient qu'après la mort des apôtres Pierre et Paul, Denis était venu à Rome, et avait été envoyé en France par le pape saint Clément, successeur de l'apôtre Pierre, le pape Innocent, ne voulant adopter aucun des deux partis, mais desirant honorer l'église de Saint-Denis en France, y envoya, par les moines de ce monastère présens au concile, le corps de saint

Denis évêque et confesseur de Corinthe, transporté de Grèce à Rome par un cardinal-légat, et acquitta des pénitences qui leur seraient ordonnées ceux qui, s'approchant des sacrées reliques du saint, se repentiraient sincèrement, et se confesseraient pendant quarante jours.

[1216.] Simon de Montfort, laissé par les Français à Carcassonne contre les hérétiques Albigeois, vint en France demander du secours contre les Aragonais, qui lui livraient de fréquentes attaques à cause de la mort de Pierre, leur roi. Dans l'espace de peu de jours, il rassembla cent vingt chevaliers, qu'il ramena de France en s'en retournant. Galon, prêtre-cardinal de Saint-Marin, envoyé en France en qualité de légat, pressa instamment Louis, fils aîné de Philippe, roi de France, de se désister de son projet de passer en Angleterre contre Jean, roi de ce pays, et engagea son père, le roi Philippe, à dissuader son fils de cette expédition. Il lui annonça aussi la sentence d'excommunication portée par le pape contre tous les ennemis du roi d'Angleterre. N'ayant pas réussi de ce côté, il passa en Angleterre pour rétablir la paix, s'il pouvait, entre le roi et les grands d'Angleterre. Sur ces entrefaites, Louis, fils du roi de France, ayant équipé une flotte, passa en Angleterre, fut accueilli avec joie et respect par ceux qui l'avaient appelé, et reçut d'eux foi et hommage. Mais le cardinal Galon, combattant pour le roi d'Angleterre avec le glaive spirituel de saint Pierre, mit en interdit les terres des partisans de Louis, et enchaîna leurs personnes par les liens de l'anathème.

Le onzième jour de juin, Henri, empereur de Constantinople, mourut à Thessalonique, la dixième année de son règne. Après sa mort, les Francs et les Latins élurent unanimement empereur des Grecs, et envoyèrent chercher en France par une solennelle députation, Pierre de Courtenai, comte d'Auxerre, parent de Philippe, roi de France, et beau-frère de feu l'empereur Henri. Ayant reçu les députés, il accepta l'élection, et vint à Rome avec sa femme Yolande, comtesse de Namur, laissant à Namur deux fils, qu'il avait eus d'elle. Le pape Innocent étant mort, Honoré III, Romain de nation, fut le cent quatre-vingt-unième pape qui gouverna l'Eglise de Rome. Jean, roi d'Angleterre, mourut. Son fils Henri, enfant de dix ans, lui succéda, et fut couronné roi par Galon, légat de l'Eglise romaine ; c'est pourquoi Louis, fils du roi de France, se fiant aux Anglais, mit en liberté les otages qu'il en avait reçus, et, congédiant son armée, s'en retourna en France pour en rassembler une plus forte.

[1217.] Louis, fils de Philippe, roi de France, ayant, après Pâques, rassemblé une multitude d'hommes d'armes, tant à cheval qu'à pied, repassa en Angleterre, fort mécontent de ce qu'un certain nombre de nobles de ce pays, au mépris de leurs sermens, avaient, en son absence, abandonné son parti et passé dans celui du nouveau roi. Pendant qu'il assiégeait Douvres, Thomas, comte du Perche, qui était venu à son secours, fut tué à Lincoln par la fourberie des Anglais. Dès que Louis l'apprit, s'apercevant par là de la trahison et de l'infidélité des Anglais, il brûla ses machines, et se transporta à Londres avec toute son armée ; se voyant ensuite trahi par les barons anglais, en butte à la haine de tout le royaume, et toutes les portes fermées pour lui, et connaissant aussi les desseins de Galon, légat du Siége apostolique, qui faisait tous ses efforts pour s'opposer à lui et aux siens, il craignit que, s'il sortait de Londres pour combattre les Anglais, les portes ne lui fussent fermées à son retour; il traita donc, et retourna en France. Il eût remporté partout d'admirables victoires, s'il eût rencontré la fidélité qui lui était due.

Le pape Honoré sacra à Rome empereur et impératrice de Constantinople, Pierre, comte d'Auxerre, et Yolande, sa femme, comtesse de Namur et sœur de feu Henri, empereur des Grecs. Cette cérémonie eut lieu dans l'église de Saint-Laurent, hors des murs, de peur qu'elle ne parût leur donner aucun droit sur l'Empire romain. Neuf jours après son sacre, Pierre quitta la ville avec sa femme, qu'il envoya par mer à Constantinople, parce qu'elle était enceinte. A la tête de cent soixante chevaliers et de beaucoup d'autres hommes de guerre prêts à combattre, il voyagea par terre, et alla à Brindes au devant de Jean de Colonne, prêtre-cardinal, envoyé en qualité de légat dans la Romagne et le pays de Venise. Le cardinal s'étant joint à l'empereur pour passer en Grèce, il traversa la mer, et assiégea aussitôt la ville de Durazzo. Il avait promis par un acte aux Vénitiens de leur céder sur-le-champ cette ville, qu'ils disaient leur avoir été enlevée par la violence du duc, à condition que leur seigneur lui fournirait les moyens de s'en emparer. Après avoir inutilement passé un grand nombre de jours à assiéger cette ville, non sans une grande perte des siens, il fut forcé de lever le siége. Comme il se rendait à Constantinople, et qu'il se trouvait dans un chemin difficile à passer, entre des montagnes pleines de bois et des fleuves, il fut pris par trahison avec sa suite par Théodore, duc de Durazzo, qui lui avait promis de le conduire en sûreté.

L'illustre femme de Simon de Montfort vint en France demander du secours contre les hérétiques Albigeois. Le comte de Toulouse et les Aragonnais avaient tellement resserré son mari, qu'ayant perdu quelques-uns de ses châteaux, à moins d'un prompt secours il avait à peine l'espérance de pouvoir conserver le reste. La même année il y eut un vent très-violent qui renversa beaucoup de maisons et d'églises, et déracina une infinité d'arbres.

[1218.] Simon, comte de Montfort, ayant reçu du secours de la France, assiégea Toulouse. Pendant qu'on livrait un assaut, il mourut frappé d'une pierre lancée d'un pierrier. C'était un homme beau de corps, ferme dans sa foi et dans les combats, et digne d'une gloire éternelle. Gui, son fils, lui succéda dans son comté et dans la terre des Albigeois. Saint Guillaume, archevêque de Bourges, fut canonisé par le pape Honoré ; son successeur Girand mourut, et fut remplacé par Simon, chantre de Bourges. Hugues, duc de Bourgogne, mourut et fut enseveli à Cîteaux. Gautier, abbé de Pontion, fut fait évêque de Chartres. Au mois d'octobre les vignes et les arbres furent brûlés par une gelée excessive, au point que chacun affirmait n'avoir jamais rien vu ni entendu dire de pareil.

[1219.] Henri, comte de Nevers, et Gautier, camérier du roi de France, un grand nombre de barons et d'évêques, de chevaliers et de gens du peuple, ayant pris la croix, passèrent la mer, et, vers la fête des apôtres

Simon et Jude, abordèrent à Damiette, où s'étaient rendus au mois de mai, avec une forte armée, Jean, roi de Jérusalem, et le duc d'Autriche, qui, négligeant les autres villes des Sarrasins, voulaient assiéger Damiette avec une puissante armée. Ils disaient en effet que, s'ils parvenaient à prendre cette ville, la Terre-Sainte pourrait être facilement purgée des Gentils. Par la faveur de Dieu, la chose en était venue au point que les nôtres, avec des peines extraordinaires et beaucoup de pertes, s'étaient emparés d'une tour située sur un petit canal du Nil, et suffisamment munie de tout ce qui était nécessaire à sa défense. Comme il périssait un grand nombre de Chrétiens, les clercs firent des processions, et ordonnèrent à tous un jeûne de quatre jours au pain et à l'eau; car la veille de la fête de l'apôtre saint André, les flots de la mer s'élevant, étaient arrivés jusque dans le camp des fidèles, que d'un autre côté inondait le Nil débordé, dont ils avaient négligé de se garantir. C'est pourquoi leurs vaisseaux et leurs vivres furent grandement endommagés. Cette tempête dura pendant trois jours consécutifs. Quelques-uns furent en outre saisis de douleurs soudaines dans les pieds et les jambes. La chair de leurs gencives s'enfla entre leurs dents, et leur ôta la possibilité de mâcher. Un grand nombre d'entre eux moururent de ce mal, les autres ayant souffert jusqu'au printemps furent sauvés par une chaleur bienfaisante. A la fête de la vierge sainte Agathe, le Père de miséricorde et le Dieu de toute consolation daigna accorder aux siens, occupés au siége de Damiette, une glorieuse victoire; car quelques Chrétiens ayant passé le Nil pour assiéger la ville de toutes parts, le soudan de Babylone et les siens, qui avaient campé sur un des bords du fleuve avec une nombreuse armée, miraculeusement frappés de terreur, s'enfuirent avant l'aurore, abandonnant leurs tentes. Les nôtres l'ayant appris, passèrent aussitôt le Nil, s'emparèrent du camp des fuyards, où ils trouvèrent des dépouilles innombrables, et ainsi le lendemain matin Damiette fut complétement assiégée par les nôtres.

Philippe, roi de France, rendit une ordonnance générale pour défendre aux Juifs du royaume de recevoir en gage des ornemens d'église, et de fournir de l'argent à un religieux sans le consentement de son abbé et du chapitre. Cette ordonnance réglait aussi qu'aucun Chrétien ne pourrait être forcé de vendre son héritage ou ses revenus pour dettes envers les Juifs; que deux parts de l'héritage ou des revenus du débiteur et de celui qui se portait caution seraient assignées au Juif.

Jérusalem, qui paraissait fortifiée d'une manière inexpugnable, fut détruite par Conradin, fils de Saladin; les murs et les tours furent réduits en monceaux de pierre, à l'exception du temple du Seigneur et de la tour de David. Les Sarrasins formèrent le dessein de détruire le sépulcre du Seigneur, et le firent savoir par une lettre aux habitans de Damiette pour les consoler; mais personne n'osa y porter une main téméraire; car, ainsi qu'il est écrit dans l'Alcoran, le livre de leur foi, ils croient que Jésus-Christ notre Seigneur a été conçu et est né de la vierge Marie, et qu'il vécut sans péché, prophète et plus que prophète; ils soutiennent qu'il a rendu la vie aux aveugles, guéri les lépreux, ressuscité les morts, et ils assurent fermement qu'il est monté aux cieux. C'est pourquoi, dans les temps de trêve, leurs sages se rendant à Jérusalem, demandaient qu'on leur montrât les livres des Evangiles, et les baisaient et révéraient à cause de la pureté de la sainte loi enseignée par le Christ, et surtout à cause des évangiles de Luc, à savoir : « Gabriel fut envoyé, » paroles que leurs lettres répètent et commentent souvent:

Après la mort de Simon de Montfort, frappé d'un coup de pierre à Toulouse, Louis, fils de Philippe, roi de France, à la tête d'une nombreuse armée de croisés levés dans toutes les parties de la France, marcha contre les hérétiques Albigeois et Toulousains. Il assiégea et prit d'abord le château de Marmande, fortifié par les hérétiques; après quoi il marcha vers Toulouse, qu'il assiégea et battit long-temps ; mais trahi, dit-on, par quelques nobles de son parti, il fut forcé de revenir sans avoir rien fait. Après son retour, ceux des nôtres qui étaient restés souffrirent un grand nombre d'outrages de la part des hérétiques Toulousains, devenus plus audacieux que de coutume. Quelques-uns abandonnèrent les châteaux, que les hérétiques réduisirent en leur pouvoir par la trahison de plusieurs.

Ceux des nôtres qui étaient occupés au siége de Damiette, livrant à cette ville de fréquens assauts par terre et par mer, l'attaquant par des machines, et la foudroyant par des pierres, passèrent l'été à faire tous leurs efforts pour s'en emparer. Mais les Sarrasins leur livraient des batailles rangées, et s'opposaient fortement à leur dessein, qui paraissait quelquefois sur le point d'être accompli. A la décollation de saint Jean-Baptiste, s'étant avancés avec orgueil et sans ordre pour combattre le soudan, comme ils se fiaient en leurs forces, et non au Seigneur, un grand nombre d'entre eux succombèrent et périrent, non cependant sans quelque dommage pour l'armée des païens. Parmi les nôtres, furent faits prisonniers de nobles hommes, tels que Milon de Nanteuil, évêque de Beauvais; le vicomte de Sainte-Suzanne; Gautier, camérier du roi de France; et quelques autres Français puissans par la gloire de leurs armes. Ce jour-là, Jean, roi de Jérusalem, se conduisant courageusement, fut presque brûlé par le feu grégeois; mais le Dieu compatissant et miséricordieux sauva la vie à son chevalier, abaissant d'ailleurs l'orgueil des nôtres. Vers la fête de la Toussaint, quelques-uns de nos gens, envoyés pendant la nuit à une porte de la ville pour reconnaître l'état des assiégés, n'ayant aperçu au dedans aucune sentinelle, dressèrent des échelles, et montèrent sur les remparts. Ensuite ils ouvrirent les portes, prirent et tuèrent un petit nombre d'assiégés qui voulaient faire résistance. Ainsi donc fut prise par les nôtres, aux nones de novembre, la ville de Damiette, sans reddition, sans assaut ni sans violent pillage, aux yeux du soudan de Babylone, qui, miraculeusement frappé de terreur, n'osa pas, selon sa coutume ordinaire, attaquer les chevaliers du Christ, afin que la victoire fût attribuée à Dieu seul. Comme les nôtres n'osaient entrer dans la ville, dans la crainte que l'armée des païens, qui les entourait, ne s'emparât de leur camp, il arriva, par la volonté divine, que le Nil déborda, au point que les eaux rendirent le camp des nôtres inaccessible, Dieu manifestant évidemment par là que les élémens eux-mêmes s'opposaient et livraient combat aux insensés, en faveur des adorateurs du Christ. Le soudan s'en étant aperçu, mit le feu à son camp, et s'enfuit, craintif et confus. Les nôtres étant entrés dans la ville, trouvèrent les places jonchées des cadavres de gens morts de la peste et de la famine; car le Seigneur avait tiré son glaive sur eux; et sa main en avait tant fait périr que, depuis le commencement du siége, dans l'espace de vingt mois, il périt dans la ville soixante-dix mille païens; trois mille seulement demeurèrent vivans. On y trouva beaucoup de vivres, de l'or, de l'argent, des étoffes de soie, des pierres précieuses et d'autres richesses infinies. On fit un partage de tout cela, ainsi que de la ville, et chacun reçut ce qui lui convenait, d'après les prudentes décisions des hommes sages et du commun conseil de personnes choisies pour cette affaire. La domination de la ville fut donnée à perpétuité à Jean, roi de Jérusalem, pour augmenter son royaume. La ville ayant enfin été purifiée, Pélage, légat du Siége apostolique, accompagné du clergé et du peuple, au milieu des flambeaux et des luminaires, des hymnes et des cantiques, partit en procession, le jour de la Purification de sainte Marie, pour entrer dans la ville; et de la Mahomerie, purifiée avant par ses ordres, il fit une basilique qu'il consacra en l'honneur de la sainte Vierge Marie, mère de Dieu. Il y établit un siége épiscopal, et, fondant en larmes et manifestant une grande dévotion, y célébra la messe au milieu du peuple. Cette ville, outre qu'elle était fortifiée par sa situation naturelle, était entourée d'une triple muraille, très-solidement munie de nombreuses et hautes tours en brique : c'était la clef et le boulevard de toute l'Egypte, et on l'appelait autrefois Héliopolis.

[1220.] Frédéric, roi de Sicile, fut couronné empereur par le pape Honoré. Robert de Meûn, évêque du Puy, fut tué par un certain chevalier qu'il avait excommunié pour des outrages par lui commis envers l'Eglise. Le peuple du Puy, gravement irrité, se souleva violemment contre les parens du chevalier, détruisit de fond en comble leurs châteaux et leurs maisons, et les condamna à un exil perpétuel.

Yolande, impératrice de Constantinople, mourut, laissant un fils, nommé Baudouin, encore enfant. Comme l'empereur Pierre, son mari, était encore retenu en prison, les Francs et les Latins qui habitaient en Grèce invitèrent, par une députation solennelle, son fils, comte de Namur, à gouverner la Grèce. Méprisant l'honneur qu'on lui offrait, et qui lui était dû, il envoya aux Grecs Henri, son frère cadet. Ils le reçurent gracieusement, et lui conférèrent le diadême et la dignité impériale. Au mois de juillet, le corps de saint Thomas, martyr, fut placé avec le plus grand soin, par Etienne, archevêque de Cantorbéry, dans une châsse d'or ornée de pierres précieuses et ciselée avec un travail admirable. Pierre, évêque de Paris, mourut à Damiette. Après sa mort, comme les chanoines de Paris ne pouvaient s'accorder sur l'élection, Guillaume, évêque d'Auxerre, fut, par l'ordre du pape Honoré, transféré au siége de Paris.

Gui, fils de Simon de Montfort, qui avait succédé à feu son père dans la terre des Albigeois, fut ignominieusement tué par le comte de Saint-Gilles. Sa mort affligea d'une inconsolable tristesse tous les catholiques qui demeuraient dans ce pays. A la nouvelle de ce meurtre, Amauri, son frère, touché de douleur, jura dans le fond de son cœur qu'il ne quitterait le siége d'un certain château, que son frère avait assiégé, qu'il ne l'eût réduit en son pouvoir, soit par force, soit par reddition; mais ensuite, privé du secours des siens, il quitta ce château sans avoir accompli son projet. Après ce départ, ses affaires se trouvèrent en si fâcheux état, que presque tous les châteaux dont il avait été en possession auparavant tombèrent sous la domination des hérétiques.

Par un miracle aussi grand, plus grand même que celui qui avait eu lieu au sujet de Damiette, le Seigneur donna aux Chrétiens rassemblés en ce lieu la ville de Thanis, en Egypte. Les nôtres ayant formé un dessein bien concerté, envoyèrent, à la fête de saint Clément, des éclaireurs chargés de se rendre sur des vaisseaux par le Nil, jusqu'à la ville de Thanis, pour enlever les vivres des premières maisons, et reconnaître avec soin l'état de ladite ville. Ceux-ci s'étant approchés de la ville, et n'ayant aperçu aucun défenseur sur les remparts ni sur les tours, s'y précipitèrent aussitôt, et la trouvèrent vide. Les habitans, à la nouvelle de la prise de Damiette, s'étaient enfuis, frappés d'une terreur extraordinaire, s'imaginant voir arriver toute l'armée des Chrétiens. Ce fut ainsi que le Seigneur en ce temps planta sa bannière en Egypte. Mais alors, par l'instigation du diable, il s'éleva une dissension entre Jean, roi de Jérusalem, et Pélage, cardinal de l'Eglise romaine. Le légat Pélage s'emparait du commandement de toute l'armée, disant et s'efforçant de faire croire que rien n'avait été fait ou ne se faisait que par ses ordres. C'est pourquoi le roi Jean quitta Damiette et se rendit en Syrie.

[1221.] Les Tartares étant entrés dans la Géorgie et la grande Arménie, ravagèrent ces contrées et les soumirent à leur domination. A Damiette, Pélage, légat du Siége apostolique, voyant que le peuple innombrable de Dieu n'obtenait plus aucun succès depuis long-temps à cause de l'absence du roi Jean, le pria par une lettre d'avoir compassion de la chrétienté, et de revenir à Damiette le plus tôt possible. Le roi, acquiesçant volontiers à ses prières, s'en retourna aussitôt. Par sa volonté et le conseil du légat, à la fête des apôtres Pierre et Paul, le roi et le légat, avec une partie très-considérable de l'armée bien pourvue d'armes, et portant des vivres pour deux mois, sortirent de Damiette pour se rendre vers Babylone par terre et par mer. Arrivés à un certain endroit, éloigné de vingt-quatre stades de Babylone et d'autant de Damiette, où le Nil, se divisant en trois branches, donne naissance à trois grands fleuves, ils s'emparèrent d'un pont de vaisseaux que les Sarrasins avaient construit, et dressèrent leurs tentes dans une plaine qui s'étendait le long du fleuve. Le soudan voyant leur audace et leur grand nombre, tint conseil avec les siens, et prit la résolution de ne point combattre; mais il ordonna aussitôt aux siens de garder et de fortifier l'entrée des chemins, de peur qu'il ne pût arriver aux nôtres, de Damiette, des secours d'hommes ou de vivres. Il espérait par cet exécrable artifice faire périr le peuple de Dieu sans dommage

9

pour les siens ; ce qui arriva pour la juste punition de nos péchés. Les nôtres manquèrent de vivres, et le Nil, selon son cours ordinaire, occupa toute la terre où était l'armée chrétienne. Ainsi le peuple de Dieu, perdant la moitié de ses forces, enfoncé jusqu'aux genoux dans le limon déposé par les eaux fangeuses, fut forcé de rendre Damiette, à condition qu'une partie du bois de la croix du Seigneur, que Saladin, soudan de Damas, avait emportée de Jérusalem, serait rendue aux Chrétiens, qu'on conclurait une trêve de huit ans, et que les Sarrasins mettraient en pleine liberté tous les Chrétiens captifs, et leur donneraient un sauf-conduit jusqu'à Acre. Ainsi Damiette, prise avec beaucoup de peines et de dépenses, et possédée pendant plus d'un an par les nôtres, fut rendue aux Sarrasins à la fête de la Nativité de la sainte Vierge Marie, mère du Seigneur. Manassès, évêque d'Orléans, mourut, et eut pour successeur Philippe, neveu de saint Guillaume, archevêque de Bourges.

[1222.] Henri, comte de Nevers, qui était revenu du pays d'outre-mer avant la prise de Damiette, périt par le poison. Il fut d'abord enterré dans le château de Saint-Aignan, dans le territoire de Bourges, et ensuite dans le monastère de Pontigny, de l'ordre de Cîteaux. Il ne laissa qu'une fille, qui fut donnée en mariage à Gui, comte de Saint-Paul.

Maître Pierre de Corbeil, archevêque de Sens, mourut le jour même de son synode qui assista à son enterrement dans l'église de Sens. Maître Gautier Cornu lui succéda. Dans ce temps mourut aussi Guillaume, évêque de Paris, qui avait transporté une partie des moines de Cîteaux de l'abbaye de Saint-Antoine de Paris, à Auxerre, dans un lieu appelé Chelles.

[1223.] Jean, roi de Jérusalem, excessivement affligé de la perte de Damiette et de l'épuisement des siens, passa du pays d'outre-mer en Italie pour demander du secours au pape. Il y fut reçu avec honneur par le pape Honoré et par Frédéric, empereur des Romains, auquel il donna en mariage, en présence du pape, sa fille, unique héritière du royaume de Jérusalem, avec tous ses droits sur ce royaume. L'empereur en eut dans la suite un fils appelé Conrad. Je cesse ici de parler du royaume de Jérusalem, parce que, bien que plusieurs aient, par droit de succession, porté le titre de rois de Jérusalem, aucun, jusqu'à nos jours, n'y a véritablement régné.

Henri, fils de Frédéric, empereur des Romains, et de la sœur du roi d'Aragon, enfant âgé de dix ans seulement, fut, par l'ordre de son père, couronné roi d'Allemagne. Au commencement du mois de juillet, il apparut, pendant huit jours, avant le crépuscule de la nuit, dans le royaume de France, une comète, présage de malheurs. En effet, le roi Philippe, accablé depuis long-temps d'une fièvre quarte, ô douleur! termina son dernier jour à Mantes, la veille des ides de juillet, après avoir mis toutes ses affaires en bon ordre. Le lendemain il fut enterré avec honneur dans le monastère de Saint-Denis en France, par le cardinal Conrad, évêque d'Ostie, qui était venu en qualité de légat dans la terre des Albigeois, et par vingt-quatre évêques et archevêques qui, par la volonté divine, se trouvaient là pour leurs affaires. Les obsèques se firent en présence de Jean de Brienne, roi de Jérusalem, qui partagea l'excessive douleur que causait cette mort infortunée à une innombrable multitude de chevaliers, de clercs et de peuple. Le même jour et à la même heure le souverain pontife de Rome, Honoré, étant dans une ville de la Campanie en Italie, célébra avec les cardinaux l'office des Morts pour ledit roi. Cette mort lui avait été miraculeusement révélée par un saint chevalier. Le roi étant donc enterré, Louis son fils fut, dans la vingt-sixième année de sa vie, le sixième jour d'août, couronné roi de France dans l'église de Rheims, avec Blanche sa femme, par Guillaume, archevêque de Rheims.

Le premier dimanche de Carême, Jean, roi de Jérusalem, prenant le bâton de pélerin, partit pour Saint-Jacques en Galice. A son retour, le roi de Castille lui donna en mariage sa sœur Bérengère, nièce de Blanche, reine de France. Amaury, comte de Montfort, quittant le pays des Albigeois pour revenir en France à cause de la disette des vivres, abandonna Carcassonne, ville très-fortifiée, et d'autres châteaux conquis sur les hérétiques Albigeois avec des peines infinies.

[1224.] Le sixième jour de mai, Louis roi de France, et Conrad cardinal du Siége apostolique, convoquèrent à Paris un concile général dans lequel le pape Honoré révoqua de sa propre autorité, par l'entremise dudit cardinal, l'indulgence accordée par le concile de Latran à ceux qui se croiseraient contre les hérétiques Albigeois, et reconnut Raimond, comte de Toulouse, pour vrai catholique. Le lendemain de la fête de saint Jean-Baptiste, Louis, roi de France, rassembla une armée à Tours, d'où il marcha vers le château de Niort en Poitou, et assiégea le chevalier Savary de Mauléon, qui était dans ce château pour le défendre. Voyant la force du roi, Savary le lui rendit, à condition que lui et les siens pourraient se retirer la vie sauve. De là, après cette reddition, le roi s'avança vers Saint-Jean-d'Angely, dont les habitans vinrent au devant de lui, le reçurent pacifiquement et avec honneur, et lui jurèrent ensuite fidélité, ainsi qu'ils le devaient. De là, le roi, partant pour La Rochelle, assiégea cette ville; ayant fait dresser des machines, il livra pendant neuf jours de continuels assauts, et endommagea grandement les murs; mais Savary de Mauléon, et près de trois cents chevaliers qui étaient dans la ville, aidés des habitans et d'un grand nombre de serviteurs, se défendirent avec courage, et attaquaient souvent le roi et les siens. Cependant, considérant enfin qu'ils ne pouvaient recevoir de secours d'aucune part, ils rendirent la ville au roi et lui jurèrent tous fidélité, à l'exception de Savary, qui se retira avec les Anglais. Alors les Limousins, les Périgourdins, et tous les grands d'Aquitaine, à l'exception des Gascons qui habitaient au-delà de la Gascogne, promirent fidélité au roi, qui s'en retourna en France.

A l'Octave de l'Assomption de Sainte-Marie, mere du Seigneur, un concile fut, par l'autorité apostolique, célébré à Montpellier. Le pape Honoré donna ordre à l'archevêque de Narbonne d'écouter les conventions de paix que Raimond, comte de Toulouse, et les autres Albigeois, offraient à la sainte mère l'Eglise, et de lui mander ce qu'il y avait à faire. L'archevêque de Narbonne ayant convoqué les évêques, les abbés et tout le clergé de la province entière, reçut du comte de Toulouse et des autres barons, le serment de faire reconnaître dans tout le pays l'autorité de l'Eglise romaine, de rétablir les revenus du clergé, de faire promptement justice des hérétiques avoués et convaincus, et d'employer tout leur pouvoir à extirper de toute la province la perversité hérétique. Savary de Mauléon, qui avait passé en Angleterre avec les Anglais, ayant reconnu que, se défiant de lui, ils se préparaient à le perdre secrètement, prit une salutaire résolution, et, retournant en France, il se soumit, et fit hommage au roi Louis.

[1225.] Au temps de Pâques, il vint en Flandre un homme vêtu en pélerin, qui se faisait passer pour Baudouin, empereur de Constantinople, qui avait disparu; et il prétendait avoir été délivré, comme par miracle, des prisons des Grecs. Un grand nombre de nobles de Flandre, l'ayant vu, se rangèrent de son parti, frappés de quelques particularités qu'il leur rapportait, ainsi que de plusieurs façons de parler et gestes familiers au comte Baudouin; mais Jeanne, comtesse de Flandre, qu'il avait privée du comté, se rendit vers le roi de France Louis, et le pria de la remettre en possession de son comté. Le roi ayant appris ce qui se passait, appela cet homme à Péronne, lui demanda qui l'avait fait chevalier, et dans quel endroit il avait fait hommage à son père le roi Philippe: comme il réclama un délai à ce sujet, et ne voulut point répondre, on lui ordonna de sortir du royaume de France dans l'espace de trois jours. Pendant qu'il s'en retournait il fut abandonné par les siens à Valenciennes. Enfin, s'étant enfui à travers la

Bourgogne, sous le déguisement d'un marchand, il fut pris par un certain chevalier et livré à la comtesse de Flandre, dont les partisans lui infligèrent différens supplices et le pendirent enfin à un gibet.

Comme le roi de France Louis avait rassemblé une armée à Chinon pour soumettre le vicomte de Thouars, en cette ville arriva vers lui, à la fête des apôtres Pierre et Paul, Romain, diacre-cardinal de Saint-Ange. Le légat étant arrivé en France, le roi pour l'amour de lui, accorda une trêve au vicomte de Thouars jusqu'à la fête de sainte Madeleine, et, se rendant à Paris avec le légat, appela ses grands à une assemblée à laquelle se rendit le vicomte de Thouars, qui fit hommage au roi en présence du légat et des barons, et fit réparation de tous ses méfaits envers lui. Vers la Purification de la sainte Vierge Marie, Louis, roi des Français, et beaucoup de grands, d'archevêques et d'évêques, et un grand nombre d'autres du royaume de France, s'étant réunis à Paris, prirent la croix de la main du cardinal Romain pour aller combattre les hérétiques Albigeois.

[1226.] Vers l'Ascension du Seigneur, Louis roi de France, et tous les croisés se mettant en route contre les Albigeois, arrivèrent à Avignon la veille de la fête de saint Barnabé apôtre. Cette ville était depuis sept ans soumise à l'excommunication, à cause de sa perverse hérésie; le roi et les barons en ayant aussitôt formé le siége y souffrirent beaucoup de maux, mais enfin l'ayant vigoureusement pressée jusqu'à la fête de l'Assomption de sainte Marie, ils s'en emparèrent, et y établirent pour évêque un certain moine de Cluny. Là mourut dans le camp, frappé d'une pierre lancée d'un pierrier, Gui, comte de Saint-Paul. Thibaut, comte de Champagne, s'en retourna chez lui sans la permission du roi ni du légat. Le roi, après avoir fait détruire les murs de la ville et raser dans l'intérieur cent maisons fortifiées de tours, emmena son armée. Dans sa marche à travers cette province, les villes, les châteaux et toutes les forteresses jusqu'à quatre lieues de Toulouse, se rendirent pacifiquement à lui; revenant ensuite en France, il mit à la tête de tout ce pays le chevalier Imbert de Beaujeu. Pendant le retour du roi, moururent Guillaume, archevêque de Rheims, et le comte de Namur, parent du roi de France, et frère de Henri, empereur de Constantinople. Le roi Louis, lui-même, étant arrivé à Montpensier en Auvergne, tomba de son lit, et mourut à l'octave de la Toussaint; il fut porté jusqu'à Saint-Denis en France, et enterré avec honneur auprès de son père; il eut pour successeur au trône son fils Louis, qui, par l'habileté et la prudence de sa vénérable mère la reine Blanche, un mois après la mort de son père, à savoir le premier dimanche de l'Avent, fut, à l'âge de moins de quatorze ans, couronné à Rheims par les mains de l'évêque de Soissons, le siége de Rheims étant alors vacant. La même année, Ferrand, comte de Flandre, qui avait été pendant douze ans retenu à Paris dans la prison du roi de France, fut délivré au prix de beaucoup d'argent. Le pape Honoré étant mort, Grégoire IX, cent quatre-vingt-deuxième pape, gouverna l'Eglise de Rome.

[1227.] Jean, autrefois roi de Jérusalem, quittant la France avec sa femme Bérengère, vint en Lombardie, et séjourna pendant quelque temps à Bologne. Le pape Grégoire l'ayant su, lui donna à défendre tout le territoire de l'Eglise de Rome. Louis, roi de France, par le conseil de la reine Blanche, sa mère, envoya dans la terre des Albigeois des évêques et un grand nombre de chevaliers, qui se rendirent dans le pays de Toulouse, et reçurent en leur pouvoir la ville de Toulouse et tout le comté. Hugues, comte de la Marche, Thibaut, comte de Champagne, et Pierre, comte de Bretagne, conspirant contre leur seigneur Louis, roi de France, conclurent une mutuelle alliance. Le roi, l'ayant appris, rassembla, par le conseil de sa mère la reine Blanche, une multitude incroyable de troupes, et s'avança promptement jusqu'aux carrières de Coursay. Le comte de Champagne, saisi de crainte à la vue de ces préparatifs, se repentit de son mauvais projet, et, se rangeant du parti du roi de France, se retira promptement de l'alliance des comtes de la Marche et de Bretagne. Le roi l'accueillit avec bonté, et, pour ne rien faire contre les droits, invita à se rendre à une troisième assemblée les deux autres comtes, qu'il avait déjà, par un édit royal, appelés à une conférence, mais qui avaient dédaigné d'y venir. Alors, réfléchissant à leur orgueil insensé et à la clémence du roi, ils vinrent le trouver à Vendôme, et firent satisfaction pour leurs méfaits.

[1228.] Quelques barons de France, irrités de ce que le comte de Champagne, contre la volonté des comtes de la Marche et de Bretagne, et le traité qu'il avait conclu avec eux, s'était rapproché du roi de France, et avait révélé leurs abominables desseins, rassemblèrent une armée innombrable, entrèrent en ennemis, par l'Allemagne, sur le territoire du comte de Champagne, et incendièrent les villes, les châteaux et les villages. Comme ils assiégeaient Bar-sur-Seine sans vouloir obéir à l'ordre que leur donnait le roi de s'en éloigner, le roi rassembla une multitude d'hommes d'armes, et marcha promptement contre eux. Les barons, à la nouvelle de son arrivée, levèrent au plus vite le siége. Le roi, après avoir ainsi défendu son homme-lige contre leurs attaques, s'en retourna à Paris.

Le pape Grégoire somma Frédéric, empereur des Romains, qui avait pris la croix depuis long-temps, d'accomplir son vœu et de s'embarquer pour aller au secours de la Terre-Sainte. Frédéric, ayant promis de le faire, marqua au pape et à la cour de Rome le jour certain de son départ; c'est pourquoi le pape fit savoir ce jour à tous les croisés, et leur manda qu'ils se réunissent promptement, et se tinssent prêts à se rendre où, selon sa promesse, l'empereur devait s'embarquer. Pendant ce temps, l'empereur soumit quelques ennemis dans le royaume de Sicile, et, rassemblant dans un seul lieu de la Pouille les Sarrasins qui habitaient dans différens endroits du royaume de Sicile, il les renferma dans une seule ville, appelée Nocera des Sarrasins, et qu'il rendit tributaire. Pierre, comte de Bretagne, soutenu par le secours et les conseils de quelques barons de France, se révolta contre le roi Louis, et invita Henri, roi d'Angleterre, à passer la mer avec une très-grande multitude d'Anglais. Dès que le roi Louis en fut instruit, il rassembla une armée, et s'avança vers le château de Bellême, que le comte de Bretagne avait reçu en garde du roi Louis;

et qu'il n'avait pas voulu rendre. Le roi forma le siége de ce château, qui fut tellement ébranlé par les coups des machines de guerre, qu'il menaçait ruine en plus d'un endroit. Les assiégés, saisis de crainte, se rendirent au roi de France. Alors le roi d'Angleterre craignant pour lui s'en retourna dans son royaume couvert de honte et d'ignominie, et le roi Louis se retira à Paris.

Dans le même temps que Louis, le saint roi de France, s'empara du château de Bellême, Jean des Vignes, très-valeureux chevalier, rassemblant une armée en Normandie, et la conduisant à la Haye-Pesnel, soumit cette ville au roi de France dans l'espace de peu de jours. La femme de Frédéric empereur des Romains, fille de Jean autrefois roi de Jérusalem, mourut, laissant un fils unique nommé Conrad, héritier dudit royaume de Jérusalem. Jeanne, comtesse de Flandre, étant morte, les comtés de Flandre et de Hainaut revinrent à sa sœur Marguerite, femme de Bouchard seigneur d'Avesnes.

[1229.] Pierre, comte de Bretagne, affligé d'avoir perdu le château de Bellême, recommença de nouveau à infester les terres du roi de France. Le roi Louis irrité rassembla encore une armée contre lui, marcha vers le château d'Adou, l'assiégea et le prit d'assaut. Il se transporta ensuite vers un autre château appelé Chantoceaux qui se rendit à lui. Après avoir ainsi rabaissé Pierre, comte de Bretagne, le roi saint Louis gouverna en paix pendant plus de quatre ans le royaume de France.

Le roi des Aragonais prit sur les Sarrasins les îles de Majorque et d'Iviça, et la ville de Valence, où saint Vincent fut martyrisé, et, en chassant les Sarrasins, il la consacra au nom chrétien. Sainte Elisabeth, fille du roi de Hongrie, et femme du landgrave duc de Thuringe, et saint Antoine, de l'ordre des frères Mineurs, brillèrent par leur sainteté. Une grande multitude de pélerins croisés s'étant, d'après l'ordre du pape Grégoire, rassemblés à Brindes pour passer dans la Terre-Sainte avec Frédéric, empereur des Romains, pendant qu'ils s'embarquaient avec lui, lui-même, s'échappant furtivement sur les galères, s'en revint à Brindes. Les pélerins, naviguant par un vent favorable, abordèrent à Acre. Le pontife romain Grégoire, instruit de la fuite de l'empereur, l'excommunia, et ordonna que son excommunication fût annoncée à toute la chrétienté. Dans le temps où les pélerins arrivèrent à Acre, mourut Coradin, soudan de Damas, laissant deux fils en tutelle. Une trêve fut alors accordée à la chrétienté.

[1230.] Saint Louis, roi de France, fonda l'abbaye de Montréal, de l'ordre de Cîteaux, près de Beaumont-sur-Oise, dans l'évêché de Beauvais. Frédéric, empereur des Romains, envoya des députés au soudan de Babylone, et contracta avec lui des amitiés suspectes à la chrétienté. Il s'éleva à Paris une grande dissension entre les écoliers et les bourgeois. Des bourgeois avaient tué quelques clercs ; c'est pourquoi les clercs, quittant Paris, se dispersèrent dans différentes contrées du monde ; ce que voyant le roi saint Louis, il s'affligea grandement de ce que l'étude des lettres et de la philosophie, par où s'acquiert le trésor de la science, qui excelle et l'emporte sur tous les autres, s'était retirée de Paris. Elle était venue d'Athènus à Rome, et de cette ville en France, avec les honneurs de chevalerie, par les soins de Charlemagne, à la suite de Denis l'Aréopagite, grec, qui le premier répandit à Paris la foi catholique. Ce très-pieux roi, craignant qu'un si grand et un tel trésor ne s'éloignât du royaume, parce que la science et le savoir sont les trésors du salut, *sapientia et scientia,* et de peur que le Seigneur ne lui dît : « Comme tu as repoussé « la science, je te repousserai, » manda auxdits clercs de revenir à Paris, les reçut à leur retour avec une grande clémence, et leur fit faire une prompte réparation par les bourgeois de tous les torts qu'ils avaient eus auparavant envers eux. En effet, si un trésor aussi précieux, aussi salutaire que celui de la sagesse, eût été enlevé au royaume de France, le lis, emblême des rois de France, serait étonnamment défiguré ; car depuis que Dieu et notre Seigneur Jésus-Christ voulut que le royaume de France fût illustré plus particulièrement que les autres royaumes par la foi, la sapience et la chevalerie, les rois de France eurent coutume de porter sur leurs armes et leurs bannières une fleur de lis peinte à trois feuilles, comme pour dire à tout le monde que la foi, la science et l'honneur de la chevalerie, par la providence de Dieu, se trouvent davantage dans notre royaume que dans tous les autres. En effet, les deux feuilles pareilles, qui signifient la sapience et la chevalerie, gardent et défendent la troisième feuille, qui signifie la foi, et qui est placée plus haut au milieu des deux autres ; car la foi est gouvernée et réglée par la sapience, et défendue par la chevalerie. Tant que dans le royaume de France ces trois feuilles seront unies ensemble en paix, vigueur et bon ordre, le royaume subsistera; mais si on les sépare, ou si on les arrache du royaume, le royaume divisé sera désolé et tombera.

[1231.] Les députés de Frédéric, empereur des Romains, étant revenus du pays d'outre-mer, où ils avaient été envoyés vers le soudan de Babylone, l'empereur excommunié, s'inquiétant peu de l'excommunication du pape, prit, sans avoir reçu l'absolution, et à l'insu du pape, le chemin de Jérusalem. Il navigua par mer, et aborda à Chypre où il demeura jusqu'à ce que son sénéchal, qu'il envoya à Acre avec une grande multitude d'hommes d'armes, lui annonçât la volonté du soudan de Babylone. Par le conseil du roi de France, saint Louis, et d'hommes religieux, le monastère de Saint-Denis en France fut réformé sous l'abbé Eudes; les moines n'osaient le faire auparavant, à cause de la dédicace mystérieuse qu'on sait que ce monastère a reçue du Seigneur lui-même.

[1232.] Simon, archevêque de Bourges, mourut, et eut pour successeur Philippe, auparavant évêque d'Orléans. Le sénéchal de Frédéric, empereur des Romains, envoyé à Acre, fit souffrir beaucoup de dommages aux pélerins chrétiens, et, sortant souvent en secret de la ville, tint conseil avec le soudan de Babylone et les Sarrasins. Connaissant leurs volontés, ainsi que le souhaitait son seigneur, il manda à Frédéric de venir promptement à Acre. Quittant aussitôt Chypre, Frédéric fit savoir au pape Grégoire qu'il était dans Acre au-delà de la mer, et le pria de le dégager du lien de l'excommunication. Mais le pape, sachant d'avance qu'il était uni avec les Sarrasins par une détestable alliance, et qu'il avait conclu avec le soudan un traité nuisible à la chrétienté, n'y voulut point consentir, et même le manda aux Templiers et aux Hospitaliers, auxquels il défendit expressément de se joindre à lui ou de lui porter secours. Ce que voyant l'empereur, il se fit d'abord, dit-on, couronner à Jérusalem; et après avoir laissé des Sarrasins pour la garde du temple du Seigneur, et imploré du soudan une trêve de dix ans pour la chrétienté, il revint plein de ressentiment dans la Pouille où il s'empara tyranniquement des terres de l'Eglise de Rome, de l'Hôpital et du Temple, ainsi que des revenus qu'ils avaient dans son Empire, et fit souffrir de grands dommages au pape, aux cardinaux, et à tout le clergé un grand nombre de pertes.

Un très-saint clou du Seigneur, un de ceux qui avaient attaché à la croix son corps divin, et qui était resté, depuis le temps de Charles le Chauve, roi des Français et empereur des Romains, dans l'église de Saint-Denis en France, à qui ce prince en avait fait présent, tomba comme on le tirait de son vase pour le donner à baiser, et fut perdu au milieu de la multitude de ceux qui voulaient le baiser, le 27 février. Mais, au premier jour d'avril suivant, les nombreux miracles qu'il opérait le firent trouver, et le saint jour du samedi saint il fut porté dans ladite église en une grande joie et triomphe.

[1233.] Il s'éleva à Beauvais, ville de France, une dissension entre les premiers de la ville et les moindres bourgeois. Plusieurs des principaux bourgeois ayant été tués, un grand nombre des petits bourgeois furent pris et mis en prison dans différens endroits du royaume de France. Comme ce châtiment avait été ordonné par le roi saint Louis, en qualité de suzerain, Milon, évêque et comte de ladite ville, mit son évêché en interdit. Mais étant parti pour Rome à ce sujet, il mourut en chemin. Son successeur Geoffroi, poursuivant cette même cause, ne passa dans son évêché qu'un petit nombre de jours remplis d'affliction. Robert, qui succéda à celui-ci, fit la paix avec le roi, et leva ainsi l'interdit de son diocèse. Philippe comte de Boulogne, fils de Philippe roi de France, mourut et fut enseveli à Saint-Denis. Les frères Prêcheurs et les frères Mineurs, prêchant en France par l'ordre du pape, exhortèrent un grand nombre de barons, de chevaliers et de pélerins, de clercs et de laïques, à prendre la croix et à passer au secours de la Terre-Sainte. Mais, du consentement du pape Grégoire, ils différèrent leur embarquement de quatre ou cinq ans.

[1234.] Le roi des Navarrais étant mort, Thibaut, comte de Champagne, son neveu par sa sœur, devint roi de Navarre. Saint Louis, roi de France, prit en mariage la fille du comte de Provence, nommée Marguerite, qui fut couronnée à Sens par les mains de Gautier, archevêque de Sens, vers le dimanche de l'Ascension. Robert, empereur des Grecs, ayant perdu tout ce qu'avait autrefois conquis son oncle, l'empereur Henri, à l'exception de Constantinople et de la province environnante, accablé par les siens d'un grand nombre d'outrages, mourut enfin sans postérité. Comme Baudouin, son frère, âgé de quinze ans, ne pouvait, dans un si grand désordre, s'opposer aux séditions des Grecs, les Français et les Latins qui demeuraient à Constantinople, par le conseil et le consentement du pape Grégoire, firent sacrer empereur pour sa vie, Jean autrefois roi de Jérusalem, et marièrent Marie sa fille, au jeune Baudouin héritier de l'Empire. Jean, accueilli avec honneur à Constantinople, soumit autant qu'il put les ennemis de l'Empire, et, défendant fidèlement son gendre Baudouin, le fit enfin élever avec sa femme à la dignité impériale pour gouverner sous lui.

[1235.] Il y eut en France, et surtout dans l'Aquitaine, une très-grande famine, au point que les hommes mangeaient les herbes des champs comme des animaux. Le boisseau de blé valait cent sols dans le Poitou, où un grand nombre de gens périrent de faim ou furent consumés par le feu sacré.

[1236.] Le Vieux de la Montagne, roi des Arsacides, envoya en France des messagers arsacides avec l'ordre de tuer le roi de France Louis. Mais, pendant leur voyage, Dieu changea son cœur, lui inspira des pensées de paix et non de meurtre. C'est pourquoi, après les premiers messages, il en envoya d'autres, le plus vite qu'il fut possible, pour mander au roi saint Louis qu'il se méfiât des premiers. Le roi depuis ce temps fit garder sa personne avec plus de soin, et par le moyen des seconds messagers découvrit les premiers. Le roi saint Louis, joyeux qu'ils eussent été reconnus, les honora tous par des présens, et les chargea d'un grand nombre de dons précieux pour leur roi en signe de paix et d'amitié. Ce méchant et cruel roi demeurait sur les confins d'Antioche et de Damas, dans des châteaux très-fortifiés et bâtis sur des montagnes. Il était fort redouté des princes chrétiens et sarrasins, tant voisins qu'éloignés, parce que souvent il les faisait tuer indifféremment par ses envoyés. Il faisait élever dans ses palais quelques enfans de sa terre. Là on leur apprenait toutes les langues, et on leur enseignait à craindre leur seigneur par-dessus tout, et à lui obéir jusqu'à la mort, afin d'obtenir ainsi les joies du paradis. Quiconque périssait dans un acte d'obéissance, était honoré comme un ange par les gens de la terre des Arsacides. Soumis ainsi à leur roi, ils faisaient périr beaucoup de princes sans aucune crainte de s'exposer à la mort.

[1237.] Un grand nombre de barons et autres du royaume de France, qui avaient pris la croix à la suite des prédications des frères Prêcheurs et des frères Mineurs, se mirent en route pour Jérusalem, ayant à leur tête Thibaut, roi de Navarre et comte de Champagne. Lorsqu'ils furent arrivés au-delà de la mer, Pierre, comte de Bretagne, peu soucieux de leur commune entreprise, alla piller quelque autre terre. Comme il réussit dans son expédition, Amauri, comte de Montfort, Henri, comte de Bar, et d'autres fameux chevaliers, excités par la cupidité, tentèrent, sans égards aux intérêts communs, d'en faire autant que lui. Après avoir chevauché pendant toute la nuit, ils arrivèrent le matin dans des lieux sablonneux, près de Gaza. Épuisés de fatigue, ils furent pris, et presque tous livrés à la mort par les habitans de Gaza, que des espions avaient instruits d'avance de leur arrivée. On ne revit plus jamais dans la suite le comte de Bar, qui fut pris ou tué dans cette occasion.

[1238.] Saint Louis, roi de France, fit chevalier, à Compiègne, le plus âgé de ses frères, que, peu de temps auparavant, il avait fait unir en légitime mariage à Mathilde, fille du duc de Brabant. Il céda alors à cedit frère, pour lui et sa postérité, le comté d'Arras avec ses appartenances. Frédéric, empereur des Romains, manda au roi de France Louis qu'il se rendrait à Vaucouleurs, pour avoir une entrevue avec lui; mais ayant appris dans la suite que le saint roi voulait conduire à sa suite deux mille chevaliers armés, avec une grande multitude d'hommes de pied et de serviteurs, il manda au roi, par un nouveau message, qu'il ne viendrait pas le jour fixé ni à l'endroit désigné. En effet, il avait espéré que le saint roi n'amènerait avec lui qu'un petit nombre de chevaliers; ce qu'il desirait de toute son ame, parce que, comme plusieurs le disaient, méchant et perfide, il s'efforçait de machiner quelque chose contre le roi et le royaume.

[1239.] Saint Louis, roi de France, se fit apporter du pays de Constantinople, à Paris, la très-sainte couronne d'épines dont le Christ, fils de Dieu, voulut être couronné dans la Passion qu'il endura pour nos péchés. Le jeudi après l'Assomption de la sainte Vierge mère du Seigneur, le roi et ses frères, marchant pieds nus au milieu des joyeux transports du clergé et du peuple, des hymnes et des cantiques pleins de douceur, la portèrent, depuis le bois de Vincennes, éloigné d'un mille de Paris, jusqu'à la grande église de Sainte-Marie d'abord, et de là jusqu'à la chapelle de la maison du roi, qu'il avait fait nouvellement construire avec un admirable et somptueux travail. Dans le même temps, Jean, empereur de Constantinople, accablé par ses ennemis, et manquant d'argent, emprunta aux Vénitiens une somme et plaça pour gage, entre leurs mains, les instrumens de la Passion du Seigneur : à savoir, une très-grande partie de la sainte croix, le fer de la lance dont fut percé le corps du Seigneur, et l'éponge qu'on lui présenta trempée de vinaigre. Ce qu'ayant appris, le très-dévot Louis, roi de France, obtint, par promesse et par le don de l'empereur et de son gendre Baudouin, de faire porter à Paris ces grandes reliques rachetées de ses richesses, et les fit honorablement placer dans la chapelle de sa maison.

Simon de Montfort, très-vaillant chevalier de France, fils de Simon, comte de Montfort, qui mourut à Toulouse d'un coup de pierre lancée d'un pierrier, étant devenu ennemi de la reine de France, mère du très-pieux roi Louis, s'enfuit en Angleterre auprès du roi Henri, qui le reçut avec bienveillance et lui donna sa sœur en mariage avec le comté de Leicester. Richard, comte de Cornouailles, frère du roi d'Angleterre Henri, étant parti pour la Terre-Sainte avec une grande armée, y trouva celle des Français dans un grand désordre. Touché de haute compassion pour la Terre-Sainte, il fit conclure une trève mutuelle et un traité entre les Chrétiens et les Sarrasins, et fit délivrer fidèlement les prisonniers qu'ils tenaient. Amauri, comte de Montfort, délivré de la captivité des Sarrasins, mourut à Rome, où il était passé en revenant, et fut enseveli avec vénération dans la basilique de Saint-Pierre. Jean, son fils, lui succéda en son comté.

[1240.] Frédéric, empereur des Romains, se révoltant plus violemment que de coutume contre l'Eglise de Rome, dressa des embûches à ceux qui se rendaient dans cette ville; c'est pourquoi Jacques, évêque de Préneste, fut secrètement envoyé en France par le pape pour demander des secours. Comme il s'en revenait après avoir rempli sa mission, il fut pris par l'empereur. Dans le même temps le cardinal Othon fut pris aussi à son retour d'Angleterre, où le pape l'avait envoyé. Pendant que le pape s'efforçait de convoquer à Rome un concile d'évêques à ce sujet, un grand nombre d'évêques du royaume de France et d'autres pays furent également pris dans le chemin. Tandis que les prélats étaient ainsi pris, mis en prison, et opprimés par un grand nombre de tribulations, le pape Grégoire entra dans la voie de toute chair. Célestin IV, cent quatre-vingt-troisième pape de l'Eglise romaine, lui succéda. Le pape Célestin étant mort dix-sept jours après, le siége de l'Eglise de Rome fut pendant vingt-deux mois privé d'évêque. Il y eut à Crémone un très-fort orage, et il tomba sur le monastère de Saint-Gabriel un morceau de grêle sur lequel étaient représentées la croix et l'image du Sauveur, avec ces mots écrits en lettres d'or : *Jésus de Nazareth, roi des Juifs*. Pendant que ce morceau de grêle, retournant à son premier état, fondait en eau, les moines dudit monastère lavèrent avec cette eau les yeux d'un certain moine, dont la vue s'éclaircit aussitôt.

Saint Louis, roi de France, voyant l'Eglise de Dieu privée de tout secours humain, et touché de compassion pour les prélats du royaume, envoya vers l'empereur, le suppliant de les délivrer. N'acquiesçant pas d'abord à cette demande, l'empereur manda au roi qu'il ne s'étonnât pas si César tenait à la gêne ceux qui s'efforçaient de gêner César. Ce que voyant, le saint roi lui manda de nouveau qu'il ne fît pas trop usage de sa puissance, que le royaume de France n'était pas si faible qu'il dût risquer de le presser de l'éperon. L'empereur comprenant ces paroles, délivra, quoique malgré lui, tous les prélats, dans la crainte d'offenser le roi de France Louis.

[1241.] Saint Louis, roi de France, fit chevalier, à Saumur, Alphonse, son frère, qu'il avait solennellement marié peu de jours auparavant à Jeanne, fille du comte de Toulouse, et lui accorda à perpétuité la terre d'Auvergne, du Poitou, et les terres des Albigeois. Il ordonna en cette ville à Hugues, comte de la Marche, de faire hommage à son frère, selon qu'il le devait, pour une terre qu'il avait dans le Poitou. Hugues, enflé du vent de l'orgueil, refusa de le faire; c'est pourquoi le roi, violemment irrité, mais n'étant pas prêt pour le combattre, s'en retourna à Paris avec une grande indignation.

[1242.] Saint Louis, roi de France, n'oubliant pas l'audace de Hugues, comte de la Marche, attaqua sa terre avec une grande multitude d'hommes d'armes. Il prit d'abord un château appelé Montreuil, situé dans le Gâtinais, la tour de Birge avec deux châteaux très-fortifiés, Nogent et Fontenay, appartenans à Geoffroi de Lusignan, qui tenait pour le parti du comte. Le saint roi fit détruire quelques autres châteaux, et s'empara ensuite de tout le pays jusqu'à Saintes. Il livra bataille devant cette ville audit Hugues, comte de la Marche, et à Henri, roi des Anglais, que Hugues avait engagé à passer en France avec une grande multitude d'Anglais, parce qu'il avait pour femme la mère du roi d'Angleterre. Le roi Louis les vainquit puissamment, les mit en fuite, et leur fit un grand nombre de prisonniers. Le roi d'Angleterre, passant la Garonne, se retira à Blaye. Le lendemain les habitans de Saintes, réfléchissant à la fuite du roi et du comte, rendirent la ville au roi de France. Le comte de la Marche vint en suppliant à cette ville avec sa femme et ses fils, et répara tous ses méfaits envers le roi de France. Il abandonna tout ce que le roi avait conquis sur lui, au comte de Poitou, auquel le comte de la Marche et tous ses partisans jurèrent de faire hommage. Le roi d'Angleterre, saisi d'une grande crainte, envoya des députés au roi de France, dont il ne put qu'à grand'peine obtenir une trève de cinq ans. Il arriva aussi, par la volonté divine, que, dans la suite, les barons de France ne tentèrent plus rien contre leur roi, oint du Seigneur, car ils voyaient très-manifestement que la main du Seigneur était avec lui.

Les Tartares, après avoir ravagé la Géorgie, l'Inde et la Grande-Arménie, réunis tous ensemble, dévastèrent Arsaron[1], première ville de Turquie, et soumirent les Turcs et la Turquie jusqu'à Faustre et Iconium, ville royale. Un de leurs princes, nommé Bathon, ravagea la Pologne, la Hongrie et les pays situés près de la mer du Pont, la Russie, la Gazarie, avec trente autres royaumes, et parvint jusqu'aux frontières de la Germanie. Comme ils craignaient de passer la Hongrie, ayant sacrifié aux démons, ils en reçurent cette réponse : « Allez en sûreté, parce que vous êtes précé-
« dés par l'esprit de discorde et d'incrédulité qui trou-

---

[1] Erzeroum.

« ble les Hongrois et les empêchera de vous vaincre. »
Il en fut ainsi, car, avant leur arrivée, le roi et les
princes, le clergé et le peuple étaient dans de mutuelles dissensions ; c'est pourquoi ils ne voulurent
pas se préparer au combat. Frappés de terreur à l'arrivée des Tartares, ils s'enfuirent çà et là, et un
grand nombre furent tués.

[1243.] Après que le siége apostolique eut vaqué
pendant deux ans, Innocent IV, Génois de nation, fut le
cent quatre-vingt-quatrième pape qui gouverna l'Eglise
de Rome. En ce temps naquit Louis, l'aîné des fils de saint
Louis, roi de France. Gautier Cornu, archevêque de
Sens, mourut, et eut pour successeur Gilles Cornu, son
frère. Eudes Clément, abbé de Saint-Denis, en France,
fut créé archevêque de Rouen, et l'abbé de Cluny
évêque de Langres. Yvelle, auparavant archevêque de
Tours, fut fait archevêque de Rheims. Albert Cornu,
évêque de Chartres, mourut, et eut pour successeur
Henri de Gressey, archidiacre de Blois.

[1244.] Le pape Innocent vint à Lyon, ville de
France, pour y célébrer un concile. Vastachion et
Azan, deux des principaux barons de la Grèce, qui
étaient en discorde, s'étant mutuellement réconciliés,
ce fut un accroissement à la puissance des ennemis
de Jean, empereur de Constantinople : c'est pourquoi l'empereur Jean, après avoir tenu conseil avec
les siens, envoya en France le jeune empereur
Baudouin son gendre, pour demander des secours
et pour prendre possession, par l'aide et le conseil de
son parent saint Louis, roi de France, du comté ou
marquisat de Namur, et de la châtellenie de Courtenai,
qui devaient lui revenir par la mort de son frère, le

comte de Namur. Il envoya aussi avec lui ses trois fils, Alphonse, Jean et Louis, encore enfans, priant le roi de France Louis, et sa pieuse mère la reine Blanche, dont ils étaient arrière-petits-fils, de daigner les regarder et les recevoir comme leurs cliens. Le roi saint Louis, les recevant avec honneur et bonté, leur porta une grande affection, et éleva très-haut leur fortune.

Quelques Infidèles nommés Chorasins, appelés et conduits par le soudan de Babylone, vinrent dans le royaume de Jérusalem, où ils défirent les Chrétiens, et le Seigneur permit qu'ils en tuassent devant Gaza une grande multitude. Dans cette occasion succombèrent non seulement la chevalerie du Temple, mais encore un grand nombre d'Hospitaliers, et beaucoup d'hommes puissans et nobles de la Terre-Sainte; ensuite, s'emparant de Jérusalem, les Chorasins détruisirent le tombeau du Seigneur, et tuèrent un grand nombre de Chrétiens au dedans et au dehors de la sainte Cité. Vers la fête de la vierge sainte Luce, saint Louis, roi de France, demeurant à Pontoise, tomba dangereusement malade. Dans cette maladie, son ame fut tellement séparée de ses sens, que beaucoup le croyaient trépassé; aussitôt qu'il revint à lui de cette extase, il demanda instamment et reçut la croix d'outre-mer. Bientôt après, sa guérison remplit d'une grande joie les cœurs des Français.

[1245.] Le premier de mai, à la fête des apôtres Jacques et Philippe, naquit Philippe, fils de saint Louis, roi des Français. Vers la fête des apôtres Pierre et Paul, le pape Innocent tint à Lyon un concile dans lequel, après mûre délibération avec les prélats qui y étaient rassemblés, sur les crimes de Frédéric, empereur des Romains, il le déclara déchu de toutes ses dignités, l'en priva par une sentence, dégagea de leurs promesses tous ceux qui étaient liés envers ledit Frédéric par un serment de fidélité ou d'alliance, et donna le libre pouvoir, à ceux à qui dans l'Empire appartenait l'élection du roi des Romains, de procéder à un nouveau choix. Après ce concile, le pape envoya en France, en qualité de cardinal-légat du Siége apostolique, Eudes de Châteauroux, évêque de Frascati, afin d'exciter, par ses exhortations, les prélats, les barons et le peuple de ce royaume, à recevoir la croix du Seigneur, et les engager à s'embarquer pour aller au secours de la Terre-Sainte avec saint Louis, roi de France, qui avait pris la croix.

Le landgrave duc de Thuringe fut fait roi des Romains par l'élection des princes d'Allemagne et par l'autorité du pape Innocent. Il fut prêché une croisade dans le Hainaut et dans la Flandre pour aller au secours du landgrave contre Henri, fils de l'empereur Frédéric déposé, qui s'efforçait de défendre en Allemagne le parti de son père. Saint Louis, roi de France, alla voir le pape Innocent à Lyon, et en revenant fit fiancer à son frère Charles la fille du comte de Provence, sœur de sa femme la reine Marguerite.

[1246.] Les Turcs et les Arméniens faisant alliance avec les Tartares, promirent de leur payer tous les ans pour tribut une grosse somme d'argent avec une grande quantité d'étoffes de soie. A la fête de la Pentecôte, le roi de France saint Louis fit chevalier son frère Charles, en lui donnant le comté d'Anjou.

A Constantinople, l'empereur Jean étant mort, Baudouin, son gendre, revint de France et gouverna l'Empire. Le pape, encore dans le royaume de France, envoya un cardinal-légat en Italie pour combattre, par les armes spirituelles et temporelles, Frédéric empereur déposé.

[1247.] A Iconium, ville de Turquie, comme un bateleur jouait sur la voie publique avec un ours, l'ours, levant la jambe, pissa sur une croix qui était sculptée près de là dans une muraille, mais il fut vu de tout le monde expirer aussitôt sur la place. Comme les Chrétiens qui demeuraient dans cette ville bénissaient et louaient Dieu sur cet événement, un Sarrasin s'indigna grandement de ce qu'ils glorifiaient Dieu sur le miracle qui venait d'être fait : c'est pourquoi, s'approchant de cet endroit, en mépris des Chrétiens et de la croix, il frappa du poing, mais son bras se sécha aussitôt, ainsi que toute sa main.

Un autre Sarrasin, qui s'enivrait dans une taverne près de là, entendant les cris d'admiration et les louanges des Chrétiens à ce sujet, devenu tout-à-coup comme insensé, se moqua de tout cela, et, se levant de l'endroit où il buvait, voulut, en mépris de la chrétienté, pisser sur la croix; mais il tomba frappé de mort subite. Saint-Edmond, évêque de Cantorbéry, dont le corps sacré reposait à Pontigny, monastère de France, ayant été canonisé par l'autorité apostolique, fut sorti de terre et placé au rang des saints. Le landgrave roi des Romains mourut et eut pour successeur Wiliquin ou Guillaume, comte de Hollande.

[1248.] Saint Louis, roi de France, ayant pris le

chemin d'outre-mer entre la Pentecôte et la fête de saint Jean, passa par la Bourgogne, et alla une seconde fois à Lyon visiter le pape Innocent et les cardinaux qui résidaient en cette ville; ensuite, se séparant d'eux, il arriva, en suivant le Rhône, à la Roche du Gli. Comme le seigneur de ce château faisait souffrir à ceux qui passaient le Rhône d'illicites exactions, et les dépouillait injustement de leurs biens, il l'assiégea; et, le château lui ayant été rendu assez promptement, il le fit démolir en partie. Ensuite, ayant reçu du seigneur de ce lieu la promesse qu'à l'avenir il renoncerait à ces injustices et à ces exactions illicites, il lui rendit son château. Etant arrivé au port d'Aigues-Mortes au mois de mars, il s'embarqua avec les siens le lendemain de la fête de l'apôtre saint Barthélemi. La comtesse d'Arras, femme de Robert frère du roi, étant enceinte, retourna en France, et y demeura jusqu'à ce qu'Alphonse, comte de Poitou, qui avait été laissé avec sa mère la reine Blanche pour la garde du royaume de France, passât dans la Terre-Sainte. Le roi, ayant pris terre à Chypre, y passa l'hiver avec sa suite, par le conseil des barons. Le roi de Chypre, et presque tous les nobles de cette île, animés par l'exemple des Français, prirent la croix. Le soudan de Babylone, qui se préparait à venir vers le pays de Damas, dans la terre des Chrétiens, ayant appris la nouvelle de l'arrivée du roi de France à Chypre, renonça à l'expédition qu'il projetait. Il existait aussi des inimitiés entre ce soudan, celui qui avait été soudan de Damas, et les gens d'Alep. Parmi les pèlerins français, moururent à Chypre Robert, évêque de Beauvais; Jean, comte de Montfort; le comte de

Vendôme; Guillaume de Mellot, et Guillaume des Barres, vaillans chevaliers; Archambaud, seigneur de Bourbon; le comte de Dreux, et beaucoup d'autres chevaliers, jusqu'au nombre de deux cent quarante.

[1249.] Vers l'Ascension du Seigneur, saint Louis, roi de France, quittant Chypre où il avait passé l'hiver avec une multitude infinie de pélerins, aborda à Damiette, première ville de l'Egypte. Comme nos vaisseaux ne pouvaient approcher du rivage, à cause des bas-fonds de la mer, les Français, laissant leurs vaisseaux, s'avancèrent contre les Sarrasins, qui, gardant le rivage, tâchaient de nous empêcher de prendre terre, sautèrent dans la mer avec leurs armes, et se mirent dans l'eau jusqu'aux genoux. Fondant courageusement sur les Sarrasins, ils s'emparèrent du rivage, d'où ils repoussèrent les ennemis, dont ils tuèrent un grand nombre. Ensuite, les bateaux des Sarrasins s'étant emparés de l'embouchure du Nil, les nôtres les mirent en fuite, et prirent possession du rivage et du port; et, le jour même qu'ils étaient venus, ils dressèrent leurs tentes sur le rivage.

A la vue de ces succès, les Sarrasins de Damiette, miraculeusement saisis d'une terreur subite, quittèrent la ville, et s'enfuirent, le peuple pendant la nuit même, et les grands le lendemain matin, après avoir mis le feu de tous côtés. Les nôtres l'ayant aussitôt appris, l'armée se mit en marche, tous entrèrent en même temps et avec empressement dans la ville. Ils éteignirent le feu, et mirent une garnison du roi de France. La ville ayant enfin été purifiée, le roi de France saint Louis, le roi de Chypre, les barons de toute l'armée chrétienne, le légat et le patriarche de Jérusalem, avec tout le clergé, y entrèrent en procession, les pieds nus, et réconcilièrent la Mahomerie, qui long-temps auparavant, à l'autre prise de cette ville, avait été consacrée église de la sainte Vierge Marie. Après qu'on eut dans cette église rendu des actions de grâces au Dieu très-haut pour les bien-faits qu'il accordait, le légat célébra une messe solennelle en l'honneur de sainte Marie, mère de Dieu. Damiette ayant ainsi été prise par la volonté divine, huit jours après la Trinité, le roi de France et toute l'armée chrétienne y restèrent tout l'été jusqu'à ce que le Nil eût décru, dans la crainte que la hauteur de ses eaux ne leur fît éprouver des dommages, comme on lit qu'il arriva une fois aux Chrétiens dans les temps du roi de Jérusalem. Alphonse, comte de Poitou, frère de saint Louis, roi de France, qui avait été laissé avec sa mère pour la garde du royaume, en abandonnant le soin à ladite dame sa mère, la reine Blanche, prit le chemin d'outre-mer avec la femme de son frère Robert, comte d'Artois, et aborda à Damiette le dimanche avant la fête des apôtres saint Simon et saint Jude. Saint Louis, roi de France, ayant muni Damiette de vivres et de gens, quitta cette ville avec son armée le vingtième jour de novembre et marcha contre les Sarrasins qui s'étaient rassemblés en une grande armée à Massoure. Les nôtres ayant bien et courageusement combattu tout l'hiver dans ce pays contre les Sarrasins, dont ils tuèrent un grand nombre, et auxquels ils firent éprouver de grandes pertes, s'avancèrent un jour contre eux au combat sans précaution et sans ordre. Les Sarrasins, qui avaient repris des forces, entourèrent les nôtres de toutes parts et en firent un grand carnage. Dans cette affaire, Robert, comte d'Artois, frère de saint Louis, roi de France, s'étant imprudemment porté trop en avant, ne vit pas plus tôt la ville de Massoure ouverte, qu'il s'y précipita impétueusement avec les Sarrasins en fuite, et, par une témérité peu convenable, tombant entre les mains des ennemis, fut perdu pour ce monde.

[1250.] Pendant que saint Louis, roi de France, combattait les Sarrasins à Massoure, par un secret jugement de Dieu, tout tourna au désavantage des nôtres; car ils furent accablés de différentes maladies pestilentielles et d'une mortalité générale, qui s'étendait sur les hommes comme sur les chevaux; au point qu'il y avait à peine quelqu'un dans l'armée qui ne pleurât ceux que la mort lui avait enlevés, ou allait lui enlever; c'est pourquoi l'armée chrétienne épuisée périt en grande partie. La disette de vivres était telle qu'un grand nombre moururent de faim et d'inanition; car les vaisseaux ne pouvaient passer de Damiette à l'armée à cause des barques des Sarrasins placées sur le fleuve. Les nôtres donc, pressés par ces incommodités, furent conduits par une inévitable nécessité à s'éloigner de ce lieu et à retourner vers le pays de Damiette, si le Seigneur le permettait. Mais le cinquième jour du mois d'avril, comme ils étaient en route pour s'en retourner, les Sarrasins, voyant qu'ils se retiraient, les attaquèrent bientôt vigoureusement avec une multitude infinie d'hommes d'armes. Il arriva, par la permission de Dieu, et peut-être en punition des péchés de quelques-uns, que le roi de France saint Louis tomba entre les mains des Sarrasins, et fut pris avec ses deux frères, Alphonse, comte de Poitou, et Charles, comte d'Anjou, et les autres qui s'en retournaient avec eux. Personne de ceux qui revenaient par terre ne put échapper, à l'exception d'un petit nombre, du légat et de quelques autres, qui peu de temps auparavant avaient quitté l'armée chrétienne. La plus grande partie de ceux qui revenaient par le fleuve furent aussi pris et tués. Dans le même temps, la reine de France Marguerite accoucha à Damiette d'un enfant appelé Jean, qu'elle fit surnommer Tristan, à cause de la tristesse qu'elle ressentit de la captivité de son mari et de ses frères, et des malheurs du peuple chrétien.

Frédéric, empereur des Romains déposé, conduisit prisonnier dans la Pouille, et fit mourir dans la fange d'un cachot Henri son fils, qu'il avait auparavan fait couronner roi des Romains, et lequel était accusé auprès de lui de rébellion. Ensuite ayant assiégé avec de grandes forces, parmi les villes de Lombardie, celle de Parme, comme lui étant plus odieuse, il fut vaincu par le légat du pape Innocent et par les habitans de Parme, et après avoir perdu tous ses trésors et d'autres biens, il s'en retourna dans la Pouille. En traversant ce pays, attaqué d'une grave maladie, il termina son dernier jour. Après sa mort, son fils Conrad, qu'il avait eu de la fille de feu Jean, roi de Jérusalem, commença à dominer puissamment dans la Pouille et dans le royaume de Sicile. Le pape Innocent, ayant appris la mort de Frédéric, quitta Lyon et la France, et partit pour Venise, en Italie, où il demeura pendant long-temps. Le soudan de Babylone, Melech El-Vahen, dernier descendant de la race de Saladin, qui tenait prisonnier saint Louis, roi de France, fut tué par les siens. Alors le saint roi ayant donné une rançon et rendu Damiette aux Sarrasins, fut délivré avec ses frères et les autres prisonniers chrétiens. Après sa délivrance, il envoya en France ses deux frères, Charles et Alphonse, pour consoler leur mère. Lui-même, passant à Acre, fit munir cette ville de remparts et de tours, et fit aussi fortifier Jaffa et Sidon, et quelques autres châteaux, de manière qu'ils pussent résister aux ennemis. Étant resté dans la Terre-Sainte pendant l'espace d'environ cinq ans, il racheta beaucoup de prisonniers chrétiens, et fit en outre beaucoup de bien.

[1251.] Il arriva dans le royaume de France un événement surprenant, une chose nouvelle et inouie. Quelques chefs de brigands, pour séduire les gens simples et répandre la croisade parmi le peuple, annoncèrent, par des inventions pleines de fausseté, qu'ils avaient eu une vision d'anges, et que la sainte Vierge Marie leur était apparue et leur avait ordonné de prendre la croix, de rassembler une armée de pâtres et des hommes les plus vulgaires du peuple, que le Seigneur avait choisis pour marcher au secours de la Terre-Sainte et du roi de France, captif en ce pays. Ils représentaient, avec des images dessinées sur les bannières qu'ils faisaient porter devant eux, la teneur de cette vision. Passant d'abord par la Flandre et la Picardie, ils attiraient à eux, par leurs exhortations, les pâtres et le bas peuple des villages et des campagnes, de même que l'aimant attire le fer. Lorsqu'ils parvinrent en France, leur nombre s'était déjà tellement accru que, rangés par milliers et par centaines, ils marchaient comme une armée; et, lorsqu'ils passaient dans les campagnes auprès des bergeries et des troupeaux de brebis, les pâtres abandonnant leurs troupeaux sans consulter leurs parens, possédés de je ne sais quelle folie, s'enveloppaient avec eux dans le crime. Tandis que les pâtres et les simples y allaient dans une bonne intention, mais non selon la science, il y avait parmi eux un grand nombre de larrons et de meurtriers secrètement coupables de tous les crimes possibles, et par le conseil et la direction desquels la troupe était gouvernée. Lorsqu'ils passaient par les villages et les villes, ils levaient en l'air leurs masses, leurs haches et autres armes, et par là se rendaient si terribles au peuple, qu'il n'y avait personne de ceux à qui était confié le pouvoir judiciaire qui osât les contredire en rien. Ils étaient déjà tombés dans une telle erreur, qu'ils faisaient des mariages, donnaient des croix, et conféraient, du moins en apparence, l'absolution des péchés. Mais, ce qu'il y avait de pire, c'est qu'ils enveloppaient tellement avec eux dans leur erreur le bas peuple, qu'un grand nombre affirmaient, et que d'autres croyaient que les mets et les vins qu'on apportait devant eux ne diminuaient pas lorsqu'ils avaient mangé, mais semblaient plutôt augmenter. Le clergé apprit avec douleur que le peuple fût tombé dans une si grande erreur. Comme il voulut s'y opposer, il devint odieux aux pâtres et au peuple, qui conçurent pour les clercs une si injuste aversion, qu'ils en tuèrent plusieurs qu'ils trouvèrent dans les champs, et en firent, à ce que nous pensons, des martyrs. La reine Blanche, dont l'admirable sagesse gouvernait seule alors le royaume de France, n'aurait peut-être pas souffert que leur erreur fît de tels progrès, mais elle espérait que par eux il parviendrait du secours à son fils le roi saint Louis et à la Terre-Sainte. Lorsqu'ils eurent traversé la ville de Paris, ils crurent avoir échappé à tous les dangers, et se vantaient d'être des hommes de bien, ce qu'ils prouvaient par ce raisonnement qu'à Paris, la source de toute la science, jamais personne ne les avait contredits en rien. Alors ils commencèrent à se livrer plus violemment à leurs erreurs, et à s'adonner avec plus d'ardeur aux brigandages et aux rapines. Arrivés à Orléans, ils livrèrent combat aux clercs de l'université, et en tuèrent un grand nombre; mais il y en eut aussi beaucoup de tués de leur côté. Leur chef, qu'ils appelaient le maître de Hongrie, étant arrivé avec eux d'Orléans à Bourges, entra dans les synagogues des Juifs, détruisit leurs livres, et les dépouilla injustement de tous leurs biens. Mais lorsqu'il eut quitté la ville avec le peuple, les habitans de Bourges les poursuivirent les armes à la main, et tuèrent le maître avec un grand nombre de gens de la troupe. Après cet échec, les autres se dispersèrent en différens lieux, et furent tués ou pendus pour leurs crimes; le reste se dissipa comme une fumée.

[1252.] Dans le Danemarck, le fameux Henri, roi de ce pays, fut jeté dans la mer par Abel son plus jeune frère, qui voulait régner à sa place. Mais Abel tira de ce meurtre peu d'honneur et de profit; car, l'année suivante de son règne, ayant voulu soumettre les Frisons, il fut tué par eux. Le pape Innocent régla que tous les cardinaux de l'Eglise romaine, lorsqu'ils iraient à cheval, porteraient sur la tête un chapeau rouge, afin de les faire distinguer et reconnaître parmi les cavaliers qui les accompagneraient, voulant signifier par là que, dans la persécution de la foi et de la justice, l'Eglise romaine, qui est le chef de toutes les églises, devait, s'il était nécessaire, offrir aux coups sa tête plutôt que celle des autres. Alphonse et Charles, frères de saint Louis, roi de France, revinrent en France du pays d'outre-mer. Il s'éleva des troubles à Paris entre les clercs et les religieux qui étudiaient dans cette ville, à l'occasion d'un livre composé par maître Guillaume de Saint-Amour, chanoine de Beauvais, et ayant pour titre : *Des dangers du monde*. Mais maître Guillaume s'étant lui-même à ce sujet rendu à la cour de Rome, ce démêlé fut assoupi par le pape Innocent.

Dans le même temps, Guillaume, abbé de Saint-Denis en France, sous la conduite de deux moines de ce monastère, envoya au roi de France saint Louis, qui demeurait dans le pays d'outre-mer, un vaisseau chargé d'étoffes de différentes couleurs et propres à faire des habits, de fromages et de volailles. Le saint roi reçut les deux moines avec une singulière joie, comme les messagers de son patron saint Denis. Comme ils étaient fatigués d'un si long voyage, il les retint long-temps avec lui, et leur offrit des présens, qu'ils ne voulurent point accepter. Ayant ensuite pris congé de lui, avec sa permission, ils revinrent chez eux sains et saufs, après avoir couru sur mer de grands dangers.

[1253.] Naples, ville de la Pouille, après avoir supporté pendant deux ans les assauts de Mainfroi, prince de Tarente, et fils de feu l'empereur

Frédéric, qui l'avait eu d'une concubine, fut assiégée par Conrad, fils légitime dudit Frédéric. Après un siége de cinq mois, il la reçut, à certaines conditions conclues avec les citoyens, et en fit détruire entièrement tous les remparts et les meilleures maisons des citoyens. Il fit de même ensuite de Capoue et d'Aquino. Comme il suivait les traces de son père pour la persécution de l'Eglise, il mourut, frappé du juste jugement de Dieu, laissant un fils unique, nommé Conradin, encore en bas âge. Mainfroi, son frère, sous prétexte de se charger de la tutelle de son successeur Conradin, s'empara du royaume de Sicile. Blanche, reine de France, mère du roi saint Louis, mourut, et fut enterrée à Pontoise, dans une abbaye de religieuses de l'ordre de Cîteaux, qu'elle avait elle-même fondée, avec la permission de son fils, le roi Louis. Alors, comme le roi saint Louis était absent, ses frères, les comtes Alphonse et Charles, furent chargés de la garde du royaume, car Louis et Philippe, fils du saint roi, n'étaient pas encore de tel âge qu'ils pussent ou sussent mettre la main aux choses sérieuses. Le pape Innocent, ayant appris la mort de Conrad, fils de Frédéric empereur déposé, entra, par le conseil de gens sages, dans le royaume de Sicile, et se rendit à Naples. Dans le même temps, un Turc, nommé Melech-El-Vahen[1], devint soudan de Babylone.

[1254.] Pendant que le pape Innocent équipait une armée contre Mainfroi, prince de Tarente, qui s'était emparé du royaume de Sicile, il termina son dernier jour à Naples. Après lui, Alexandre IV, né dans la Campanie, cent quatre-vingt-cinquième pape, gou-

---

[1] Azzeddin-Moez Ibegh.

verna l'Eglise de Rome. Le jeune Conradin, fils de Conrad, craignant la tyrannie de son oncle Mainfroi, s'enfuit secrètement dans la terre de Bavière, auprès du duc de Bavière, père de sa mère. Jean, fils aîné de Marguerite, comtesse de Flandre et du Hainaut, et de Bouchard, seigneur d'Avesnes, se révoltant contre sa mère, voulut lui enlever le comté de Hainaut qui lui appartenait par droit héréditaire; c'est pourquoi sa mère, indignée, appela à son aide Charles, comte d'Anjou, frère de saint Louis roi de France, et, au mépris de son fils, lui donna et concéda ledit comté. Charles, acceptant le don de la comtesse, envoya aussitôt à Valenciennes, très-fort château, qui était la capitale de tout le comté de Hainaut, une forte garnison de chevaliers, sous le commandement de Hugues de Beaugency, très-valeureux chevalier. Ils s'emparèrent des portes d'entrée et des fortifications du château malgré la résistance des bourgeois de la ville, qui leur étaient contraires. Ensuite Charles, ayant levé en France une grande armée, qu'on pouvait estimer de cinquante mille hommes, entra en grande force dans le comté de Hainaut, et, prenant d'assaut ou à composition un grand nombre de forteresses et de villes, arriva à un château appelé Mons en Hainaut, et l'assiégea. Cependant Jean, fils de la comtesse, ne se tenait pas tranquille. Il rassembla devant Valenciennes Wiliquin de Hollande, roi des Romains, et plusieurs nobles du Brabant et de l'Allemagne, ses parens du côté de son père, et y forma une puissante armée. Hugues de Beaugency, capitaine des gens de Charles, Pierre de Bellême, et quelques autres, les ayant aperçus de la ville, ouvrirent témérairement les portes du château, et firent une sortie contre eux, dans le desir d'éprouver le courage des Teutons. Le combat s'étant engagé devant les portes, comme ils se virent en grand danger, ils se retirèrent avec précipitation dans la ville. Un vaillant chevalier de l'armée ennemie, nommé Stradiot, les ayant poursuivis, entra dans le château avec eux, entonnant je ne sais quel chant de guerre; mais les portes étant retombées, il fut retenu en dedans. Charles, ayant appris ce qui se passait, et craignant pour les siens une trahison de la part des bourgeois de Valenciennes, envoya promptement au secours de ses gens Louis, comte de Vendôme, homme vaillant à la guerre, accompagné de quelques autres chevaliers. Ceux-ci, lorsqu'ils commencèrent à approcher de Valenciennes, firent déployer leurs bannières, afin que les leurs, apercevant leurs enseignes de la ville, ouvrissent les portes, et que l'armée ennemie, qui se tenait de l'autre côté au-delà du fleuve de l'Escaut, conçût de l'effroi de leur arrivée. Le roi Wiliquin, voyant qu'il ne pouvait pendant long-temps fournir des vivres à son armée, se retira avec ses gens du côté de Charles, qui assiégeait Mons. Comme les vivres et l'argent lui manquaient à lui et à ses gens, il fut placé dans la nécessité, ou de combattre sur-le-champ, ou de se rendre promptement, et annonça le jour du combat à Charles, qui le desirait autant qu'il était en lui. Mais comme il avait avec lui quelques barons de France, parens de Jean, tels que le comte de Blois, le comte de Saint-Paul, le seigneur de Coucy, ils ne voulurent pas permettre qu'on livrât combat. Charles conclut donc une trêve, et, laissant les choses dans cet état, se retira

en France. Mais dans le même temps revint du pays d'outre-mer en France le saint roi Louis, fils de la paix et de la concorde, qui établit ensuite la paix entre eux.

Haalon, très-puissant prince des Tartares, s'empara de Bagdad, ville des Sarrasins, et résidence des califes, et fit mourir de faim le calife lui-même. Pendant qu'il était en proie à une violente faim, Haalon fit placer devant lui de l'or, pour lequel il avait été excessivement passionné, et lui dit : « Mange ce mets, « que tu as tant aimé. »

[1255.] Wiliquin, roi des Romains, appelé aussi Guillaume, fut tué par les Frisons. Après sa mort, les électeurs s'étant divisés en deux partis, les uns élurent le roi d'Espagne, et les autres Richard, comte de Cornouailles, frère de Henri roi d'Angleterre. Mais enfin Richard, par le secours de ses richesses, fut couronné à Aix-la-Chapelle. Les habitans de Turin, par le conseil des habitans d'Asti, prirent pour leur seigneur le comte de Savoie. L'Eglise romaine, mécontente de ce que la souveraineté de Turin lui avait été conférée par Guillaume, roi des Romains, et par l'église de cette ville, excommunia les habitans de Turin et d'Asti, en Lombardie, et fit confisquer par le saint roi de France Louis les biens qu'ils possédaient dans son royaume. Ladite ville de Turin fut assiégée par Boniface évêque de Lyon, et par Pierre de Savoie, frères dudit Thomas, mais ils ne purent s'en emparer ; Brancaléon de Bologne, serviteur de la ville de Rome, qui cultivait avec zèle la paix et la justice, fut, par le conseil de quelques cardinaux et nobles de Rome, dans une sédition qui s'était élevée, assiégé dans le Capitole. S'étant rendu, il fut mis en prison par le peuple; mais ayant enfin été livré aux nobles, il fut emprisonné dans une certaine ville où on lui fit subir de mauvais traitemens. S'il n'eût eu à Bologne des otages des Romains, les Romains l'eussent tué, parce que dans l'exercice de la justice, il n'avait pas épargné leurs habitudes de rapine. Les habitans de Bologne, quoique interdits par le pape, ne voulurent remettre leurs otages qu'à condition qu'on leur rendrait leur concitoyen.

Marguerite, comtesse de Flandre et du Hainaut, voyant que Florent, comte de Hollande, fils du feu roi Wiliquin, défendait contre elle ses fils, Jean et Baudouin, qu'elle avait eus de Bouchard seigneur d'Avesnes, et les recevait en Hollande, leva contre eux, dans son pays, une armée considérable qui fut commandée par ses deux fils, Gui et son frère, nés du seigneur de Dampierre, les comtes de Guines et de Bar, et Hérard de Valery, fameux et vaillant chevalier. Etant venus par mer au rivage de Hollande, trahis par un certain chevalier du parti ennemi, ils tombèrent au pouvoir du comte de Hollande. Le comte de Guines et les Frisons qui s'étaient réunis à cette expédition, non pour porter secours mais pour y faire du gain, enlevèrent Hérard de Valery et le comte de Bar; mais ensuite, en ayant reçu de fortes sommes d'argent, ils les rendirent sains et saufs à leurs gens.

[1256.] On vit se renouveler la discorde qui s'était élevée parmi les frères Prêcheurs et Mineurs, et les autres religieux étudians à Paris, contre maître Guillaume de Saint-Amour, chanoine de Beauvais, au sujet d'un livre par lui composé et intitulé : *Des dangers du monde*. Le roi de France Louis, voulant les apaiser et pacifier, envoya deux clercs à la cour de Rome, pour que le pape Alexandre terminât ces débats d'une manière convenable. Après beaucoup de discours de part et d'autre, le livre fut condamné et brûlé en présence du pape, dans l'église cathédrale d'Anagni, non à cause de l'hérésie qui y était renfermée, comme le disaient quelques-uns, mais parce qu'il paraissait exciter la sédition et le scandale parmi lesdits religieux.

Gui, fils de la comtesse de Flandre, et son frère, ainsi que tous les Flamands retenus en prison par Florent, comte de Hollande, furent délivrés par le secours de Charles, comte d'Anjou. Ledit Florent dut, d'après les conventions arrêtées, prendre en mariage la sœur du fils de la comtesse de Flandre; et, aux prières de son frère saint Louis, roi de France, Charles, comte d'Anjou, moyennant une forte somme d'argent, céda entièrement Valenciennes et le comté de Hainaut. Il fut réglé entre les frères, fils de la comtesse de Flandre, qu'après la mort de leur mère, le comté de Hainaut reviendrait sans aucune contestation aux frères du lit d'Avesnes, et que le comté de Flandre, avec les autres terres, resterait aux fils de Guillaume de Dampierre. Au mois de septembre, il y eut à Rome et à Anagni un si violent tremblement de terre, qu'à Rome une cloche de Saint-Sylvestre sonna d'elle-même, et qu'on entendit les tintemens.

[1257.] Le soudan de Babylone, Melech-El-Vahen, de la nation des Turcs, après un règne de cinq ans, fut étouffé dans le bain par sa femme. Il eut pour successeur son fils Melech-Ememor[1], qui, après avoir régné un an, fut renversé du trône par un de ses émirs appelé Sefed Cotos[2]. Cet émir devint soudan, et fut appelé Melech-El-Vach.

Charles, comte d'Anjou, ayant pris possession du comté de Provence, qui devait par droit de succession revenir sans contestation à sa femme, l'opulente ville de Marseille, soumise de droit à la domination des comtes de Provence, se souleva contre Charles. C'est pourquoi Charles prit les armes contre les Marseillais, et aidé du secours des Français, il eut bientôt fortement réprimé leur insolence et châtié leur orgueil. Brancaléon de Bologne, créé de nouveau sénateur de Rome, étant venu dans cette ville, en fit abattre les tours, à l'exception de la tour du comte de Naples, et emprisonna plusieurs nobles qui favorisaient l'Eglise.

Henri, archevêque de Sens, mourut.

[1258.] Marie, impératrice de Constantinople, venue en France afin d'y chercher du secours pour son mari le comte Baudouin, s'étant emparée du château de Namur, qui appartenait par droit de succession à Baudouin son mari, le comte de Limbourg, aidé de la ville de Namur, l'assiégea dans le fort. La comtesse de Flandre, le comte d'Eu, et deux autres frères de ladite impératrice, Jean et Louis, étant venus à son secours avec un grand nombre de chevaliers français, n'obtinrent que peu ou point de succès. C'est pourquoi elle fut obligée de se retirer, en attendant un temps plus favorable. En ce temps, moururent Guillaume de Bussy, évêque d'Orléans, et Guillaume Roland, évêque du Mans. Au mois de sep-

[1] Nouredddin Ali. — [2] Koutouz.

tembre, il y eut en plusieurs endroits de tels déluges de pluie, que les moissons germèrent dans les champs et dans les granges, et que les grappes de raisin ne purent parvenir à leur maturité nécessaire. Ensuite les vins furent tellement verts, qu'on ne les pouvait boire qu'avec déplaisance et en faisant la grimace.

[1259.] Dans l'évêché de Paris, un monastère de sœurs Mineures fut fondé auprès de Saint-Cloud sur la Seine par la religieuse et illustre dame vierge Isabelle, sœur de saint Louis, roi de France, qui lui-même assigna à ce monastère des biens et des revenus suffisans pour l'entretien des sœurs. Ladite dame Isabelle prit en ce couvent l'habit de sœur; et, vivant religieusement, couronna sa vie par une louable fin.

Mainfroi, prince de Tarente, fils de feu l'empereur Frédéric, ayant feint la mort de son neveu Conradin, se fit couronner roi de Sicile contre le droit et l'ordre de l'Église romaine, dont relevait le royaume de Sicile. C'est pourquoi, et pour d'autres actes criminels et de graves offenses, qu'il serait trop long de rapporter ici, le pape Alexandre l'enchaîna par le lien de l'excommunication, le déclara déchu par l'autorité apostolique de la principauté de Tarente et de ses autres honneurs et dignités quelconques; comme rebelle et ennemi de l'Église, comme ayant envahi ses droits, comme sacrilége ravisseur et détenteur, comme uni par une abominable alliance avec les Sarrasins, et reconnu publiquement pour leur complice, leur guide et leur protecteur.

Henri, roi d'Angleterre, vint en France avec le comte de Glocester et un grand nombre de chevaliers et prélats de son royaume, et fit la paix avec saint

Louis, roi de France. D'après l'expresse volonté de son frère Richard, roi des Romains, et le conseil des princes et barons d'Angleterre, il céda au roi de France toutes ses prétentions sur le duché de Normandie, les comtés d'Anjou, du Mans, de Touraine, de Poitou, et leurs fiefs. Saint Louis, roi de France, lui donna une grosse somme d'argent, et lui assigna, pour lui et ses successeurs, beaucoup de pays dans les diocèses de Limoges, de Périgueux, de Saintes et d'Agen, à condition que lui et les rois d'Angleterre ses successeurs, tiendraient en fief des rois des Français, ces terres, Bordeaux, Bayonne et toute la Gascogne, et que le roi d'Angleterre, inscrit au nombre des barons de France, serait appelé pair et roi d'Aquitaine. Le roi d'Angleterre alors fit hommage de tous ces fiefs à saint Louis, roi de France, en présence d'un grand nombre de prélats des deux royaumes.

Dans le même temps, Louis, fils aîné de saint Louis roi de France, mourut, et fut enterré dans le monastère de Montréal, couvent de l'ordre de Cîteaux. Henri, roi d'Angleterre, assistait à ses funérailles.

[1260.] Au temps de Pâques, saint Louis, roi de France, rassembla à Paris les barons, les prélats et les chevaliers de son royaume, parce que le pape lui avait écrit que les Tartares s'étant jetés sur le pays de la Terre-Sainte, avaient vaincu les Sarrasins, subjugué l'Arménie, Antioche, Tripoli, Damas, Alep et d'autres terres, et menaçaient de grands dangers la ville d'Acre et toutes les possessions chrétiennes dans ce pays. C'est pourquoi il fut ordonné dans cette assemblée de faire beaucoup de prières et de processions, de punir les blasphèmes envers Dieu, de réformer ses péchés et le superflu des mets et des habits. On ne permit d'autres jeux que l'exercice à l'arc et à l'arbalète.

Une dissension s'étant élevée entre les rois de Hongrie et de Bohême, au sujet de quelques terres, ils rassemblèrent chacun une armée innombrable sur les frontières du royaume, et combattirent avec audace; mais enfin le roi de Hongrie ayant été blessé, les Hongrois commencèrent à fuir, et outre ceux qui furent tués, quatorze mille furent submergés dans un fleuve qu'ils étaient obligés de traverser. Le roi de Bohême étant entré en Hongrie, le roi des Hongrois, qui s'était échappé, demanda la paix, et restituant les terres qui avaient occasioné cette discorde, il confirma pour l'avenir son amitié avec le roi de Bohême au moyen d'un mariage. Les Florentins d'Italie, ayant rassemblé une armée pour détruire la ville de Sienne, furent vaincus et pris par les chevaliers de Mainfroi, usurpateur du royaume de Sicile, et par le comte Jourdan, qui défendait la ville, laquelle avait été livrée à Mainfroi. La cité des Florentins fut prise et détruite en grande partie, et soumise à la domination des Siennois et de Mainfroi.

En ce temps mourut Philippe, archevêque de Bourges, dont le Seigneur, après sa mort, révéla la sainteté par divers signes et miracles. Il eut pour successeur Jean de Souilly, doyen de l'église de Bourges.

[1261.] Le pape Alexandre étant mort, Urbain IV, né à Troyes, en France, cent quatre-vingt-sixième pape, monta, à la fête de Saint-Urbain, au Siége apostolique. D'abord patriarche de Jérusalem, il fit construire à Troyes, dans la maison de son père, une église d'un admirable travail, et y établit des chanoines réguliers auxquels il assigna de gros revenus. Baudouin, empereur des Grecs, ainsi que les Français et les Latins, furent chassés de Constantinople par les Grecs soutenus des Génois, en haine des Vénitiens. Les Grecs ayant ainsi renversé l'Empire, un d'eux nommé Paléologue fut créé empereur, et Baudouin exilé se retira en France dans le diocèse de Lyon. Un homme poussé par la cupidité tua un pèlerin de Sainte-Marie, mère du Seigneur. Le couteau qui servit à ce meurtre, quoique fréquemment essuyé, frotté avec du sable et lavé avec de l'eau, ne cessa de dégoutter de sang que lorsque l'on eut trouvé et enterré le pèlerin et pendu l'homicide.

[1262.] Isabelle, fille du roi d'Aragon, fut fiancée, à Clermont en Auvergne, à Philippe, fils aîné de saint Louis roi de France. A l'occasion de ce mariage, le roi d'Aragon, en signe de la paix et concorde qu'il voulait conserver désormais avec le royaume de France, céda pour toujours aux rois des Français tout ce qu'il possédait dans les villes de Carcassonne et de Béziers, et à son tour, le roi de France abandonna aux rois d'Aragon toutes ses prétentions sur les comtés de Bésude, des Empories, du Roussillon, de Barcelone et de Catalogne.

Les Marseillais, par les conseils, disait-on, et les secours de Boniface, seigneur d'un château très-fortifié, et appelé Castellane, en Provence, se révoltèrent de nouveau contre leur seigneur Charles, comte d'Anjou et de Provence, et tuèrent cruellement ceux à qui il avait confié la garde de la ville. Charles l'ayant appris, rassembla de toutes parts des troupes françaises, et attaqua d'abord le château de Boniface, qui, fortement ébranlé par les coups de machines, se rendit bientôt. Ensuite il dompta tellement les Marseillais, accablés par un long siége, et épuisés par la disette de vivres, qu'ils furent forcés de se rendre à discrétion. Pour qu'une si audacieuse rébellion ne demeurât pas impunie, les chefs de cette sédition furent livrés à la rigueur des lois et décapités, et, s'emparant de la terre de Boniface, Charles le chassa lui-même du territoire de la Provence. Par ces succès, il se rendit terrible à ses ennemis, et acquit chez les nations étrangères une glorieuse renommée.

[1263.] Henri, roi d'Angleterre, ayant, par le conseil des prélats et des grands, établi dans son royaume des statuts avantageux à l'État, et lui-même, ainsi que les prélats, les barons et les chevaliers de toute l'Angleterre, ayant, devant les prélats, juré par serment, et sous peine d'excommunication, de les observer inviolablement, ils obligèrent d'en faire autant Simon de Montfort, comte de Leicester, et beau-frère du roi Henri, qui ayant éprouvé leur inconstance, déjà manifestée par la révocation de statuts du même genre, et craignant que dans la suite ils ne revinssent de même sur ceux-ci, jura qu'il ne les révoquerait jamais. Dans la suite en effet, ayant imprudemment anéanti ces réglemens, ils sommèrent Simon de faire comme eux: mais il voulait observer inviolablement la foi du serment; ce qui occasiona entre eux des guerres et des dissensions. En effet, Henri roi d'Angleterre, et Richard roi des Romains, son frère, avec la plus grande partie des barons d'Angleterre, rassemblèrent pour ce sujet une armée contre ledit Simon. Mais Simon, accompagné du comte de Glocester, et des habitans de Londres qui avaient embrassé son parti, marcha avec ses fils à leur rencontre, et les attaqua vigoureusement par derrière, près d'une abbaye appelée Lewes; il les mit tous en déroute, et prit au combat le roi Henri avec son fils Edouard, le roi des Romains et son fils Henri, et beaucoup d'autres, et les traita en cette occasion avec fidélité et les honneurs qu'il leur devait.

Charles, comte d'Anjou et de Provence, frère de saint Louis roi de France, fut élu à vie sénateur de la ville de Rome. Saint Louis, roi de France, pressé du très-pieux desir d'établir la paix entre Henri roi d'Angleterre, et ses barons, se rendit à Boulogne-sur-Mer avec Gui, cardinal-évêque de Sainte-Sabine, que le pape Urbain envoyait en Angleterre pour apaiser ladite discorde; mais comme on ne le laissa pas entrer en Angleterre, saint Louis, roi de France, manda auprès de lui par des envoyés Simon de Montfort. Il eut avec lui une entrevue, dans laquelle, le voyant inflexible dans ses projets, il lui permit librement de s'en retourner chez lui.

[1264.] Le pape Urbain, desirant faire cesser les cruautés de Mainfroi, usurpateur du royaume de Sicile, envoya Simon, prêtre-cardinal de Sainte-Cécile, offrir à Charles comte d'Anjou, frère de saint Louis roi de France, le royaume de Sicile, et les duchés de Pouille et de Calabre, avec la principauté de Capoue, pour être librement possédés par lui et sa postérité jusqu'à la quatrième génération, à condition qu'il prendrait les armes contre ledit Mainfroi, et délivrerait la sainte Eglise de ses tyranniques usurpations. Charles, joyeux, accepta bien volontiers ce don, et fils obéissant, se soumettant dévotement aux ordres apostoliques, prit les armes contre Mainfroi, et fit partout où il put des préparatifs pour son expédition. Mainfroi, à qui la conscience de ses crimes donnait la crainte qu'il ne sortît des frontières de France des troupes qui causassent sa ruine, fit entrer dans son parti, par des dons, des promesses et tout autre moyen qu'il put employer, la plus grande partie des villes d'Italie, et mit à la tête de cette confédération un de ses délégués, nommé Poilevoisin[1], de caractère semblable au sien, avec un grand nombre d'hommes d'armes, pour défendre les villes confédérées, et dépouiller ceux qui viendraient pour reconnaître le pays, et tous ceux qui se rendraient à la cour de Rome.

Vers la fête de saint Remi, le pape Urbain étant mort, Clément IV, cent quatre-vingt-septième pape, gouverna l'Eglise de Rome. Marié d'abord, et ayant des enfans, il avait été un très-fameux avocat et conseiller du roi de France. Sa femme étant morte, sa bonne conduite et sa science recommandable le firent nommer évêque du Puy en Velay, ensuite archevêque de Narbonne, puis évêque-cardinal de Sainte-Sabine, et enfin pape. Adonné aux veilles, aux jeûnes et aux oraisons, on croit que ce fut à cause de ses mérites que Dieu fit cesser les nombreuses tribulations que souffrait l'Eglise dans son temps. A cette époque, florissaient à Paris d'illustres théologiens, frère Thomas d'Aquin, de l'ordre des Prêcheurs; frère Bonaventure, de l'ordre des Mineurs; et parmi les clercs séculiers, maître Gérard d'Abbeville, et maître Robert de Sorbonne, qui le premier institua à Paris les écoles de la Sorbonne.

[1] Pallavicini.

[1265.] Au temps de Pâques, Charles, comte d'Anjou et de Provence, s'embarquant soudainement du port de Marseille, se rendit à Rome, à travers les dangers de la mer et les embûches des ennemis; ce que voyant, les Romains et tous ceux qui apprirent ce merveilleux passage disaient avec admiration : « Que « pensez-vous qu'il sera celui qui ne se laisse effrayer « ni par les dangers de la mer, ni par les embûches « des ennemis? Sans doute la main de Dieu sera « avec lui. » Il fut reçu avec honneur et de grands témoignages d'affection par le pape Clément et tout le peuple romain. D'abord il obtint pour sa vie le titre de sénateur de Rome, et bientôt fut oint de l'huile sainte par le souverain pontife, et couronné du diadême royal du royaume de Sicile, tandis que le peuple faisait retentir les cris de *Vive le roi! vive le roi!*

Edouard, fils aîné de Henri roi d'Angleterre, aidé, dit-on, de l'adresse du comte de Glocester, s'échappa, au moyen d'un cheval d'une vitesse extraordinaire, de la prison où le retenait Simon de Montfort, comte de Leicester, et rassembla contre ledit Simon et ses partisans une très-grande armée. A la fête de saint Pierre-aux-Liens, Edouard et les siens ayant livré combat à Simon, le tuèrent avec son fils Henri et beaucoup d'autres. Gui, autre fils dudit Simon, fut blessé et pris; et le roi Henri et d'autres, retenus prisonniers par ledit Simon, furent délivrés. Ensuite Edouard, vainqueur des habitans de Londres et de beaucoup d'autres villes, ne se conduisit pas d'après les promesses et les espérances qu'il avait données à un grand nombre de gens; mais, se livrant à des cruautés, il fit mourir plusieurs personnes en prison, et, dépouillant les autres, partagea après, et distribua à ses adhérens une partie de leurs terres. Les moines d'une abbaye appelée Ens, près de laquelle avait été livré le combat, ramassèrent le corps dudit Simon, et l'emportèrent dans leur église pour l'enterrer. Les gens du pays affirment qu'un grand nombre de malades obtinrent à son tombeau le bienfait de la santé, témoignant ainsi que le Christ l'a accepté comme martyr.

Une croisade ayant été prêchée dans le royaume de France contre Mainfroi de Sicile, Robert, fils de Gui, comte de Flandre, et gendre de Charles, alors roi de Sicile; Bouchard, comte de Vendôme, et Gui, évêque d'Auxerre, ainsi qu'un grand nombre d'autres, prirent la croix, et se mirent en route vers la fête de saint Remi. Ayant passé, les uns par les montagnes de l'Argentière, et les autres par la Provence, ils se réunirent tous ensemble à Asti, ville d'Italie. De là ils traversèrent la Lombardie; et comme le marquis de Poilevoisin, et la ville de Crémone, et beaucoup d'autres, attachés au parti de Mainfroi, s'étaient préparés de tous leurs efforts à les combattre, eux-mêmes, prêts à livrer vaillamment bataille, détruisirent les châteaux ennemis de Crémone et de Brescia, et rejoignirent à Rome le roi Charles.

[1266.] Au mois d'août, en France, il apparut avant l'aurore une comète qui lançait ses rayons vers l'orient. Une multitude innombrable de Sarrasins étant passés d'Afrique en Espagne par le détroit qui sépare ces deux contrées, se réunirent aux Sarrasins qui habitaient l'Espagne, et firent souffrir de grands maux aux Chrétiens; mais ceux-ci s'étant rassemblés des différentes parties de l'Espagne, vainquirent les

Sarrasins, quoiqu'au prix de beaucoup de sang. Les Français s'étant rassemblés à Rome pour secourir le roi Charles contre Mainfroi usurpateur du royaume de Sicile, le roi Charles quitta ladite ville avec les siens, et entra dans le territoire de ses ennemis. S'emparant de toutes les forteresses qu'il rencontra, il traversa le pont de Ceperano, qui était l'entrée de la Pouille et de la terre de Labour, et parvint jusqu'à San-Germano, où s'était acculée la plus grande partie de l'armée de Mainfroi, à cause des fortifications du lieu. Ils attaquèrent aussitôt la ville, et le très-vaillant chevalier Bouchard, comte de Vendôme, ayant le premier donné l'assaut et pénétré dans la ville avec les siens, au moment où on s'y attendait le moins, ils s'emparèrent du château d'où ils forcèrent les ennemis de s'enfuir. Après la prise si imprévue et si soudaine de ce château, le roi Charles rassembla ses forces; et, ayant fait prendre un peu de repos à son armée, poursuivit avec vigueur ses ennemis jusqu'à Bénévent, où ils se réfugièrent auprès de Mainfroi. Un vendredi du mois de février, leur ayant livré combat dans la plaine qui s'étend devant Bénévent, il défit leur armée. Mainfroi et beaucoup d'autres furent tués, et ses grands furent faits et retenus prisonniers. Peu de temps après, la femme de Mainfroi, avec ses enfans et sa sœur, furent remis au roi Charles, qui, s'étant emparé de Bénévent, réduisit à se rendre Leuterie[1], ville des Sarrasins. Dans le même temps, Henri, frère du roi d'Espagne, homme puissant et très-expérimenté à la guerre, mais plein de scélératesse, et négligent observateur de la foi catholique, qui, pour

[1] Lucera.

une offense faite à son frère, s'était caché long-temps en fugitif auprès du roi de Tunis, à la nouvelle des triomphes de Charles sur Mainfroi et de sa puissance dans la Pouille, se rendit vers lui avec beaucoup de chevaliers éprouvés et choisis qui l'avaient suivi à son départ d'Espagne. Le roi Charles leur fit un gracieux accueil et leur accorda beaucoup d'honneurs, parce que Henri était de son sang, et à cause de sa puissance et de sa valeur à la guerre. Comme il était grandement occupé de la garde du royaume et de la terre qu'il venait d'acquérir, afin de les conserver en paix s'il lui était possible, voulant honorer davantage ledit Henri, il lui donna à remplir à sa place sa dignité de sénateur de Rome; ce qui lui occasionna dans la suite des pertes et des désagrémens excessifs.

[1267.] Botdar, soudan de Babylone et de Damas, après avoir ravagé l'Arménie, prit Antioche, où les Sarrasins égorgèrent ou prirent les hommes et les femmes, et réduisirent en un désert cette ville si fameuse. Saint Louis, roi de France, fit chevaliers à Paris, le jour de la Pentecôte, Philippe son fils aîné, et son neveu Robert, comte d'Artois, ainsi qu'un grand nombre d'autres; et le lendemain il trouva convenable de les conduire en pélerinage vers saint Denis l'Aréopagite, patron des rois de France et apôtre de toute la France. Saint Louis, roi de France, et Matthieu, abbé de Saint-Denis en France, firent transporter ensemble dans ce monastère les rois de France qui reposaient en divers lieux. Les rois et les reines qui descendaient de la race de Charlemagne, élevés de terre de deux pieds et demi, furent placés avec leurs images taillées du côté droit du monastère, et ceux qui descendaient de la race du roi Hugues Capet furent placés à gauche.

[1268.] Le pape Clément mourut. Après sa mort, le Siége apostolique resta vacant pendant deux ans et neuf mois, à cause de la dissension des cardinaux. C'est pourquoi le peuple de Viterbe, où résidait alors la cour, saisi de colère, tint les cardinaux renfermés jusqu'à ce qu'ils eussent élu un pape. En ce temps, naquit à Philippe, fils aîné de saint Louis roi de France, un fils qu'il nomma Philippe. Conradin, fils de Conrad, fils de Frédéric, empereur des Romains déposé, qui s'était réfugié, à cause de la tyrannie de son oncle Mainfroi, auprès du duc de Bavière, père de sa mère, ayant appris la mort dudit Mainfroi, éleva ses espérances jusqu'au trône de Sicile, et vint à Rome avec une grande multitude d'Allemands; et un grand nombre de Romains et de Toscans s'étant réunis à lui, il fut reçu comme un empereur par les chevaliers romains. Il marcha sur les détestables traces de ses pères, et s'inquiéta peu de l'excommunication des pontifes romains. Ayant gagné Henri d'Espagne, qui remplissait la dignité de sénateur de Rome à la place de Charles, nouveau roi de Sicile, il rassembla contre ledit Charles une forte armée. Charles l'ayant appris, leva le siége de la ville de Leuterie, qui, après s'être rendue d'abord, l'avait ensuite attaqué, et marcha contre Conradin et les siens qui s'étaient déjà avancés vers Aquila, ville de Campanie, leur livra bataille dans le champ des Lions [1]. Les gens du pays qui tenaient son parti, et les autres étrangers, ayant pris la fuite devant le sénateur Henri d'Espagne, Charles, avec ses Français qui étaient restés avec lui, défit

---

[1] La plaine de Saint-Valentin ou de Tagliacozzo.

les troupes que commandait Conradin. Henri revenant, après avoir mis en fuite et poursuivi les nationaux, et croyant déjà tenir Charles entre ses mains, fut vaincu par lui dans le combat, et n'échappa que par la fuite. Étant ensuite arrivé à Montcassin, il fut pris et remis au pouvoir du roi Charles. Comme il avait été pris dans un saint lieu, ou, comme on le dit, de peur que l'abbé de Montcassin, qui le lui avait livré, ne fût accusé d'avoir manqué à sa règle, ou bien encore par respect pour son frère le roi d'Espagne, son parent, le roi Charles le fit seulement garder en prison. Conradin, qui s'était secrètement échappé, fut ensuite trouvé, et, par le jugement du roi Charles, eut la tête tranchée, ainsi que quelques autres hommes puissans de la famille de Mainfroi. Après quoi, en peu de jours, la Pouille, la Calabre et la Sicile se soumirent à la domination du roi Charles. Richard, roi des Romains, mourut; mais comme le titre de roi de Rome demeura quatre ans vacant, nous compterons dans le règne de Richard les quatre années suivantes.

[1269.] Blanche, fille de saint Louis roi de France, fut envoyée par son père en Espagne pour être mariée à Ferdinand, fils aîné du roi de Castille, aux conditions suivantes : comme Louis, roi de France, avait par sa mère un droit légitime sur le royaume d'Espagne, le premier fils qui dans la suite naîtrait de Blanche devait, sans qu'aucun de ses frères y pût apporter préjudice, obtenir tranquillement le royaume de Castille, après la mort de son aïeul ou de son père. Saint Louis, roi de France, nullement effrayé par les dépenses et les fatigues que lui avait autrefois occasionées le voyage d'outre-mer, se mit de nouveau en route au mois de mars pour aller au secours de la Terre-Sainte avec ses trois fils, Jean comte de Nevers, Pierre comte d'Alençon, et Philippe, l'aîné de tous; son neveu Robert, comte d'Artois; Thibaut, comte de Champagne et roi de Navarre, et beaucoup d'autres barons, chevaliers et prélats de son royaume, dont il abandonna le soin à Matthieu, abbé de Saint-Denis en France, homme religieux et prudent, et au sage et fidèle chevalier Simon de Clermont, seigneur de Nivelle. Mais pour qu'on recouvrât plus facilement la Terre-Sainte, le roi et les siens conçurent le projet de soumettre d'abord au pouvoir des Chrétiens le royaume de Tunis, qui, situé à moitié chemin, était un grand obstacle pour les pélerins. Etant arrivés en ce pays, après d'énormes difficultés et de grands dangers courus sur mer, ils s'emparèrent facilement aussitôt du port et de la ville de Carthage, située près de Tunis, et qui n'est plus maintenant qu'une petite ville.

[1270.] Au mois d'août, à Carthage, vers les côtes de la mer, une grande mortalité fondit sur l'armée chrétienne, et, faisant d'excessifs progrès, enleva d'abord Jean comte de Nevers, fils du roi de France, ensuite l'évêque d'Albe légat de la cour de Rome, et enfin, le lendemain de la fête de l'apôtre saint Barthélemi, le saint roi de France Louis, avec un grand nombre d'autres, tant barons que chevaliers et gens du moyen peuple. Mais je ne crois pas devoir omettre ici avec quelle félicité le saint roi monta vers le Seigneur. En proie à la maladie, il ne cessait de louer le nom du Seigneur; demandait autant qu'il le pouvait, en s'efforçant de parler, la faveur des saints qui le pro-

tégeaient, et surtout de saint Denis martyr, son patron spécial ; en sorte que, comme il était à l'agonie, ceux qui l'entouraient l'entendirent plusieurs fois murmurer entre ses lèvres la fin de l'oraison qu'on chante sur saint Denis, à savoir : « Accorde-nous, Sei-
« gneur, de mépriser les prospérités du monde, et de
« ne craindre aucune de ses adversités. » Et, priant pour le peuple qu'il avait amené avec lui, il disait : « Sois, Seigneur, le sanctificateur et le gardien de
« ton peuple. » Il disait, en levant les yeux au ciel :
« J'entrerai dans ta maison, je t'adorerai à ton temple
« saint, et je me confesserai à toi, Seigneur. » Après ces paroles, il s'endormit dans le Seigneur. Tous les barons et les chevaliers alors présens jurèrent fidélité et hommage pour le royaume de France à Philippe, son fils, qui lui succéda dans le camp dressé sous les murs de Carthage.

Comme l'armée des Chrétiens était dans la douleur de la mort de saint Louis, Charles roi de Sicile, fameux homme de guerre, vers lequel son frère Louis roi de France avait envoyé lorsqu'il vivait encore, arriva par mer avec une grande troupe de chevaliers. Son arrivée fut pour les Chrétiens un sujet de joie, et pour les Sarrasins un sujet de tristesse. Quoiqu'ils parussent bien supérieurs en nombre, les Sarrasins n'osaient cependant engager un combat général avec les Chrétiens, mais ils les incommodaient beaucoup par les piéges qu'ils leurs tendaient. Enfin, voyant que les Chrétiens préparaient leurs machines et différens instrumens nécessaires pour combattre, et s'apprêtaient à assiéger Tunis par terre et par mer, ils furent saisis de crainte, et tâchèrent de conclure un traité avec les nôtres. Parmi les conditions, les principales furent, dit-on, que tous les Chrétiens qui étaient retenus prisonniers dans le royaume de Tunis seraient mis en liberté, que des prédicateurs catholiques quelconques prêcheraient la foi chrétienne dans les monastères construits en l'honneur du Christ dans toutes les cités de ce royaume; que ceux qui voudraient être baptisés le pourraient être tranquillement, et que le roi de Tunis, après avoir payé toutes les dépenses qu'avaient faites dans cette expédition les rois et les barons, rétablirait le tribut accoutumé qu'il devait au roi de Sicile. Le traité et les conditions ainsi établis et conclus de part et d'autre, le roi de France et les grands de l'armée chrétienne, voyant la diminution qu'éprouvait l'armée par la contagion de la maladie, résolurent, après avoir fait le serment de revenir dans la Terre-Sainte pour combattre les Sarrasins, de s'en retourner en France par le royaume de Sicile et la terre d'Italie, et ensuite, après avoir réparé leurs forces et couronné le roi de France, de se revêtir de courage contre les ennemis de la foi. Les Chrétiens, à leur tour, furent battus de tempêtes sur l'Océan; beaucoup périrent dans le port de Trapani en Sicile, et plusieurs, après être débarqués, moururent en route, à savoir: Thibaut, roi de Navarre, et sa femme, fille de saint Louis; la reine de France, Isabelle d'Aragon; Alphonse, comte de Poitou, et sa femme; et beaucoup d'autres chevaliers et barons d'un grand nom. Edouard, fils aîné de Henri, roi d'Angleterre, qui était venu plus tard que les autres au siége de Tunis, ne voulant pas encore, après le traité conclu avec le roi de Tunis, s'en retourner chez lui, résolut avec quelques chevaliers du royaume de France d'achever, s'il pouvait, l'accomplissement du vœu qu'il avait fait, et passa à Acre, en Syrie, pour secourir la chrétienté.

[1271.] Vers le même temps, pendant que Philippe, roi de France, à son retour de Tunis, était allé visiter les cardinaux de la cour romaine, renfermés dans Viterbe jusqu'à l'élection d'un pape, Henri d'Allemagne, fils de feu Richard roi des Romains, était venu à la cour pour obtenir, s'il le pouvait, le royaume qu'avait possédé son père; ce qu'ayant appris, Gui, fils de Simon de Montfort, tué dans un combat par Edouard, fils aîné du roi d'Angleterre, qui avait épousé près de Viterbe la fille de Rufin, comte de Toscane, fit entourer d'embûches ledit Henri dans l'église de Saint-Laurent. N'ayant pu venir à bout de l'arracher, comme il le croyait, du milieu des siens, il le perça, dans le lieu saint même, d'un coup de poignard, et, l'ayant ensuite traîné devant les portes de l'église, quoique Henri le suppliât, les mains jointes, de l'épargner, il le frappa trois ou quatre fois de son poignard, et le tua tout-à-fait. Entouré aussitôt des cavaliers de sa suite, qu'il avait disposés d'avance, il quitta Viterbe, et se transporta vers le comte de Toscane, père de sa femme. Comme il avait commis ce crime dans une ville où était le roi de France, cette offense encourut son indignation et le jugement de l'Eglise romaine, au châtiment de laquelle il lui fallut ensuite se soumettre; car l'Eglise décréta que, pour punition d'un si grand forfait, il serait gardé étroitement dans un très-fort château jusqu'à ce qu'on jugeât à propos de lui pardonner. Philippe, roi de France, étant revenu de

Tunis en France, fit enterrer avec une pompeuse solennité et de grands honneurs, le vendredi d'avant la Pentecôte, les ossemens de son père, le très-saint roi Louis, de sa femme, et de son frère, le comte de Nevers, à Saint-Denis en France, lieu qu'ils avaient choisi pour leur sépulture. Bientôt un grand nombre de gens, attaqués de diverses maladies, vinrent de différens pays vers le tombeau du roi, et recouvrèrent, par les mérites du saint roi, le bienfait de la santé. Jean de Courtenai, archevêque de Rheims, mourut, et eut pour successeur Pierre Barbez, archidiacre de l'église de Chartres. Au mois d'août, le lendemain de la fête de la décollation de saint Jean-Baptiste, Philippe fut couronné roi de France à Rheims. Thibaut, roi de Navarre et comte de Champagne, ayant été enterré avec sa femme à Provins, dans la Brie, Henri, son frère, lui succéda, et prit ensuite en mariage la sœur de Robert, comte d'Artois, et nièce de saint Louis, roi de France, dont il eut dans la suite Jeanne, reine de France.

Un certain Arsacide envoyé à Acre pour tuer Edouard, fils du roi d'Angleterre, saisit le moment où il lui parlait en secret dans son lit, comme muni d'un message, pour le frapper d'un poignard empoisonné, dont il lui fit une grave blessure, moins dangereuse encore par la plaie que par le poison qui, se répandant dans l'intérieur du corps, le menaçait du plus grand péril. Edouard, comme un furieux, ayant saisi l'assassin, vengea sur lui cette trahison par la mort la plus cruelle. Bientôt après, ayant recouvré la santé, à la nouvelle de la mort de son père Henri, roi d'Angleterre, il fit préparer un vaisseau, et quitta Acre.

Ayant abordé dans le royaume de France, il le traversa pour passer en Angleterre, où il fut couronné roi sans aucune opposition.

[1272.] Grégoire x, cent quatre-vingt-huitième pape, gouverna l'Eglise de Rome. Dans le même temps Raimond Bernard, comte de Foix, ayant fait, à la poursuite d'un de ses ennemis, une irruption à main armée dans une ville du roi de France, tua dans cette ville plusieurs des gens de son ennemi et beaucoup des gens du roi, qui s'étaient portés à sa défense; c'est pourquoi le roi de France, Philippe, rassembla dans le pays de Toulouse une armée contre ledit comte, et attaqua le château de Foix. Comme il faisait élargir, en fendant de hautes roches, les chemins trop étroits pour les chevaux et les hommes, le comte, effrayé de la puissance du roi, se rendit vers lui avec humilité et piété, et le pria de lui pardonner ses torts. Par le conseil des siens, le roi l'envoya chargé de fers à Beauchêne, où il le fit garder prisonnier pendant l'espace d'un an. Le roi munit de ses gens le château de Foix et d'autres châteaux de ce comte, et voulut les garder entre ses mains pour les besoins du royaume, pendant le temps convenable. Gaston de Béarn, homme noble et puissant dans ce pays, dont le comte de Foix avait épousé la fille, ayant appris qu'il avait encouru l'indignation et la colère du roi de France, parce qu'on disait que c'était par ses conseils que le comte de Foix s'était révolté, se rendit en tremblant auprès du roi, et fléchissant le genou et joignant les mains, il le supplia de ne plus le soupçonner de ce crime, dont on l'accusait sans fondement, promettant de se purger par le bouclier et la lance, ou de quelque autre manière, suivant le jugement des officiers du palais. Etant demeuré long-temps dans cet état à supplier le roi, il parvint avec peine à apaiser les soupçons de Philippe et à obtenir son pardon.

[1273.] Raoul le Roux, comte d'Alsace, fut nommé roi des Romains. Jean de Souilly, archevêque de Bourges, mourut. Après sa mort, Geoffroi de Pontchevron, doyen de Paris, élu à sa place, mourut avant d'avoir été confirmé ou consacré. Simon, de Beaulieu en Brie, archidiacre de Chartres, lui succéda. Le comte de Foix, s'étant réconcilié avec le roi de France, recouvra sa terre et fut fait chevalier par le roi lui-même. Pierre, comte d'Alençon, frère de Philippe, roi de France, prit en mariage Jeanne, fille de Jean, comte de Blois.

[1274.] Le pape Grégoire célébra à Lyon, ville de France, un concile dans lequel on statua beaucoup de choses utiles à l'Église, relativement aux secours à porter à la Terre-Sainte, à l'élection des souverains pontifes, et sur l'état de l'Eglise universelle. A ce concile assistèrent des députés solennels des Grecs et des Tartares, et les Grecs y promirent de revenir à l'unité de l'Eglise, en signe de quoi ils confessèrent que le Saint-Esprit procède du Père et du Fils, et chantèrent le Symbole avec les autres dans ce concile. Dans ce même saint synode on abolit plusieurs ordres mendians, et on y défendit aux bigames qui avaient jusqu'alors porté la tonsure de clerc, de la porter à l'avenir, et d'user des priviléges des clercs. Le nombre des prélats qui assistèrent à ce concile était de cinq cent soixante évêques, et d'environ mille abbés et autres prélats de moindre rang. Philippe, roi de France, prenant pour seconde femme Marie, sœur du duc de Brabant, célébra son mariage au mois de mars, dans l'octave de l'Assomption de la sainte Vierge, mère du Seigneur. Pierre de Charny, archevêque de Sens, étant mort, Gilles Cornu, chantre de l'église de Sens, lui succéda. Henri, roi de Navarre et comte de Champagne, étant mort à Pampelune, sa femme, prenant avec elle sa fille encore au berceau, le seul enfant qu'elle eût eu de lui, se retira promptement avec elle dans le royaume de France. Le roi Philippe, son parent, l'ayant accueillie avec bienveillance, fit élever sa fille à Paris avec ses enfans, et prenant sous sa protection la terre de la jeune fille, envoya promptement en Navarre Eustache de Beaumarchez, vaillant et habile chevalier, pour conserver ce royaume entre les mains du roi, comme gardien et gouverneur de toute la Navarre.

[1275.] A la fête de saint Jean-Baptiste, Marie, reine de France, fut couronnée et sacrée reine à Paris. Comme elle avait reçu l'onction de Pierre, archevêque de Rheims, Gilles, archevêque de Sens, prétendit qu'il avait été en ceci préjudicié aux droits de son église de Sens. Car, comme on lit dans une lettre de Yves, évêque de Chartres, à l'archevêque du siége métropolitain de Belgique, c'est-à-dire de Rheims, le sacre des rois ou des reines hors de sa province ne le concerne pas. Il fut allégué du côté du roi, au sujet de cette contestation, qu'il n'avait rien été fait dont pût se plaindre l'archevêque de Sens, puisque la chapelle de la maison du roi était indépendante de Paris, et que par cette raison le sacre ne le concernait pas. Le chevalier Eustache de Beaumarchez, que le roi de France Philippe avait envoyé en Navarre pour conserver en paix ce royaume, ayant voulu porter amendement à quelques injustes coutumes des Navarrais, il s'éleva entre eux une dissension, et les grands l'assiégèrent à Pampelune, dans la forteresse du château. Le fameux Robert, comte d'Artois, envoyé par le roi de France avec une troupe nombreuse d'hommes d'armes pour délivrer Eustache de Beaumarchez, s'empara en peu de temps de Pampelune, délivra par la force de ses armes Eustache et ses gens, et, punissant les chefs de la sédition, rétablit sur un meilleur pied les affaires de la Navarre. Comme Amauri de Montfort, clerc, fils de Simon de Montfort, comte de Leicester, tué par les Anglais, conduisait par mer à Lewellyn, prince de Galles, sa sœur unique qui devait épouser celui-ci, le roi d'Angleterre Édouard en ayant été instruit, les fit prendre avec leurs gens, et les retint long-temps dans une étroite captivité. Le pape Grégoire étant mort, Innocent v, cent quatre-vingt-neuvième pape, gouverna l'Église de Rome. Il sortait de l'ordre des frères Prêcheurs, et était appelé frère Pierre de la Tarentaise.

[1276.] Louis, fils aîné de Philippe, roi de France, mourut, et fut enterré dans l'église de Saint-Denis en France. Il vint vers le roi de France Philippe, des confins les plus reculés de l'Orient, des envoyés des Tartares, qui lui dirent que, comme il avait pris la croix, s'il avait le dessein de passer dans le pays de Syrie contre les Sarrasins, le roi lui promettait fidèlement les conseils et les secours de toute sa nation. Dieu sait s'ils étaient de vrais envoyés ou bien des espions, car ils n'étaient pas Tartares de nation ni de mœurs, mais c'étaient des Chrétiens de la secte des Géorgiens, qui obéissent et sont soumis aux Tartares. Ayant été envoyés par le roi à Saint-Denis en France, ils y fêtèrent la résurrection du Seigneur, et passèrent ensuite auprès du roi d'Angleterre, à ce qu'on dit, pour lui porter le même message. Fernand, fils aîné d'Alphonse roi d'Espagne, qui avait pris en mariage Blanche fille de saint Louis roi de France, étant venu à mourir, son père, qui le haïssait, traita injustement deux fils qu'il avait eus de sa femme Blanche, et, au mépris du traité conclu avec le roi de France, les priva entièrement de la succession de son royaume, et, les retenant avec lui, ne permit, pour ainsi dire, que malgré lui à leur mère de s'en retourner sans dot et sans honneurs auprès de son frère, le roi de France Philippe, qui la demandait. Lewellyn, prince de Galles, ayant su qu'Edouard roi d'Angleterre avait pris et tenait renfermée dans une prison la jeune fille qu'on lui conduisait pour épouse, entra vigoureusement en guerre contre lui, et fortifia pour sa défense un mont élevé et escarpé situé sur les confins de sa terre, et appelé Senowdonfort. Le roi l'assiégea dans l'hiver, et après avoir perdu un grand nombre des siens, à cause des marécages et des difficultés des chemins, ne renonça point cependant à son entreprise, et finit par forcer le prince à se rendre. Ayant conclu un traité avec lui, qui déclarait qu'après sa mort la principauté de Galles ne reviendrait aucunement à ses héritiers, il lui rendit sa terre et sa femme, et les fit en sa présence unir par le mariage. Il rendit Amauri aux prélats d'Angleterre, parce qu'il était clerc, mais il le fit retenir pendant long-temps sous une étroite garde, non en son nom, mais en celui des prélats. Le pape Innocent étant mort, Adrien v, Génois de nation, cent quatre-vingt-dixième pape, gouverna l'Église de Rome; mais il mourut après avoir siégé pendant un mois et neuf jours. Après sa mort, Jean, Espagnol de nation, cent quatre-vingt-onzième pape, lui succéda en l'Église de Rome.

[1277.] Comme le pape Jean s'appliquait à prolonger pendant de longues années la durée de sa vie, et affirmait souvent en présence de plusieurs qu'il en serait ainsi, tout-à-coup le plancher d'une nouvelle chambre qu'il avait fait construire dans le palais de Viterbe, croula, et il fut écrasé entre les pierres et les charpentes. Six jours après cette chute, ayant reçu les sacremens ecclésiastiques, il expira, et fut enterré dans l'église de Saint-Laurent. Après sa mort, Nicolas III, Romain de nation, de la famille des Ursins, cent quatre-vingt-douzième pape, gouverna l'Eglise de Rome. Le Tibre, fleuve de Rome, franchit tellement les bornes de son lit, qu'on le vit s'élever de plus de quatre pieds sur l'autel de Sainte-Marie-de-la-Rotonde. Pierre de La Brosse, grand-chambellan du roi de France, homme excessivement en honneur auprès de son seigneur et des grands de son royaume, fut pendu à Paris sur le gibet des voleurs. Cette exécution, dont la cause fut inconnue au peuple, fut un grand sujet d'étonnement et de murmures.

[1278.] Le pape Nicolas, ôtant à Charles, roi de Sicile, le titre de lieutenant de Toscane, établit des statuts sur l'élection des prélats et celle du sénateur de Rome, et, se faisant créer sénateur à vie, fit remplir les fonctions de cette place pendant près de deux ans par ses parens. Marie, fille du prince d'Antioche, ayant été chassée de Jérusalem, se retira en France, et céda à Charles, roi de Sicile, ses droits sur le royaume de Jérusalem, à condition que, tant qu'elle vivrait, il lui assignerait tous les ans quatre mille livres de Tours sur les revenus de son comté d'Anjou. Maître Jean d'Orléans, chancelier de Paris, à qui le pape Nicolas avait par ses lettres-patentes conféré l'évêché de Paris, le résigna, et, disant adieu au siècle, entra dans l'ordre des frères Prêcheurs.

[1279.] Bendocbar, soudan de Babylone, qui avait détruit la ville d'Antioche et causé beaucoup de maux à la chrétienté dans ce pays, rassembla en Turquie une innombrable armée avec laquelle il livra bataille aux Tartares. La plus grande partie de son armée ayant été taillée en pièces, blessé lui-même mortellement, il fut forcé de retourner à Damas, et mourut peu de temps après. Son fils lui succéda, mais il ne jouit pas long-temps en paix de l'Empire, car plusieurs grands émirs, conspirant contre lui, l'assiégèrent avec les siens dans un château très-fortifié appelé le Crac, et situé près de Babylone. La discorde fit peu à peu de tels progrès parmi eux, que partout ils se tuaient les uns les autres.

Le pape Nicolas envoya un cardinal à Charles, roi de Sicile, pour sonder de quelle manière il prenait sa révocation de la lieutenance de Toscane; lorsqu'il apprit que Charles avait reçu ce messager avec honneur et respect, et lui avait répondu avec calme et modestie, on rapporte qu'il dit : « Charles tient

« de la maison de France la fidélité, du royaume
« d'Espagne la pénétration d'esprit, et de la fré-
« quentation de la cour de Rome la sagesse dans
« ses paroles; nous pourrions prévaloir sur les au-
« tres, mais jamais nous ne pourrons l'emporter sur
« lui. » Baudouin, renversé du trône de l'Empire, étant
mort, Philippe son fils prit en mariage la fille de
Charles, roi de Sicile, dont il eut Catherine, sa fille
unique.

[1280.] Philippe, roi de France, irrité et indigné de
ce que le roi d'Espagne, Alphonse, lui avait renvoyé
en France sans aucun honneur Blanche sa sœur,
rassembla contre lui une grande armée à Bayonne,
ville de Gascogne. Mais comme il s'efforçait de péné-
trer en Espagne, arrêté par l'ordre et le commandement du pape Nicolas, il fut forcé de s'en revenir
sans avoir réussi dans son expédition. Le pape Nicolas étant mort, après cinq mois et vingt jours d'in-
terruption, Martin IV, Français de nation, cent quatre-
vingt-treizième pape, gouverna l'Eglise de Rome. La
Seine, fleuve de France, déborda tellement de son
lit, qu'elle rompit les deux principales arches du
grand pont de Paris et une arche du Petit-Pont. Elle
entoura tellement la ville en dehors, que du côté de
Saint-Denis, on n'y pouvait entrer sans le secours des
bateaux. Cette inondation dura jusqu'à la fête de l'E-
piphanie.

Pierre, roi des Aragonais, ayant équipé une flotte
contre Charles, roi de Sicile, déterminé par l'avis des
Siciliens et de sa femme, fille de feu Mainfroi usurpateur du royaume de Sicile, à renoncer à ses mauvais projets, envoya vers la cour de Rome une so-

lennelle députation pour annoncer mensongèrement qu'à la tête d'une armée brillante et zélée, il allait marcher vers l'Afrique, et étendre sur les Barbares le bras de sa puissance pour le service de Dieu et de l'Eglise et l'exaltation de la foi catholique. Les Hannibaldi, issus d'une haute famille de Romains, ayant appris la mort du pape Nicolas, rassemblèrent leur parti, et, malgré les Ursins, obtinrent dans la ville un pouvoir égal au leur sur le Capitole et les remparts de Rome placés sous la garde des vicaires qu'avait établis ledit pape Nicolas; en sorte qu'un traité ayant été conclu entre eux, on établit dans le Capitole, pour remplir les fonctions de sénateur, un homme du parti des Hannibaldi, et un autre du parti des Ursins. Sous leur gouvernement, il se commit dans la ville ou dans son territoire un grand nombre de meurtres, et il éclata plusieurs dissensions et beaucoup d'autres troubles qui demeurèrent impunis.

[1281.] Le pape Martin, élu sénateur à vie, établit en son lieu Charles, roi de Sicile, prit dans sa maison et sa suite des chevaliers, qu'il chargea du gouvernement du patrimoine de saint Pierre, et les envoya en Romagne avec environ huit cents Français stipendiés, contre Gui, comte de Montefeltro, qui retenait dans ce pays le territoire de l'Eglise romaine, dont il s'était emparé. Dans Civita Vecchia il s'éleva une grande dissension entre les citoyens et les gens de Charles, roi de Sicile, au point que les habitans s'écriaient: « Mort aux Français. » L'auteur de ces troubles fut Jamier, commandant de la ville, qui favorisait les citoyens. Mais les Français, courant aux armes, tuèrent un grand nombre d'entre eux, et, forcés par la nécessité, les séditieux s'apaisèrent.

Au mois de février, on prit un poisson de mer qui ressemblait à un lion, et on le porta à Civita Vecchia, résidence du pape et de la cour de Rome. Mais lorsqu'on le prit, il poussa d'horribles gémissemens, qu'un grand nombre de gens regardèrent comme le présage de quelqu'événement.

Dans le royaume de Sicile, les habitans de Palerme et de Messine, enflammés de rage contre le roi Charles et les Français qui habitaient l'île, au mépris du roi Charles, les égorgèrent tous, sans distinction de sexe ni d'âge. Ce qu'il y eut de plus abominable, c'est qu'ouvrant les flancs des femmes de leur pays enceintes des Français, ils tuaient leur fruit avant qu'il eût vu le jour.

Lewellyn, prince de Galles, se révoltant de nouveau contre Edouard, roi d'Angleterre, fit tuer par son frère David tous les gens et sujets en garnison dans le pays de Galles. Le roi, indigné, entra aussitôt avec de grandes forces sur le territoire de Galles, et, faisant trancher la tête au prince Lewellyn et à son frère David, soumit la terre de Galles à sa domination. Le roi de Sicile, ayant appris le massacre des siens, envoya aussitôt en France son fils Charles, prince de Salerne, pour demander secours; et lui-même, pendant ce temps, ayant passé le phare de Messine, assiégea les habitans de cette ville. Pendant qu'il s'efforçait de les soumettre, voilà que Pierre d'Aragon, qui se cachait du côté de l'Afrique, appelé par les Siciliens comme leur seigneur et leur principal défenseur, entra en Sicile avec une forte armée, malgré la défense du seigneur pape. Bientôt, ayant soulevé toute la Sicile, il se fit, au mépris du roi Charles et de l'Église romaine, couronner roi de ce pays, et fit déclarer à Charles, occupé au siége de Messine, qu'il sortît promptement de son royaume, et n'osât plus attaquer les Messinais; ce que voyant le roi Charles, trahi, dit-on, dans les plaines de Saint-Martin, par le conseil de quelques-uns de ses partisans, il se retira en Calabre.

Il s'éleva une telle discorde entre les clercs de Picardie et les clercs anglais qui étudiaient à Paris, que l'on croyait que les études en seraient interrompues; car les Anglais, détruisant les maisons des Picards, tuèrent quelques-uns d'entre eux, et les forcèrent de s'enfuir hors de Paris.

[1282.] La veille des calendes de mai, le chevalier Jean d'Eppe, avec les troupes à la solde du seigneur pape Martin, s'étant avancés en guerre contre Gui de Montefeltro, prirent le faubourg de la ville de Forli et y demeurèrent jusqu'au lendemain matin, qu'ils rangèrent leur armée en trois bataillons en face de la ville; ce que voyant, les ennemis envoyèrent des hommes de guerre diversement armés, afin de pouvoir détruire l'armée de Jean par la ruse plutôt que par les combats. Les deux troupes ayant couru l'une sur l'autre, il s'engagea un combat plein d'ardeur, dans lequel périt, avec environ cinq cents Français, le comte Thaddée, noble champion de l'Église. Les ennemis perdirent plus de mille cinq cents hommes, tant nobles que du commun peuple. La nuit étant enfin venue, ceux qui survivaient au combat se retirèrent chacun de son côté, et ainsi la victoire ne fut assignée à aucun des deux partis.

On fit une solennelle recherche sur la vie et les miracles de saint Louis, roi de France. Le soudan de Babylone, chassé et poursuivi par les Tartares pendant huit jours et plus, perdit environ cinq cent mille des siens; mais ayant rassemblé de nouvelles forces, il dispersa les Tartares, et en tua, dit-on, trente mille.

Pierre, roi d'Aragon, qui, malgré la défense de l'Eglise de Rome, s'était fait couronner roi de Sicile, et pour ce motif avait été enchaîné des liens de l'anathème, fut dépouillé, par une sentence du pape Martin, du royaume d'Aragon et de tous les biens qu'il tenait en fief de l'Eglise romaine. Ledit pape Martin délia ses vassaux de leur fidélité envers lui, et conféra et concéda à Charles, fils de Philippe, roi de France, le royaume d'Aragon avec toutes ses appartenances. Charles, prince de Salerne, fils du roi de Sicile, envoyé en France pour demander du secours, revint dans la Pouille accompagné d'un grand nombre de nobles, parmi lesquels étaient Pierre d'Alençon, frère de Philippe roi de France; Robert, comte d'Artois; le comte de Boulogne; Jean, comte de Dammartin; Othelin, comte de Bourgogne, et beaucoup d'autres.

A la nouvelle que le roi Charles avait reçu des secours de France, Pierre d'Aragon, qui voulait tâcher de vaincre ledit roi Charles par la ruse et l'artifice, plutôt que par aucune espèce de combat, et gagner du temps pour faire des préparatifs de guerre, proposa à Charles une convention de guerre en cette forme, que chacun d'eux tiendrait prêts au combat, dans les plaines de Bordeaux, cent chevaliers qu'il aurait choisis ou pu rassembler, et au nombre desquels eux deux, Pierre et Charles, devaient être comptés, et qu'ils combattraient ainsi cent contre cent; que celui qui serait vaincu, serait déclaré infâme, privé du nom de roi, et se contenterait désormais d'être accompagné d'un seul serviteur; celui qui ne se trouverait pas dans ledit lieu au premier jour de juillet de l'année suivante, préparé selon ces conventions, devait encourir les mêmes peines, et même être réputé parjure.

[1283.] Gui de Montfort, délivré par le pape Martin de la captivité dans laquelle il était retenu depuis long-temps, fut envoyé par le même pontife au secours des siens dans la Romagne, le remit aussitôt en possession des terres et des villes de l'Eglise dont s'était emparé Gui de Montefeltro, et jura d'obéir aux ordres de l'Eglise. La Romagne rentra ainsi tranquillement sous la domination du pape, à l'exception de la ville d'Urbin. Gui de Monfort attaqua cette ville, et prit et ravagea tout ce qu'il trouva hors de ses murs.

Le premier jour de juillet, Charles, roi de Sicile, se rendit à Bordeaux pour combattre contre Pierre d'Aragon, préparé selon les conventions qu'il lui avait indiquées. Mais ledit Pierre n'osa s'y trouver comme il l'avait promis. Il arriva, à ce que disent quelques-uns, dans la nuit qui précédait le jour fixé, accompagné de deux chevaliers, et eut avec le sénéchal de Bordeaux, dans un lieu secret et éloigné, une conférence dans laquelle il prétendit qu'il ne pouvait et n'osait tenir sa parole, à cause des forces menaçantes du roi de France qui était venu en cette ville. Il ne se trouva donc point au rendez-vous, ainsi que nous l'avons dit. Alors le roi Charles se retira en France avec Philippe, roi de France, son neveu, et y séjourna jusqu'au mois de mars suivant. Un chevalier d'Espagne, nommé Jean Minime, à la solde du roi de France, attaqua le royaume d'Aragon du côté de la Navarre; et, profitant de l'absence de Pierre qui cherchait des secours, s'empara d'un grand nombre de villes de son royaume.

Rufin, comte de Toscane, étant mort, Gui de Montfort, marié à sa fille, quitta, par la permission du pape Martin, le siége d'Urbin, où il laissa son armée, et, se transportant en Toscane, défendit vigoureusement la terre qui lui revenait au titre de sa femme, contre les attaques des comtes de Fiori et d'Anguillari, auxquels il tua un grand nombre de gens. Charles, roi de Sicile, quittant le roi et le royaume de France, retourna dans sa terre de Pouille. A la nouvelle de son arrivée, les Siciliens s'approchèrent de Naples avec vingt-sept galères munies d'hommes d'armes, poussèrent de grands cris et firent de grandes démonstrations de guerre, pour tâcher d'irriter leurs ennemis, et d'exciter son fils et les Français qui demeuraient dans la ville à combattre avant l'arrivée du roi Charles. Le prince de Salerne, fils du roi Charles, qui était venu en cette ville pour de certaines affaires, et avait laissé en Calabre Robert, comte d'Artois, les ayant entendus, excité et animé par leurs cris, et emporté par une funeste témérité, monta avec les siens sur ses galères, et les attaqua courageusement. Mais comme ses gens ignoraient l'art de combattre sur mer, ou plutôt parce qu'il fut, dit-on, trahi par les matelots, il fut vaincu et pris, et mené en captivité à Messine. Quatre jours après, Charles son père étant arrivé à Naples, châtia les Napolitains qui, après la défaite du prince, avaient résolu de se soulever, et avaient chassé ses gens de la ville, et il permit aux gens de sa suite de leur faire souffrir toutes sortes de maux. Enfin, ayant équipé une armée, il se transporta vers Reggio, ville de Calabre, où était le comte d'Artois, son neveu. Il avait le dessein de passer le phare de Messine pour assiéger cette ville; mais n'ayant pu l'accomplir, il envoya ses vaisseaux dans le port de Brindes, de peur qu'il ne leur arrivât d'être brisés par les ouragans d'hiver ou pris par les ennemis.

[1284.] Le comte de Joigny, illustre Français, qui était resté au siége d'Urbin, livra à cette ville, contre les instructions de Gui de Montfort, un assaut dans lequel il fut tué. Philippe, fils aîné de Philippe, roi de France, fut fait chevalier à la fête de l'Assomption de la sainte Vierge, mère du Seigneur, et le lendemain il épousa à Paris Jeanne, fille de feu Henri, roi de Navarre et comte de Champagne. La nuit de la veille de la fête de sainte Catherine, vierge, il souffla un vent si violent, qu'il fit tomber dans le royaume de France un grand nombre de maisons, de clochers de monastère, et d'arbres forts et élevés. Le 7 du mois de janvier, mourut Charles, roi de Sicile. Le pape Martin ayant appris sa mort, dit pour lui, aussi bien qu'il le put avec ses cardinaux, les prières des morts. Comme le prince Charles, retenu prisonnier, succéda dans la suite au trône de son père, nous le regardons comme régnant pendant les années qui se sont écoulées jusqu'à son couronnement.

Au mois de mars Philippe, roi de France, marcha contre les Aragonais excommuniés par le pape, pour conquérir, s'il pouvait, le royaume d'Aragon, donné à son fils par l'Eglise romaine.

[1285.] Le mercredi d'après le dimanche de la Résurrection, le pape Martin étant mort, Honoré IV, Romain de nation, cent quatre-vingt-quatorzième pape, gouverna l'Eglise de Rome. Aussitôt après son élection, il continua au comte d'Artois, occupé dans la Pouille, et à quelques autres, que son prédécesseur le pape Martin avait pris à son service, et employés en divers lieux, la solde que leur avait donnée ledit pape Martin, les garda à son service, et les excita à poursuivre avec ardeur l'entreprise commencée. Des gens affligés de diverses souffrances et maladies étant venus vers le tombeau du pontife de Rome Martin, quatre y recouvrèrent la santé, à la vue de tout le monde. Pierre d'Aragon ayant appris que Philippe, roi de France, s'était mis à la tête d'une armée pour envahir le royaume d'Aragon, et craignant de perdre ce royaume, s'y transporta aussitôt. Comme les Messinais avaient transféré dans un certain château Charles, prince de Salerne, Pierre craignit leur infidélité, et le fit conduire de Sicile en Aragon et garder en ce royaume avec les plus grandes précautions. Vers la fête de la Saint-Jean-Baptiste, Philippe roi de France, attaquant les domaines du royaume d'Aragon, assaillit d'abord la ville d'Elna sur les frontières du Roussillon, qui lui était contraire, et l'eut bientôt détruite entièrement. Il traversa les Pyrénées

par un chemin impraticable, auprès de la passe d'E-
cluse, et conduisit son armée jusqu'à Gironne, ville
très-fortifiée. Ce que voyant les Aragonais qui se tenaient en armes au sommet de la passe d'Ecluse, qui
était l'entrée de leur pays la plus fortifiée, et ne
croyaient pas que le roi des Français passât par un
autre endroit, ils furent grandement saisis d'admiration et d'épouvante, et se réfugièrent dans les villes
et les châteaux. Le roi de France assiégeant Gironne,
livra plusieurs assauts qui affaiblirent beaucoup les habitans; mais ceux-ci, faisant une vigoureuse résistance,
tinrent pendant environ trois mois. Vers la fin du
siége, à savoir le jour de l'Assomption de la Vierge
sainte Marie, mère du Seigneur, le roi de France ayant
envoyé vers le port de Roses, où était stationnée la
flotte royale, pour apporter à l'armée les vivres qu'on
y conservait, Pierre, roi d'Aragon, qui en fut informé,
s'empara du chemin avec cinq cents cavaliers armés et
trois mille hommes de pied, afin de pouvoir, au retour
des Français, piller les vivres qu'ils amèneraient. Mais
Raoul, seigneur de Nesle, connétable de France, le
comte de la Marche, et Jean de Harcourt, maréchal,
instruits de ces embûches, prirent sur-le-champ avec
eux cent cinquante-six chevaliers armés, et marchèrent promptement à sa rencontre. A la vue des ennemis venant en si petit nombre en comparaison du
leur, les Aragonais, qui ne connaissaient pas la bravoure des Français, les attaquèrent aussitôt. Mais les
Français, résistant vigoureusement, tuèrent presque
tous les Aragonais, et forcèrent leur roi, qui combattait avec eux, caché sous une armure ordinaire,
de s'enfuir du champ de bataille. Mortellement blessé,

il s'arrêta dans une abbaye, et expira peu de temps après à l'insu des Français. Quoique les plus vaillans et les plus nobles du royaume d'Aragon eussent assisté à ce combat, il y en eut peu cependant, dans un si grand nombre, qui s'en retournassent chez eux. A la suite de cette affaire, les habitans de Gironne, n'ayant plus aucun secours à attendre, rendirent leur ville au roi de France qui y mit une garnison. Le roi de France, ignorant la mort du roi Pierre, et attaqué de maladie, licencia une partie de sa flotte, et se retira vers Narbonne, à cause de l'approche de l'hiver. Les Aragonais ayant appris son départ, tuèrent un grand nombre de Français, et enlevèrent les vaisseaux qui étaient restés dans le port de Roses. Peu de temps après, assiégeant la ville de Gironne, ils forcèrent à se rendre les Français laissés pour la défendre. Le roi de France, qui était parti malade, étant arrivé à Perpignan, mourut en cette ville. Sa chair et ses entrailles furent ensevelis à Narbonne dans la grande église, et ses os, ainsi que son cœur, furent portés à Saint-Denis en France. Mais, avant qu'on ne les eût enterrés dans ce monastère, il s'éleva au sujet du cœur une grande dissension entre les moines dudit lieu et les frères Prêcheurs qui demeuraient à Paris; car lesdits frères voulaient, malgré les moines, obtenir ce cœur pour l'ensevelir à Paris dans leur église, parce que le jeune roi Philippe, héritier du trône, en avait fait la promesse à un certain frère de l'ordre des Jacobins. Mais enfin, le roi de France, ému par les instances des frères, et regardant comme honteux de se dédire, fit, contre les conseils de beaucoup de gens, ensevelir le cœur à Paris, dans l'église des frères Prêcheurs. Dans la suite, plusieurs docteurs en théologie décidèrent que le roi ni les moines n'avaient pu faire une telle concession, ni les frères en profiter, sans la permission du souverain pontife. Philippe, succédant au trône de son père, fut, le jour de la fête de l'Epiphanie, couronné roi de France avec sa femme, dans l'église de Rheims. Le feu roi Philippe laissait deux fils, Charles, comte de Valois, et ledit Philippe, roi de France, du lit de sa première femme la reine Isabelle; et trois autres enfans, à savoir : Louis, comte d'Evreux; Marguerite, reine d'Angleterre; et Blanche, duchesse d'Autriche, du lit de Marie de Brabant sa seconde femme.

[1286.] Alphonse, fils de Pierre roi d'Aragon, succéda au trône de son père; et Jacques son frère, avec sa mère Constance, s'étant, malgré la défense et les ordres de l'Eglise romaine, emparé de la Sicile, s'en fit couronner roi. Le pape Honoré confirma par une bulle semblable et avec la même rigueur, contre Alphonse et Jacques, fils de Pierre, roi d'Aragon, et contre Constance, leur mère, la sentence portée contre ledit Pierre roi d'Aragon, par son prédécesseur Martin pontife de Rome. Edouard, roi d'Angleterre, appelé en France, fit hommage au roi de France pour le duché d'Aquitaine et tous les autres domaines qu'il possédait dans le royaume du roi de France. De là, s'étant rendu à Bordeaux, ville métropolitaine du pays de Gascogne, il y tint, le jour de la Nativité du Seigneur, un grand parlement. Ayant en cette ville reçu plusieurs envoyés du royaume d'Aragon, de Sicile et d'Espagne, on craignit qu'il ne méditât quelque entreprise contre le royaume et le roi de France.

Cependant il s'efforça auprès d'Alphonse, roi d'Aragon, de faire délivrer le prince de Salerne son parent, pris par les Siciliens, que ledit Alphonse retenait en prison.

Au mois de septembre, mourut Matthieu, abbé de Saint-Denis en France, conseiller principal du royaume de France. Il avait fait achever le monastère de sa maison, commencé depuis long-temps, et dont les merveilleux et somptueux travaux avaient été laissés presque à moitié. Il avait fait aussi réparer par de nouveaux murs et de belles constructions, et avait enrichi par une grande augmentation de revenus son abbaye, dont il avait trouvé les affaires et les bâtimens dans le dernier délabrement. Dans la suite, plusieurs moines de ce monastère, imbus de sa doctrine et de sa haute dévotion, furent établis abbés dans différens couvens. Le samedi, veille de Pâques, le pape Honoré étant mort, Nicolas IV, cent quatre-vingt-quinzième pape, gouverna l'Eglise de Rome.

[1287.] Le roi de Chypre se fit, au préjudice du roi de Sicile, couronner roi de Jérusalem à Acre, ville de Syrie. Comme les Templiers et les Hospitaliers l'avaient permis, le roi de Sicile s'empara des biens et des possessions qu'ils avaient dans la Pouille et le royaume de Sicile. Alphonse, roi d'Aragon, déclara la guerre à son oncle le roi de Majorque, qui l'avait offensé en embrassant le parti de l'Eglise, et s'empara de quelques terres qu'il possédait dans son royaume. Les Grecs, se séparant de l'unité de l'Eglise romaine, se créèrent, dit-on, un pape et des cardinaux. Robert, comte d'Artois, défenseur du royaume de Sicile, se préparant à la guerre contre les Siciliens, envoya le chevalier Gui de Montfort rassembler des vaisseaux à Venise et par toute la Toscane.

Vers la Nativité du Seigneur, des envoyés d'Aragon et de Sicile étant venus à la cour de Rome dans le consistoire, en présence du pape et des cardinaux, tinrent beaucoup de discours faux et frivoles, qui furent accueillis par quelques-uns avec une haute faveur. D'abord les Aragonais excusaient leur roi Alphonse sur ce qu'il n'avait pas, après la mort de son père, envoyé des députés à la cour de Rome, en disant que ces députés n'avaient pu s'y rendre à cause des guerres dont le royaume était alors menacé. En second lieu, ils soutenaient l'innocence de leur maître, comme n'ayant participé en rien aux actions de son père. Troisièmement, ils disaient qu'il avait été, long-temps avant la mort de son père, en possession du royaume dont il demandait qu'on le laissât tranquillement continuer de jouir, et sur lequel il desirait que le pape ne permît pas que certaines gens l'inquiétassent injustement. Quatrièmement, il s'offrait à servir l'Eglise romaine, assurant qu'il s'appliquerait à imiter ceux de ses prédécesseurs qui avaient obéi avec soumission à ladite Eglise. Le pape dit qu'il ne mettait pas d'importance au premier point. Il répondit ainsi sur le second : « Il nous plairait beaucoup que le roi
« Alphonse fût innocent, mais il nous prouve le con-
« traire, en ne cessant d'envoyer des troupes dans
« notre terre de Sicile, en rébellion contre nous et le
« roi de Sicile. En outre, il ne veut nullement per-
« mettre qu'on observe notre interdit dans la terre
« d'Aragon, et s'est emparé de la terre et des domai-
« nes de son oncle le roi de Majorque, défenseur de
« l'Eglise. De plus, il retient prisonnier Charles,

« prince de Salerne, qui est innocent; tant qu'il le
« retiendra, il ne trouvera jamais auprès de nous
« ni grâce ni faveur. Et quoiqu'il soit en possession
« du royaume d'Aragon, nous déclarons cependant
« qu'il n'a aucun droit sur ce royaume, qui appar-
« tient par le don de l'Eglise à Charles frère du roi
« de France. Que si cependant il veut lui-même dis-
« cuter ses droits en notre présence, nous sommes
« prêts, s'il vient, à l'entendre et à lui rendre une jus-
« tice complète. » Ensuite vinrent deux frères Mineurs, envoyés par les Siciliens, qui exposèrent comment ils avaient long-temps été opprimés par les
Français, disant que, ne pouvant plus les supporter,
ils avaient eu l'intention de les expulser légalement
de leur terre, lorsque quelques hommes méchans leur
avaient subitement couru sus avec une grande cruauté,
ce qui avait déplu aux gens de bien. Ils excusaient
de sa malice Constance, mère de Jacques, qui s'était
emparée de la Sicile, disant qu'elle était venue en
Sicile à cause de l'obéissance que doit une femme à son
mari; et demandaient que le pontife romain confirmât l'élection de Jacques, son fils, que les Siciliens
avaient choisi pour roi. Ayant entendu ces discours
et beaucoup d'autres aussi frivoles, le pape ordonna
aux envoyés de se retirer, leur disant de se charger
à l'avenir de négociations plus sensées et meilleures.

[1288.] Un grand nombre de galères étant venues
de tous les côtés se rassembler à Naples vers l'Ascension du Seigneur pour faire la guerre aux Siciliens,
un certain chevalier, nommé Renauld d'Avellino,
se mit en mer avec plusieurs galères armées, par le
conseil et l'ordre du comte d'Artois, et s'empara facile-

ment de Catane, ville de Sicile. Il y mit une garnison de ses gens, et fit retourner vides à Naples ses vaisseaux, sur lesquels plusieurs autres chevaliers devaient, selon leur promesse et convention, venir promptement à son secours. Tandis que ceux-ci se préparaient en effet à venir, les Siciliens assiégèrent ledit chevalier, qui, après une longue et vigoureuse résistance, fut enfin forcé de se rendre avec les siens, vie et bagues sauves. Gui de Montfort, comte de Brienne; Philippe, fils de Gui, comte de Flandre, et plusieurs autres hommes de guerre du royaume de France, venant à son secours, furent vaincus et pris dans un combat naval par Roger de Loria, amiral des Siciliens, et renfermés dans différentes prisons. Presque tous s'étant dans la suite rachetés par argent, Gui de Montfort seul, n'ayant pu se racheter par les prières ou offres qu'on fit en sa faveur, périt dans sa prison, où il demeura, dit-on, par les intrigues d'Edouard roi d'Angleterre.

Jean, duc de Brabant, et le comte de Luxembourg, ayant rassemblé chacun une grande armée près de Liége, se livrèrent bataille au sujet du comté de Luxembourg. On combattit de part et d'autre avec un grand acharnement; le comte de Luxembourg fut tué avec ses trois fils; et l'archevêque de Cologne, ainsi que beaucoup d'autres qui étaient venus à son secours contre le duc, furent pris, et demeurèrent prisonniers du duc, à qui resta la victoire. Vers la Purification de la sainte Vierge, mère du Seigneur, Charles, prince de Salerne, fut délivré de la prison du roi des Aragonais, à condition qu'il lui remettrait une forte somme d'argent, et s'entremettrait, selon son pouvoir, pour faire obtenir aux Aragonais la paix avec l'Eglise romaine et le roi de France; que s'il ne pouvait y parvenir, il retournerait à sa prison dans l'espace de trois ans, conformément au serment qu'on l'obligea de prêter; et jusqu'à l'accomplissement de toutes ces conditions, il fut forcé de livrer en otage trois de ses fils et quarante nobles. Tripoli, ville du pays d'outre-mer, fut prise par le soudan de Babylone. Beaucoup de milliers de Chrétiens y furent tués, et les autres faits prisonniers. Les habitans d'Acre, effrayés par la prise de Tripoli, demandèrent aussitôt, et obtinrent du soudan une trêve de deux ans.

[1289.] Quinze cents hommes stipendiés, envoyés à Acre par le pape Nicolas, pour le secours de la Terre-Sainte, sortirent d'Acre armés, malgré la volonté des Templiers et des Hospitaliers, et, rompant la trêve conclue avec le soudan, firent une incursion sur les habitans et les villes des Sarrasins, et tuèrent sans miséricorde et sans distinction de sexe tout ce qu'ils rencontrèrent de Sarrasins, qui se croyaient en sûreté et en paix, à cause de la trêve. Charles, prince de Salerne, délivré de prison, vint à Rome, où il fut le jour de la Pentecôte couronné roi de Sicile par le pape Nicolas et absous du serment qu'il avait fait au roi des Aragonais. Jacques, usurpateur de la Sicile, entra avec une grande armée sur le territoire de la Calabre, et assiégea la ville de Gaëte. Le roi Charles quitta promptement Rome pour venir à sa rencontre, et délivra aussitôt les assiégés; car comme on se préparait au combat de part et d'autre, survint un chevalier du roi d'Angleterre, qui, par l'intervention de son maître, fit conclure entre eux une trêve de deux ans.

Le soudan de Babylone, ayant appris la manière dont les Chrétiens avaient traité les siens aux environs d'Acre, manda aussitôt aux habitans de cette ville que, s'ils ne lui livraient ceux qui avaient fait périr les siens dans le cours de l'année, il exterminerait et ruinerait leur ville, comme il avait fait de Tripoli. Les gens d'Acre, n'ayant pu satisfaire à sa demande, l'irritèrent et offensèrent gravement. Louis, fils aîné de Philippe, roi de France, fut mis au monde par la reine Jeanne, le 4 d'octobre.

[1290.] Comme le terme où il avait menacé d'attaquer les gens d'Acre approchait, le soudan de Babylone sortit de cette ville, et marcha vers Acre avec une innombrable multitude d'Infidèles. Mais comme il était déjà à moitié chemin, il fut attaqué d'une grave maladie, et, couché sur son lit de mort, il n'oublia pas d'envoyer à Acre sept émirs, dont chacun commandait quatre mille cavaliers et vingt mille hommes de pied armés. Ces émirs abordèrent à Acre vers le milieu du mois de mars, et tourmentèrent la ville par différens assauts jusqu'à la moitié du mois suivant; mais ils ne firent rien qui soit digne de mémoire. Cependant le soudan, voyant que sa mort était proche, appela ses amis et les émirs de toute l'armée, fit élever en sa place, au gouvernement et à la dignité souveraine de soudan, son fils, présent à ses derniers momens, et peu de temps après il expira. Le nouveau soudan, après les obsèques de son père, se mit en marche vers Acre avec une armée innombrable, et, s'en étant approché, campa à la distance d'un mille de la ville; et les machines et autres instrumens de guerre ayant été préparés et dressés contre la ville, les Sarrasins assiégèrent les Chrétiens pendant dix jours consécutifs, depuis le 4 du mois de mai, et, lançant à la main de grosses pierres dans la ville, ils y firent beaucoup de dégât, et ne laissèrent pas aux citoyens un instant de repos; c'est pourquoi les habitans effrayés firent transporter à Chypre par des vaisseaux les vieillards, les malades, les femmes, les enfans et tous ceux qui ne pouvaient servir à la défense, avec les trésors, les marchandises et les saintes reliques. Beaucoup de chevaliers et d'hommes de pied, voyant que des discordes s'élevaient entre les citoyens, se retirèrent également avec tous leurs biens; en sorte qu'il ne resta à Acre que douze mille hommes environ, cinq cents chevaliers, et le reste en hommes de pied, tous vaillans hommes de guerre.

Le 15 du mois de mai, les perfides Sarrasins assaillirent si vigoureusement les gardes des remparts, que la garde du roi de Chypre fut sur le point de céder, et que, sans le secours de l'épaisse obscurité de la nuit et de quelques gardes qui vinrent d'un autre côté et arrêtèrent l'impétuosité des ennemis, ceux-ci fussent entrés dans la ville. La nuit suivante, le roi de Chypre, ayant remis à un commandant des troupes allemandes la défense du lieu qu'il était chargé de garder, disant qu'il viendrait la reprendre le lendemain matin, s'enfuit honteusement par mer pendant cette nuit avec tous les siens et près de trois mille autres hommes d'armes. Le lendemain, les Sarrasins étant venus pour combattre, et voyant peu de défenseurs sur les remparts confiés à la garde du roi de Chypre, accoururent de toutes parts vers cet endroit, comblèrent le fossé de morceaux de bois et plusieurs autres choses, et percèrent aussitôt le mur. Se précipitant impétueusement dans l'intérieur, ils repoussèrent vigoureusement les Chrétiens presque jusqu'à la moitié de la ville, non sans un grand carnage de part et d'autre. Vers le soir de ce jour, et le jour suivant, ils furent repoussés de la ville par le maréchal et maître des chevaliers de l'Hôpital. Mais le troisième jour, les Sarrasins, accourant de toutes parts au combat, entrèrent par la porte de Saint-Antoine, en vinrent aux mains avec les Templiers et les Hospitaliers, et les défirent entièrement. Enfin, s'emparant de la ville, ils la détruisirent de fond en comble; remparts, tours, maisons, églises, tout fut démoli. Le patriarche et le grand maître de l'Hôpital, blessés à mort, furent entraînés par les leurs dans un *dromon*[1], et périrent sur mer. Ainsi, en punition de nos péchés, Acre, seul asile de la chrétienté dans ce pays, fut détruite par les ennemis de la foi, faute d'un seul roi, parmi les Chrétiens, qui lui portât secours dans sa détresse.

Charles, comte de Valois, frère du roi de France Philippe, cédant aux prières de Charles, roi de Sicile, lui abandonna ses droits sur les royaumes d'Aragon et de Valence, et, le lendemain de la fête de l'Assomption de la sainte Vierge Marie, épousa à Corbeil une de ses filles. Le roi de Sicile avait donné audit Charles les comtés d'Anjou et du Maine pour l'engager à conclure ce mariage et à lui céder ses droits sur lesdits royaumes.

[1291.] Les gens d'un château appelé Valenciennes, situé dans le pays de Flandre et de Hainaut, se soulevèrent contre Jean, comte de Hainaut, leur

[1] Espèce de vaisseau.

seigneur, qui les opprimait avec une excessive injustice. S'étant long-temps maintenus contre ledit comte, ils chassèrent honteusement ses gens de leur ville, et appelèrent à leur défense, pour être leur comte, Guillaume, fils du comte de Flandre. Rodolphe, roi des Romains, étant mort, Adolphe, comte de Nassau, homme peu riche, mais vaillant à la guerre, fut pacifiquement élu et couronné roi.

Le pape Nicolas ayant appris la ruine d'Acre, ville du pays d'outre-mer, consulta par lettres les prélats du royaume de France, pour qu'ils lui fissent voir ce qu'il y avait de plus utile à faire pour secourir et recouvrer la Terre-Sainte, et les pria humblement d'inviter à lui porter secours le roi de France, les barons, les chevaliers, le clergé et le commun du peuple du royaume. Les prélats, accueillant avec le plus grand zèle ses ordres et ses prières, chaque métropolitain rassembla dans son diocèse les évêques, les abbés et prieurs, et les sages du clergé. Des conciles furent tenus de tous côtés. Les prélats mandèrent au pape ce qu'ils avaient fait, et lui conseillèrent de commencer par ramener à la paix et à la concorde les princes et barons de toute la chrétienté divisés entre eux, et surtout d'apaiser les Grecs, les Siciliens et les Aragonais. Ils promirent qu'après cette pacification, si le souverain pontife y consentait, ou le jugeait nécessaire, la croisade serait par son autorité prêchée par tout l'empire de la chrétienté.

Jean, duc de Brabant, s'étant réconcilié avec le fils du comte de Luxembourg, dont il avait tué le père dans un combat, lui donna sa fille en mariage, pour confirmer leur amitié. Jeanne, comtesse de Blois, étant morte, ses parens, Hugues, comte de Saint-Paul, et ses frères, et Gautier, seigneur de Châtillon, se partagèrent sa succession. Hugues, abandonnant son comté de Saint-Paul à Gui son frère, devint comte de Blois. Le pape Nicolas étant mort, l'Eglise romaine fut privée de pontife pendant plus de deux ans.

[1292.] Edouard, roi d'Angleterre, mettant à exécution les projets d'iniquité qu'il avait conçus, dit-on, depuis long-temps, fit de grands préparatifs, sous le prétexte qu'il allait bientôt partir au secours de la Terre-Sainte. Ayant fait équiper des vaisseaux par ses hommes de Bayonne, ville de Gascogne, et beaucoup d'autres de son royaume, et fait faire d'immenses préparatifs de guerre, il fit méchamment attaquer par mer et par terre, dans la Normandie et autres pays, les gens et sujets du roi Philippe. Il en tua, prit et retint un nombre infini, détruisit la plupart de leurs vaisseaux, et emmena en Angleterre le reste, chargé de biens et de marchandises. Les hommes du roi d'Angleterre attaquèrent aussi traîtreusement une ville du roi de France, appelée La Rochelle. Livrant un grand nombre d'assauts, ils tuèrent quelques-uns de ses défenseurs, et lui firent éprouver beaucoup de dommages. Le roi de France en ayant été instruit, manda au roi d'Angleterre et à ses délégués dans la Gascogne qu'ils envoyassent dans sa prison, à Périgueux, un certain nombre desdits malfaiteurs, pour qu'il en fît ce que la raison conseillerait et ce qu'exigerait la justice. Mais ce messager fut rejeté avec mépris et orgueil; c'est pourquoi le roi de France fit saisir toute la Gascogne par le chevalier Raoul, connétable, seigneur de Nesle, comme lui appartenant en qualité de fief de son royaume, et fit citer à son parlement Edouard, roi d'Angleterre.

Comme Jean, comte de Hainaut, opprimait les gens et sujets du roi de France qui habitaient auprès des limites de sa terre et les églises placées sous la protection dudit roi, et ne voulait point s'amender, malgré les prières ou les injonctions royales, Charles, comte de Valois, frère du roi, rassembla contre lui par l'ordre de Philippe une grande armée près du château de Saint-Quentin, dans le Vermandois. Comme il était sur le point de l'attaquer en propre personne, Jean, comte de Hainaut, redoutant le pouvoir du roi de France, se rendit sans armes auprès de Charles, alla humblement à Paris avec lui vers le roi Philippe, et répara, selon le bon plaisir du roi, les méfaits qu'il commettait depuis long-temps envers lui et ses sujets. Le bas peuple de Rouen se révolta, à cause des exactions appelées maltôte dont il était accablé, contre les maîtres de l'échiquier, serviteurs du roi de France. Les séditieux, détruisant la maison du collecteur, semèrent par les places les deniers du fisc, et assiégèrent dans le château de la ville les maîtres de l'échiquier. Ce soulèvement ayant ensuite été apaisé par le maire et les plus riches hommes de la ville, la plupart des mutins furent pendus, et beaucoup furent renfermés dans des prisons du roi de France. Gilles Cornu, archevêque de Sens, mourut, et eut pour successeur Etienne, doyen de la même église.

[1293.] Le comte d'Armagnac fut forcé de se battre en duel à Gisors, vers la Pentecôte, en présence du roi de France et de ses barons, contre Raimond Bernard, comte de Foix, qu'il avait appelé traître. Mais, à la prière de Robert, comte d'Artois, le roi prit sur lui leur affaire, et les fit retirer du combat qu'ils avaient déjà commencé. Edouard, roi d'Angleterre, cité plusieurs fois et solennellement à la cour du roi de France, au sujet des outrages et méfaits que ses gens avaient commis envers les sujets du roi de France, en Normandie et autres pays, dédaigna d'y comparaître. Son esprit artificieux conçut, pour combler ses iniquités, un dessein plus perfide ; car il manda, dit-on, au roi de France qu'il lui abandonnait tout ce qu'il tenait en fief de lui, pensant qu'il le reconquerrait avec beaucoup d'autres terres par la force des armes, et le posséderait à l'avenir sans être tenu à aucun hommage envers personne. Au mois de juillet, Noyon, ville de France, fut entièrement consumée par le feu, à l'exception des abbayes de Saint-Gilles et de Saint-Barthélemy.

Guillaume, évêque d'Auxerre, mourut, et eut pour successeur Pierre, évêque d'Orléans, auquel succéda dans l'église de cette ville Ferric, fils du duc de Lorraine, qui avait été élu en opposition avec lui à l'évêché d'Auxerre. Henri d'Espagne, que les rois de Sicile avaient retenu prisonnier pendant l'espace de vingt-six ans, s'échappa de prison, et se retira auprès de son neveu Sanche, roi d'Espagne.

[1294.] A Bar, château de Lorraine, Jean, duc de Brabant, invité aux noces d'une fille du roi d'Angleterre, fut tué dans un tournois par un chevalier. Après être restée vacante pendant deux ans, trois mois et deux jours, l'Eglise romaine fut gouvernée par Célestin v, cent quatre-vingt-seizième pape. Il était né dans la Pouille, et appelé auparavant frère Pierre de Moron; il avait été moine et père d'un petit couvent par lui fondé, et appelé Saint-Benoît-des-Monts, et avait vécu en ermite à Sulmone dans les Abruzzes. C'était un homme d'une grande humilité, de sainte condition et de glorieuse renommée. Agé, à ce que l'on croit, de plus de soixante-douze ans, il était cependant robuste et bien portant de corps, médiocrement lettré, suffisant en sagesse, et de quelque expérience. Les cardinaux paraissaient obstinés et affermis dans leur discorde sur l'élection d'un pape. Ils s'étaient rassemblés, mais non pour traiter de ladite élection, et n'avaient jamais entendu proposer pour être élu ledit Pierre, lorsqu'un cardinal dit par hasard quelque chose dans le commun consistoire de sa renommée et de sa sainteté. Inspirés, comme l'on croit, de Dieu, ils l'élurent souverain pontife par un choix unanime, et avec une grande effusion de larmes.

Edouard, roi d'Angleterre, déclarant ouvertement et vigoureusement la guerre au roi de France, envoya vers la Gascogne une très-forte flotte munie de ses gens, qui ravagea et consuma en entier par le feu une île appelée l'île de Rhé, du côté de La Rochelle, dans le Poitou, qui tenait pour le roi de France. De là les Anglais faisant voile vers Bordeaux, s'emparèrent du château de Blaye et de trois villages ou villes situés sur les bords de la mer, tuèrent traîtreusement plusieurs Gascons, et chassèrent honteusement les gens de Philippe. Ils s'approchèrent de Bordeaux; mais n'ayant pu faire aucune tentative contre cette ville à cause de Raoul de Nesle, connétable de France, qui la défendait, ils se dirigèrent promptement vers Bayonne. La trahison des citoyens leur ayant aussitôt livré cette ville, ils assiégèrent long-temps les Français dans le château, et enfin les en chassèrent. Le pape Célestin augmenta de douze le nombre des cardinaux, et confirma une décrétale sur l'élection des souverains pontifes, laissée en suspens par le pape Nicolas son prédécesseur. Le comte d'Acerra, dans la Pouille, à qui Charles, roi de Sicile, avait confié la garde de son comté de Provence, ayant été trouvé et convaincu exécrable sodomite, et traître envers son seigneur, fut, par l'ordre du roi lui-même, traversé d'un dard de fer brûlant, depuis le fondement jusqu'à la bouche, et ensuite livré aux flammes. Il avoua au milieu de ce supplice qu'il avait traîtreusement détourné du siége de Messine, feu Charles, roi de Sicile, et que se laissant prendre ensuite avec Charles, prince de Salerne, fils dudit roi, il avait fait échouer les projets des Siciliens qui voulaient revêtir de la dignité royale le prince prisonnier et expulser les Aragonnais de leur terre.

Vers la fête de l'Avent du Seigneur, le pape Célestin, conduit par je ne sais quel motif, déposa en plein consistoire, en présence de tous, l'anneau, la mitre et les sandales, et résigna entièrement tout office et bénéfice papal. Après lui, Boniface VIII, né dans la Campanie, cent quatre-vingt-dix-septième pape, gouverna l'Eglise de Rome. Il ne laissa pas Célestin, pape naguère, s'en retourner vers le lieu d'où il avait été tiré, mais il le fit garder avec honneur dans un lieu très-sûr par une garde attentive.

Raoul de Grandville, frère de l'ordre des Prêcheurs, qui par l'ordre du pape Célestin avait été consacré à Paris patriarche de Jérusalem, vint à Rome, et fut dégradé par le pape Boniface.

Adolphe, roi des Romains, s'étant, à prix d'argent, ligué avec Edouard, roi d'Angleterre, contre le roi de France, fit déclarer la guerre de sa part audit roi de France, après l'octave de la Nativité du Seigneur; mais ses alliés l'ayant abandonné, il ne put accomplir ce qu'il desirait. Gui, comte de Flandre, s'étant secrètement allié au roi d'Angleterre contre son seigneur le roi de France, comme il était venu à Paris avec une de ses filles qu'il voulait envoyer en Angleterre pour épouser le roi de ce pays, fut, par l'ordre du roi de France, retenu et gardé avec elle; mais ensuite le comte fut, peu de temps après, remis en liberté, et sa fille resta pour être élevée avec les enfans du roi. Charles, comte de Valois, frère de Philippe roi de France, envoyé avec une grande armée à La Réole, château très-fortifié dont les Anglais avaient été mis en possession par la trahison des Gascons, en forma le siége. Dans ce château étaient renfermés Jean de Saint-Jean, Jean de Bretagne, et d'autres vaillans hommes de guerre du parti d'Edouard roi d'Angleterre.

[1295.] Raoul, seigneur de Nesle, connétable de France, qui venait de Bordeaux vers La Réole au secours de Charles, frère du roi de France, reçut à composition, le jour de la Résurrection du Seigneur, une certaine forteresse appelée Pondency, située sur son chemin et qu'il avait assiégée huit jours, laissant la vie sauve aux Anglais qui la défendaient avec les

Gascons. Ayant renvoyé les Anglais, il amena vers Charles à La Réole soixante Gascons qu'il fit, le jeudi de Pâques, attacher à des gibets devant les portes de La Réole. A la vue de ce spectacle, et à la nouvelle que les Anglais avaient trahi ces Gascons à Pondency, les gens du château de La Réole furent saisis d'une terrible indignation contre les gens du roi d'Angleterre qui étaient avec eux; c'est pourquoi Jean de Saint-Jean et Jean de Bretagne s'enfuirent, pendant la nuit, de la ville avec les autres Anglais vers les rivages de l'Océan, et, montant sur leurs vaisseaux, s'échappèrent à grand' peine. Un grand nombre d'entre eux, poursuivis par les Gascons, furent tués avant d'avoir atteint les vaisseaux. Le matin du vendredi suivant les Français, s'apercevant que pendant cette nuit la discorde avait régné dans la ville, livrèrent l'assaut, et, n'ayant éprouvé de résistance que de la part d'un petit nombre, pénétrèrent aussitôt dans le château, prirent et tuèrent beaucoup de Gascons, et soumirent la ville et le château à la domination du roi de France. Simon, évêque de Préneste, et Bérard, évêque d'Albano, cardinaux de l'Eglise romaine, envoyés en France par le pape Boniface pour rétablir la paix entre le roi de France et le roi d'Angleterre, arrivèrent au mois de mai à Paris. Après la prise du château de La Réole, Charles, comte de Valois, assiégea la ville de Saint-Sever, et après l'avoir fatiguée d'assauts durant tout l'été, la força enfin de se rendre; mais ensuite, lorsqu'il fut retourné en France, ces perfides habitans reprenant l'esprit de rebellion, manquèrent à la foi qu'ils avaient promise au roi de France. Sanche, roi de Castille, mourut, et Henri, son oncle, dont nous avons rapporté ci-dessus l'évasion de la prison du roi de Sicile, garda sous sa tutelle et protection deux enfans en bas âge, qu'il avait eus d'une nonne liée à lui par le mariage. Après la nomination de Simon de Beaulieu à l'évêché de Préneste, frère Gilles Augustin fut créé par le pape Boniface archevêque de Bourges. De l'ordre des ermites de Saint-Augustin il fut élevé au pontificat, et composa beaucoup de livres sur le sujet des saintes Ecritures et de la philosophie.

Une grande flotte du roi de France étant débarquée à Douvres, port d'Angleterre, enleva et brûla tout ce qu'elle trouva hors des murs; et tandis qu'une si grande armée aurait pu facilement s'emparer de toute l'Angleterre, empêchée par l'autorité de Matthieu de Montmorency et de Jean de Harcourt, elle fut forcée de s'en revenir sans avoir rien fait. Marguerite, reine de France, femme du très-saint roi de France Louis, mourut à Paris, et fut ensevelie avec honneur auprès du très-saint roi Louis son mari, dans l'église de Saint-Denis en France. Avant sa mort elle avait établi et fondé à Paris, près de Saint-Marceau, un monastère de sœurs Mineures, où elle avait long-temps vécu en grande pureté. Alphonse, roi d'Aragon, étant mort, Jacques son frère, usurpateur du royaume de Sicile, se transporta en Aragon et fut élevé à la dignité royale. Ayant fait la paix avec Charles, roi de Sicile, il lui donna en mariage une de ses filles, et mit en liberté les otages que feu le roi Alphonse, son frère, avait reçus dudit roi de Sicile; l'autre frère d'Alphonse, Frédéric, posséda après lui la Sicile.

[1296.] Le pape Célestin, déposé, termina son dernier jour. Les Ecossais ayant fait alliance avec le roi de France, entrèrent dans le royaume d'Angleterre, qu'ils ravagèrent; mais comme ils revenaient de cette expédition, Jean, leur roi, trahi par quelques-uns, fut pris et envoyé au roi d'Angleterre; Pierre et Jacques de Colonne, cardinaux de l'Eglise romaine, qui affirmaient que la déposition du pape Célestin avait été injuste, ainsi que l'élévation de Boniface, s'efforçant par là de troubler l'Eglise romaine par un schisme, furent déclarés par le pape Boniface déchus de leur dignité de cardinaux et privés de tous leurs biens et bénéfices ecclésiastiques.

Alphonse et Fernand, fils de Blanche, fille de saint Louis roi de France, et de feu Fernand, fils aîné du roi de Castille, qui avaient été dépouillés totalement par Alphonse, leur aïeul, de leurs droits légitimes sur la souveraineté et dignité royale, et vivaient en exil dans le royaume de France, ayant appris la mort du roi Sanche leur oncle, marchèrent à grandes journées vers l'Espagne, et, concluant un traité avec Jacques, roi d'Aragon, soutenu par le secours de son frère et de son fils Jean Nuñez, baron d'Espagne, soumirent totalement à leur pouvoir le royaume de Léon.

Alphonse, l'aîné des frères, conféra et donna aussitôt ce royaume, pour être tenu de lui en fief, à Jean, son oncle, qui était venu à leur secours, et par là attira admirablement à lui les cœurs de sa nation.

Une exaction extraordinaire, appelée maltôte, fut, à cause de la guerre qui régnait entre les rois de France et d'Angleterre, levée dans le royaume de France; elle ne fut d'abord imposée que sur les marchands; mais ensuite on exigea la centième, puis la cinquantième partie des biens de tous, tant clercs que laïcs; c'est pourquoi le pape Boniface rendit un décret portant que si les rois ou princes, ou barons de toute la chrétienté, exerçaient à l'avenir de telles exactions sur les prélats, les abbés et le clergé sans consulter l'Eglise de Rome, ou si les évêques, les abbés et le clergé consentaient à les recevoir, ils encourraient par ce fait une sentence d'excommunication dont ils ne pourraient être absous par personne, si ce n'est à l'article de la mort, excepté par le pontife romain, ou par un ordre spécial de lui. La ville de Pamiers fut dans ce temps déclarée indépendante de l'évêché de Toulouse, et obtint du pape Boniface un évêque particulier; mais aussitôt Louis, fils du roi de Sicile, frère Mineur, obtint entièrement du pape Boniface les deux évêchés.

Edmond, frère du roi d'Angleterre, envoyé en Gascogne contre les gens du roi de France, mourut à Bayonne. Après sa mort, comme les gens du roi d'Angleterre se préparaient à munir de vivres les villes et châteaux qui tenaient pour leur parti, Robert, comte d'Artois, vaillant chevalier arrivé peu de temps auparavant dans ce pays, fut instruit de ce projet par ses espions, et le prévint aussitôt, car il défit tellement leur armée, composée de sept cents chevaliers et de cinq mille hommes de pied, et mit si bien en fuite les Gascons et les seigneurs anglais, qu'il en tua cinq cents, et en fit prisonniers à peu près cent. Dans ce combat furent pris, avec d'autres nobles anglais, et envoyés en France, Jean de Saint-Jean et le jeune Guillaume de Mortemar; le comte de Lincoln et

Jean de Bretagne, fuyant du champ de bataille, perdirent entièrement la troupe qu'ils conduisaient, avec toutes ses machines de guerre; et sans la nuit, qui mit fin au combat, et le voisinage des bois, il ne se serait échappé personne d'une si grande multitude. Les ennemis du roi de France ayant été battus en Gascogne, il n'y eut plus personne ensuite qui osât faire la guerre au comte d'Artois ou aux Français. Florent, comte de Hollande, et peu de temps après son fils unique, furent tués en trahison par un certain chevalier. Jean, comte de Hainaut, vengea leur mort, et obtint par droit de parenté la Frise et la Hollande.

Gui, comte de Flandre, trompé, dit-on, par son fils Robert, se prépara à se soulever ouvertement contre son seigneur Philippe, roi de France, et lui manda par lettres à Paris qu'il ne reconnaissait tenir rien de lui en fief ni d'aucune autre manière. Au mois de décembre à Paris, la veille de saint Thomas l'apôtre, le fleuve de la Seine s'accrut tellement qu'on ne se souvient pas, et qu'on ne trouve écrit nulle part, qu'il y eût jamais eu à Paris une si forte inondation, car toute la ville fut remplie et entourée d'eau; en sorte qu'on ne pouvait y entrer d'aucun côté, ni passer dans presque aucune rue sans le secours d'un bateau. La masse des eaux et la rapidité du fleuve firent crouler entièrement deux ponts de pierre, des moulins et les maisons bâties dessus, et le Châtelet du Petit-Pont. Il fallut pendant près de huit jours fournir les habitans de vivres apportés du dehors au moyen de barques et de bateaux.

[1297.] Alphonse et Fernand, combattant vaillamment en Espagne, imprimèrent à tous la terreur de leur nom et de leur approche. Don Juan, leur oncle, s'étant rendu vers eux, augmenta beaucoup leurs forces, car il leur fit rendre un grand nombre de châteaux et de villes. Don Juan s'étant précipité témérairement sur les ennemis, et ayant été pris, l'illustre Alphonse, son neveu, ne put le ravoir autrement qu'en rendant toutes ses conquêtes; c'est pourquoi, entraîné par l'extrême générosité de son cœur, il rendit tout pour lui, s'estimant plus riche de la possession de ses amis que de celle d'une opulence périssable. Se montrant bientôt ingrat pour un si grand bienfait, son oncle se joignit aux ennemis, auxquels il rendit le royaume de Léon, qu'il avait reçu du don de son neveu. Ayant donc tout perdu, Alphonse, au dessus de l'adversité par la magnanimité de son ame, se rappela sa haute origine, car il descendait des rois de France, et ne sachant où se diriger, malgré l'avis des siens qui lui conseillaient de retourner en France ou en Aragon, il alla camper devant une certaine ville, aimant mieux mourir pour la défense de ses droits et la cause de la justice, que de revenir sans gloire et sans honneur. Le seigneur de ce château, témoin de son habileté et ému d'affection, l'introduisit avec ses gens dans la ville; et dans la suite, par son secours, Alphonse causa beaucoup de dommages à ses ennemis. Pendant ce temps, Fernand, son frère, allant demander du secours en France, livra combat aux ennemis, et ensuite se rendit de France à la cour de Rome; mais il rapporta peu d'avantages de ces deux voyages.

Henri, comte de Bar, qui avait pris en mariage la fille d'Edouard roi d'Angleterre, entra en ennemi, avec une grande multitude d'hommes d'armes, dans le comté de Champagne, qui appartenait par droit de succession à Jeanne, reine des Français, tua un grand nombre d'hommes, et brûla une ville toute entière. Gautier de Crécy, seigneur de Châtillon, envoyé par le roi de France pour réprimer ses téméraires entreprises, et accompagné des Champenois, dévasta par le fer et le feu la terre du comte de Bar, et le força ainsi de venir la défendre. Les cardinaux de Colonne, déposés, se rendirent à Nepi, ville de Toscane. Le pape, les condamnant comme schismatiques, et les déclarant excommuniés, envoya contre eux des croisés d'Italie avec une grande armée.

Philippe, roi de France, ayant rassemblé une grande armée à Compiègne contre Gui, comte de Flandre, qui avait renoncé à la foi qu'il lui devait, fit chevalier en cette ville, à la fête de la Pentecôte, son frère Louis, comte d'Evreux, un autre Louis, fils aîné de Robert, comte de Clermont, et cent vingt autres. De là il marcha vers la Flandre; et, pénétrant sur cette terre malgré l'opposition des ennemis, assiégea, la veille de la fête de saint Jean-Baptiste, les habitans de Lille. Ayant détruit une abbaye de religieuses nommée Margate, les Français ravagèrent par le fer et la flamme tous les environs de Lille, jusqu'à la distance de quatre lieues. Gui, comte de Saint-Paul; Raoul, seigneur de Nesle, connétable de France; Gui, son frère, maréchal de l'armée, avec quelques autres, s'étant éloignés de l'armée de quatre lieues, livrèrent combat aux ennemis sur les bords de la rivière de la ville de Comines, en mirent plus de cinq cents en déroute, en tuèrent un grand nombre, et s'emparèrent de leurs tentes. Ils amenèrent prisonniers avec eux vers le roi de France beaucoup de stipendiés du roi d'Allemagne, d'hommes d'armes et des chevaliers de grand renom. Dans le même temps, le pape canonisa à Civita-Vecchia Louis, roi de France. Comme le roi de France était occupé au siége de Lille, Robert, comte d'Artois, abandonnant la défense de la Gascogne à des fidèles du roi des Français, se retira dans sa terre à Saint-Omer, et, appelant vers lui son fils Philippe, attaqua la Flandre de ce côté avec un grand nombre de nobles. Gui, comte de Flandre, envoya contre lui une grande multitude de chevaliers et d'hommes de pied armés, qui livrèrent combat au comte d'Artois, près d'un village appelé Furnes. On combattit âprement de part et d'autre; mais les Flamands, quoiqu'au nombre de six cents cavaliers et de seize mille hommes de pied, furent tués par les gens du comte, et beaucoup d'hommes d'armes et de chevaliers furent pris avec Guillaume de Juliers et Henri comte d'Aumont. Pendant qu'on les envoyait dans des chariots à Paris et ailleurs, et dans différentes prisons, ayant devant eux la bannière du comte d'Artois, au grand honneur et gloire de cet ancien chevalier, le comte d'Artois reçut la ville de Furnes à composition, et s'empara ensuite de Cassel et de toute cette vallée.

Cependant les gens de Lille, fatigués par les assauts des troupes du roi de France, voyant les machines briser souvent les remparts, comme Robert, fils aîné du comte de Flandre, qui était avec eux dans la ville, n'osait pas faire une sortie contre les Français, se rendirent eux et leur ville au roi de France, à condition qu'on leur laisserait leurs biens et la vie. Robert, sortant de la ville avec un petit nombre de chevaliers, se retira promptement à Bruges où était son père. Edouard, roi d'Angleterre, était venu peu de temps auparavant dans cette ville avec peu de gens, trompé, dit-on, par le comte de Flandre, qui lui avait mandé pour certain qu'il ferait prisonniers à Bruges le comte d'Artois, et Charles, frère du roi de France, ou plutôt probablement pour secourir le comte de Flandre contre le roi de France. Le roi de France ayant appris l'arrivée du roi d'Angleterre, mit une garnison à Lille, et se dirigeant vers la ville de Courtrai, qui se rendit aussitôt à lui, se hâta ensuite d'aller assiéger Bruges. Mais pendant ce temps, le roi d'Angleterre et le comte de Flandre, quittant Bruges, se retirèrent promptement avec leurs troupes à Gand, à cause des fortifications de ce lieu. Les gens de Bruges effrayés vinrent faire leurs soumissions et humilités au roi de France, et se remirent eux et leur ville en son pouvoir. Dès que son armée eut pris un peu de repos, le roi marcha vers Gand, mais ayant reçu dans un certain village des envoyés du roi d'Angleterre qui demandaient une trêve, il accorda, quoiqu'à grand'peine, au comte de Flandre une trêve de deux ans, à cause de l'approche de l'hiver, et pour l'amour du roi de Sicile venu en France à ce sujet, et s'en retourna en France vers la fête de la Toussaint. L'armée du pape Boniface s'étant emparée de Nepi, ville de Toscane, en chassa les cardinaux Colonne, qui se rendirent à Colonna, où ils furent de nouveau assiégés.

Les prélats du royaume de France s'étant rassemblés à Paris, le roi leur produisit une lettre dont le contenu était que le pape Boniface lui avait permis, à lui et à son prochain héritier, de percevoir la dixième partie des revenus des églises, toutes les fois qu'ils le croiraient nécessaire et le jugeraient à propos, d'après le témoignage de leur conscience; qu'en outre ledit pape lui avait accordé, pour aider aux dépenses de la guerre, tous les revenus, profits et échéances d'une année des prébendes, prieurés, archidiaconats, doyennés, bénéfices des églises, et autres dignités ecclésiastiques quelconques, devenus vacans pendant la durée de la guerre dans le royaume de France, à l'exception des évêchés, des archevêchés et des monastères et abbayes. Le pape Boniface lut, le 3 mai, en plein consistoire, en présence de tous les assistans, quelques nouveaux statuts, que, dans son zèle et ses soins pour l'état et les avantages de l'Eglise universelle, il avait fait compléter et rédiger par des hommes habiles dans le droit canon et le droit civil. Après plusieurs lectures, ils furent approuvés avec un grand empressement par les cardinaux, et le souverain pontife régla qu'on les ajouterait à la suite du cinquième livre des décrétales dont ils feraient le sixième livre.

[1298.] Le privilége de confesser, donné aux frères Prêcheurs et Mineurs, fut annulé par le pape Boniface, qui décréta que ceux qui se seraient confessés à un frère de l'un des deux ordres, se confesseraient de nouveau au prêtre de leur paroisse. Simon, évêque de Chartres, étant mort, Jean de Gallende, sous-doyen de l'église de Chartres, lui succéda. Albert duc d'Autriche tua dans un combat Adolphe roi des Romains, et fut ensuite, après sa mort, fait roi des Romains.

L'armée du pape Boniface ayant détruit le château de Colonna, et ensuite Sagarolle, les Colonne se réfugièrent à Préneste. Assiégés de nouveau, la détresse où ils se trouvaient leur ouvrit l'esprit, en sorte qu'aux ides d'octobre ils se rendirent à Rieti, auprès du pape, et implorèrent humblement sa miséricorde plutôt que sa justice. Ils en furent reçus avec bienveillance et miséricorde, mais ne furent plus jamais rétablis dans leur ancien état. Louis, évêque de Toulouse, étant mort, Pamiers devint indépendant de Toulouse, et reçut un évêque particulier.

Feu saint Louis, glorieux roi de France, qui, l'année précédente, avait été mis au rang des saints, fut, le lendemain de la fête de saint Barthélemy apôtre, vingt-huit ans après qu'il s'était endormi dans le Seigneur, sous les murs de Carthage, dans le royaume de Tunis, levé de terre avec de grands transports de joie, par Philippe roi de France, et les grands et prélats de tout le royaume, rassemblés à Saint-Denis en France. Les miracles opérés auparavant avaient prouvé quels mérites avait auprès de Dieu le glorieux confesseur du Seigneur, le saint roi Louis. Mais ce miracle fut bien plus particulièrement démontré dans les diverses parties du monde, après que son corps eut été levé de terre; car il augmenta tellement en vertu pour les guérisons, que personne ne lui demandait avec foi et confiance la santé ou son aide, qu'il ne vît aussitôt l'accomplissement de ses desirs. Le fils de Jean Nuñès, illustre baron d'Espagne, qui peu de temps auparavant était venu en France demander du secours pour Alphonse et Fernand, entouré à son retour par ses ennemis, fut blessé et pris dans un combat, et renfermé dans une prison jusqu'à ce qu'il eût juré sur sa foi de ne plus désormais apporter de secours à Alphonse et à Fernand, ni adhérer davantage à leur parti. Philippe, fils unique de Robert comte d'Artois, mourut, et fut enseveli dans la maison des frères Prêcheurs à Paris. Il laissa deux fils et deux filles, qu'il avait eus de sa femme Blanche, fille de Jean, duc de Bretagne. Une de ses filles fut mariée dans la suite à Louis, comte d'Evreux, frère du roi de France, et l'autre à Gaston, fils de Raimond Bernard, comte de Foix. A la fête de saint André apôtre, il y eut à Rieti, ville d'Italie, où résidaient alors le pape et la cour de Rome, un si grand et si terrible tremblement de terre, que les murs et les maisons menaçant ruine, tous s'enfuirent hors de la ville dans les champs. Vers la fin de janvier, une comète apparut pendant plusieurs jours au crépuscule de la nuit. Robert, comte d'Artois, prit pour troisième femme la fille de Jean de Hainaut.

[1299.] Robert, duc de Calabre, fils du roi de Sicile, aborda en Sicile avec quelques vaisseaux armés, et s'empara de plusieurs châteaux, dans lesquels il mit aussitôt une garnison de ses gens. Son frère, le fameux Philippe, prince de Tarente, apprenant ces heureux succès, le suivit inconsidérément, et fut pris sur mer avec ses gens par les Siciliens. La paix ayant été conclue à certaines conditions entre Philippe, roi de France, et Edouard, roi d'Angleterre, celui-ci épousa à Cantorbéry Marguerite, sœur dudit roi de France, dont il eut un an après un fils, nommé Thomas.

Cassaham, roi des Tartares, appelé aussi le Grand Chien, converti, dit-on, miraculeusement à la foi chrétienne avec une nombreuse multitude de ses sujets, par la fille du roi d'Arménie, chrétienne qu'il avait épousée, rassembla contre les Sarrasins une armée innombrable de laquelle il fit maréchal le roi d'Arménie, Chrétien, et leur livrant d'abord bataille à Alep, et ensuite à Camela, remporta la victoire, mais non sans un grand carnage des siens. Ensuite ayant réparé ses forces, il poursuivit les Sarrasins jusqu'à Damas, où le soudan avait rassemblé une grande armée, et leur livra un combat acharné dans lequel plus de cent mille Sarrasins furent tués. Le soudan échappé du combat se sauva à Babylone avec un petit nombre de gens. Ainsi, par la volonté de Dieu, les Sarrasins furent chassés du royaume de Syrie et de Jérusalem; cette terre fut soumise à la domination des Tartares, et au temps de Pâques suivant, dit-on, les Chrétiens célébrèrent dans Jérusalem l'office divin avec des transports de joie. Les Colonne, qui attendaient la miséricorde du pape Boniface, voyant qu'ils n'en avaient pas à espérer, s'enfuirent secrètement, et beaucoup de gens ignorèrent dans quels lieux ils se tinrent cachés jusqu'à la mort du pape.

Albert roi des Romains et Philippe roi de France se réunirent à Vaucouleurs vers l'Avent du Seigneur, et confirmèrent mutuellement l'antique et naturelle alliance des deux royaumes. Il fut, dit-on, convenu, du consentement du roi Albert et des barons et prélats du royaume d'Allemagne, que le royaume de France, qui de ce côté ne s'étendait que jusqu'à la

Meuse, porterait désormais jusqu'au Rhin les limites de sa domination. Dans cette même conférence, le roi de France accorda à Henri, comte de Bar, une trève d'un an seulement. Le terme de la trève conclue entre le roi de France et le comte de Flandre étant expiré, Charles, comte de Valois, fut envoyé par le roi en Flandre, après la Nativité du Seigneur, avec une grande armée. Douay et Béthune se rendirent aussitôt à lui, et se retirant ensuite à Bruges, il livra dans un port de mer, contre Robert fils du comte de Flandre, un combat opiniâtre. Beaucoup de gens ayant été blessés de part et d'autre, les Flamands s'éloignèrent du champ de bataille, et se retirèrent promptement à Gand.

Ferric, évêque d'Orléans, fut tué par un chevalier, dont il avait, dit-on, corrompu la fille. Il eut pour successeur maître Bertaud de Saint-Denis, archidiacre de Rheims, qui brillait comme le plus fameux des théologiens de son temps.

[1300.] Charles, comte de Valois, s'étant emparé de Dam, port de Flandre, et se disposant à assiéger Gand, Gui, comte de Flandre, aperçut alors la folie de sa présomption, l'alla trouver humblement avec ses deux fils Robert et Guillaume, et se rendit à Charles, à certaines conditions, lui, ses fils, et le reste de sa terre. Conduits à Paris auprès du roi de France, ils n'obtinrent pas le pardon qu'ils lui demandaient, mais on les fit garder en divers lieux jusqu'au temps où on jugerait à propos de leur pardonner. Le pape Boniface fit un indult, et accorda pour cette année et pour tous les cent ans une indulgence plénière de tous leurs péchés à tous ceux qui, après s'être confessés et avoir fait pénitence, se rendraient, dans un vœu humble et pieux de pélerinage, aux basiliques des saints apôtres Pierre et Paul à Rome. Rodolphe duc d'Autriche, fils d'Albert roi des Romains, épousa à Paris Blanche, sœur du roi de France. Roger de Loria, qui avait long-temps combattu pour les Siciliens contre le roi de Sicile et ses gens, absous maintenant par le pape et créé amiral de la flotte du roi de Sicile, battit sur mer vingt galères des Siciliens, dont il tua plus de cinq cents. Thibaut, évêque de Beauvais, principal soutien des pauvres, mourut, et eut pour successeur Simon, évêque de Noyon, qui fut remplacé en l'église de cette ville par Pierre, auquel succéda André.

Charles, comte de Valois, après la mort de sa première femme, épousa en secondes noces Catherine, fille de Philippe, fils de Baudouin, empereur de Grèce, qui avait été renversé du trône, et à laquelle revenait de droit l'Empire. Les Sarrasins de Nocera, ville de Pouille, qui, rassemblés tous en cette ville du temps de l'empereur Frédéric, vivaient tributaires des rois de Sicile, et se gouvernaient d'après leurs lois, furent pris par Charles, roi de Sicile, et tous ceux qui ne voulurent point se faire chrétiens furent mis à mort.

Le soudan de Babylone ayant rassemblé de nouvelles forces, vainquit et chassa du royaume de Jérusalem et de Syrie les Tartares et les Chrétiens ou Arméniens, et soumit ces pays à sa domination[1].

---

[1] Ici finit le travail de Guillaume de Nangis; ce qui suit est l'ouvrage d'un continuateur. Voyez la *Notice*.

Desirant, autant qu'il me sera accordé ou permis d'en-haut, continuer d'une manière abrégée l'utile chronique composée, avec une studieuse application et une grande élégance de style, par notre vénérable confrère Guillaume de Nangis, et qui s'étend depuis le commencement du monde jusqu'à l'an 1300 du Seigneur inclusivement, je me suis appliqué à noter et intituler les règnes et le cours des années du Seigneur d'après le plan et la disposition observés dans l'ouvrage dudit frère. Mais comme les jours des hommes sont peu nombreux et bornés dans leur durée; que notre vie, fragile, mortelle et misérable, remplie et hérissée de peines, paraissant comme une vapeur pour un court moment, s'évanouit promptement ainsi qu'une fumée, et que son tissu est soudainement tranché ou subitement arrêté par le Seigneur, lorsqu'elle paraissait encore à son commencement et à ses premiers pas, je prie, au nom de la charité, nos frères présens et à venir, de corriger charitablement tout ce que j'aurai pu écrire d'inexact ou de défectueux; et lorsque, prévenu par la mort ou retenu par quelque légitime empêchement, je serai forcé d'interrompre mon travail, ils y ajouteront, s'il leur plaît, les événemens dignes de mémoire survenus plus tard et de leur temps. Nous croyons que nous obtiendrons ce bienfait d'une fraternelle société, cette consolation mutuelle d'une véritable amitié, d'après cette sentence de Salomon, qui dit que « si l'un paraît sur le point de tomber il sera soutenu par l'autre, et que s'il tombe, il en sera relevé. »

[1301.] En ce temps-là brillaient en France d'illustres et honorables veuves, à savoir : Blanche, fille de feu saint Louis roi de France, qui s'était consacrée à Dieu dans une société de nonnes à Saint-Marceau, près de Paris, et Marguerite, reine de Sicile, seconde femme de Charles 1er, roi de Sicile, remplissant par une pieuse compassion pour les pauvres ses devoirs de soumission et d'humilité dans un hôpital des pauvres, fondé par elle à Tonnerre, en Bourgogne. Louis, comte d'Evreux, frère du roi de France, prit en mariage Marguerite, fille de Philippe, fils de Robert comte d'Artois.

Charles, comte de Valois, frère du roi de France, se rendit à Rome accompagné d'une noble suite dans l'intention, si le pape le lui conseillait, d'attaquer l'empire de Constantinople, qui revenait à sa femme par droit de succession. Honorablement reçu du pape et des cardinaux, et établi par eux vicaire et défenseur de l'Eglise, il soumit en Toscane beaucoup de leurs ennemis. Philippe, roi de France, alla visiter le comté de Flandre, et ayant reçu foi et hommage de la part des citadins et des nobles, confia au chevalier Jacques de Saint-Paul la garde de tout son pays. Henri, comte de Bar, voyant que Philippe, roi des Français, se préparait à ravager sa terre à main armée, se rendit humblement auprès de lui, et obtint enfin le pardon de ses méfaits, après l'avoir sollicité avec de grandes supplications. Au mois de septembre, il apparut vers le crépuscule de la nuit une comète qui lançait principalement vers l'orient ses rayons ou sa queue enflammée. Edouard, roi d'Angleterre, marcha contre l'Ecosse ; mais n'ayant eu que peu ou point de succès, il s'en retourna chez lui. Le soudan de

Babylone ayant rassemblé de nouvelles forces, chassa de Jérusalem et de Syrie les Tartares, les Arméniens et les autres Chrétiens, et soumit la Terre-Sainte à sa domination. Au mois de janvier il y eut une éclipse de lune totale, qui fut grandement effrayante à voir.

Le pape Boniface ayant légitimé les fils de feu Sanche, roi d'Espagne, Fernand l'aîné prit possession du royaume de son père; mais Alphonse et Fernand son frère, petits-fils de saint Louis par sa fille Blanche, revendiquant les droits qu'ils avaient sur ce royaume, s'opposèrent de toutes leurs forces au fils de Sanche. Le premier évêque de Pamiers, ayant, dit-on, proféré dans la cour du roi de France des paroles outrageuses contre la majesté royale, fut, après avoir été détenu quelque temps au nom de l'archevêque de Narbonne, rendu au pape par un ordre du roi, qui lui enjoignit de sortir du royaume aussi promptement qu'il devait et était obligé de le faire. Le roi Philippe, pour plus grande sûreté de son royaume, défendit par un édit royal, sous peine de certaines punitions, de transporter hors du royaume de France ni or, ni argent, ni marchandises quelconques, et fit à cet effet garder avec de grandes précautions toutes les entrées, sorties et routes du royaume.

[1302.] Charles, comte de Valois, passa par l'ordre du roi de Toscane en Sicile, et se hâta d'assiéger Terme, château de Sicile, qui se rendit à lui vers l'Ascension du Seigneur. Il s'éleva à Bruges, ville de Flandre, une grave dissension à cause des injustes exactions et de l'inique oppression dont le peuple se vit, dit-on, accablé par les gens du roi de France, et surtout par Jacques de Saint-Paul, à qui était confiée, comme nous l'avons dit plus haut, la garde de ce pays. La révolte n'éclata d'abord que parmi le commun peuple, mais ensuite les grands se soulevèrent aussi, et de part et d'autre il fut répandu beaucoup de sang. Comme à la nouvelle de cette sédition le roi avait aussitôt envoyé environ mille hommes d'armes pour la réprimer sans beaucoup de carnage, s'il se pouvait, voilà qu'aussitôt il parvint aux oreilles des gens de Bruges que ledit gouverneur s'était vanté de faire bientôt pendre un grand nombre d'entre eux. A cette nouvelle, transportés d'une farouche fureur, ils se précipitèrent impétueusement et à l'improviste pendant la nuit sur les gens du roi de France, endormis et sans armes, et tuèrent avec la plus grande cruauté tous ceux qu'ils trouvèrent. Ledit chevalier s'échappa à grand' peine par une fuite secrète. Cependant les gens de Bruges s'étant ainsi jetés dans la rébellion ouverte, aidés par Gui de Namur, fils de Gui, comte de Flandre, et par ses gens, s'emparèrent d'un certain port de mer. Favorisés et soutenus aussitôt par beaucoup d'autres, ils se préparèrent à une vigoureuse défense, et cherchèrent partout des auxiliaires. Voilà que l'illustre Robert, comte d'Artois, envoyé par le roi en Flandre avec une nombreuse multitude de chevaliers forts et vaillans et d'hommes de pied, campa entre Bruges et Courtrai pour livrer bataille aux gens de Bruges. Un jour du mois de juillet, comme les deux partis étaient sur le point d'en venir aux mains dans un combat à jour fixé d'avance, les gens de Bruges, dans un esprit d'énergique résistance, se rassemblèrent en bataillons serrés, et vinrent presque tous à pied et en très-bon ordre. Nos chevaliers ayant en leur force une présomptueuse et excessive confiance, et regardant leurs ennemis comme de méprisables paysans, forcèrent bientôt les hommes de pied qui marchaient à la tête de l'armée de reculer de leur rang, de peur qu'on n'attribuât à ces hommes de pied et non aux chevaliers la victoire qu'ils s'imaginaient devoir remporter aussitôt. Remplis d'orgueil, ils se précipitèrent donc sur les ennemis sans observer de précaution ni aucun ordre de guerre; mais les gens de Bruges les attaquant vigoureusement avec des lances d'une excellente qualité, et qu'ils appellent vulgairement *gethendar*, tuèrent tout ce qui s'opposa à leur impétuosité. Le comte d'Artois, illustre et fameux homme de guerre, se hâta d'accourir au secours des siens; pendant qu'il fondait sur les ennemis comme un lion rugissant, et combattait avec acharnement, atteint de plus de trente blessures, comme l'assurèrent ceux qui le virent ensuite, il succomba, ô douleur! par une lamentable mort, par une mort dont gémit tout le royaume, et que nous ne rapportons qu'avec tristesse. Avec lui périt sa noble suite, à savoir : Geoffroi de Brabant, son parent; le seigneur de Vierzon, fils de ce même Geoffroi; le comte d'Eu, le comte d'Aumale, le fils du comte de Hainaut; Raoul, seigneur de Nesle, connétable de France; Gui, son frère, maréchal de France; Tancarville, chambellan; Renaud de Trie, fameux chevalier; Pierre Flote, Jacques de Saint-Paul; et à peu près deux cents autres chevaliers, ainsi qu'un grand nombre d'hommes d'armes renommés par leur vaillance. La très-grande partie du reste de notre armée, tant nobles que gens du commun, tournèrent honteusement le dos et se mirent à fuir d'une course rapide. Environ trois jours après, le gardien des frères Mineurs d'Arras enleva le corps de Robert, et l'enterra dans une chapelle de moines, non encore consacrée, célébrant comme il put l'office des morts. Une comète apparue dans le mois de septembre précédent, et une éclipse de lune arrivée dans le mois de janvier, présageaient avec véracité, selon l'opinion de quelques-uns, l'approche de cette calamité. Gui de Namur, joyeux de cette victoire, s'efforça de diriger vers de plus hautes entreprises l'esprit des siens, enflammés de l'ambition de s'emparer de toute la Flandre; peu de temps après, attaquant les gens de Lille, tantôt par la ruse, tantôt par les armes, il les força à se rendre, et soumit aussi ou attira dans son parti les gens d'Ypres, de Gand et d'autres villes de la Flandre. Quinze jours après l'Assomption de la sainte Vierge Marie, Philippe, roi de France, rassembla à Arras une si grande armée qu'il n'eût pas eu grand'peine à détruire toute la Flandre et ses habitans; mais ayant dressé son camp à environ deux lieues de ladite ville, trompé, dit-on, par les mauvais conseils de quelques personnes, il ne permit pas d'attaquer les ennemis campés non loin de lui ni aucune de leurs villes; il passa dans l'inaction tout le mois de septembre, et licenciant enfin une si puissante armée, il revint en France sans gloire et sans avoir rien fait; ce que voyant, les ennemis incendièrent aussitôt les villages et les villes situés près du comté d'Arras; mais les chevaliers et les serviteurs et hommes d'armes laissés en ce pays par le roi avec les préparatifs de guerre, réprimèrent souvent les entreprises et les excursions fréquentes des Flamands sur la terre d'Arras, et en étant venus aux mains avec eux la veille de la Saint-Nicolas auprès d'Aire, ils en tuèrent environ huit cents dans le combat.

Charles, comte de Valois, ayant appris la mort de ses chers nobles en Flandre, touché des malheurs du roi et du royaume, conclut, par le conseil de ses gens, avec Frédéric et les Siciliens, un traité qui portait que Frédéric épouserait Eléonore, fille du roi de Sicile, et posséderait en paix et tranquillité pendant toute sa vie l'île entière de Sicile, sans porter le nom de roi. Charles et Robert, duc de Calabre, fils du roi de Sicile, qui était présent au traité, devaient faire tous leurs efforts pour engager le roi d'Aragon et le comte de Brienne à céder tranquillement à Frédéric leurs prétentions sur les royaumes de Chypre et de Sardaigne, qu'ils disaient leur appartenir; et, avec le consentement du pape, Frédéric devait tâcher de conquérir lesdits royaumes à ses propres frais; autrement ils devaient sur leurs Etats lui fournir un équivalent de ceux de Chypre et de Sardaigne. Si la chose ne pouvait se faire sans de grandes difficultés, Charles, roi de Sicile, devait être tenu, après la mort de Frédéric, de donner cent mille onces d'or pour acheter des domaines et des revenus aux enfans qu'il aurait eus d'Eléonore, fille du roi. Frédéric et son frère, roi d'Aragon, cédaient alors au roi de Sicile tout ce qu'ils avaient conquis depuis long-temps dans la Pouille ou la Calabre. Toute injure, rancune, offense de part et d'autre, devait être oubliée, et les prisonniers retenus en Sicile ou ailleurs, délivrés sans rançon. La paix ayant été ainsi conclue et le serment prêté sur les saints Evangiles de Dieu, que Frédéric toucha de sa main, comme firent les grands de Sicile et les principaux du peuple, ils confirmèrent leurs promesses. Charles, comte de Valois, fit absoudre les Siciliens par son chapelain à qui le pape avait confié cette mission, et retourna à Rome où, après avoir rapporté au pape et aux cardinaux ce qu'il avait fait en Sicile, il prit congé d'eux vers la Purification de la sainte Vierge, et s'en revint en France.

En ce temps mourut Othelin, comte de Bourgogne, investi récemment par le roi de la seigneurie du comté d'Artois, au titre de sa femme Mathilde, fille du feu comte Robert, sauf les droits cependant que pouvaient avoir et réclamer sur ledit comté les fils de feu Philippe, frère de ladite Mathilde. Les Bordelais, qui jusqu'alors avaient été soumis au pouvoir du roi de France, ayant appris qu'il avait quitté la Flandre sans y avoir rien fait, et craignant, comme l'affirmaient un grand nombre, à moins que les rois de France et d'Angleterre ne fissent la paix, de retomber sous la domination du roi d'Angleterre, et d'en recevoir ensuite un châtiment pareil à celui qu'ils se rappelaient avoir été infligé, il y avait long-temps, à la cité de Londres, expulsèrent les Français de Bordeaux, et usurpèrent pour leur propre compte la souveraineté de la ville. Le jour de la Cène du Seigneur, les troupes du roi de France tuèrent environ quinze mille Flamands à Saint-Omer en Flandre. A la nouvelle de cette défaite, les autres troupes flamandes qui ravageaient la terre de Jean, comte du Hainaut, qu'il tenait en fief du roi de France, et avaient déjà rasé un château très-fortifié appelé Bouchain, conclurent une trêve avec les gens du Hainaut, et revinrent défendre leurs frontières.

[1303.] A Paris, dans la semaine de Pâques, vinrent vers le roi de France des envoyés des Tartares, qui promirent que, si le roi et les barons envoyaient leurs gens au secours de la Terre-Sainte, leur seigneur le roi des Tartares attaquerait avec toutes ses forces les Sarrasins, et que lui et son peuple embrasseraient très-volontiers la religion chrétienne. A Lille, ville de Flandre, le jeudi d'après l'octave de la Résurrection du Seigneur, deux cents chevaliers et trois cents hommes de pied armés furent pris et tués par les gens de Tournai, sous les ordres de Foucault de Melle, sénéchal du roi de France.

Philippe, roi de France, rendit à Édouard, roi d'Angleterre, la terre de Gascogne qu'il avait prise et long-temps retenue, en sorte que la paix fut rétablie entre eux. Philippe, roi de France, ayant appris par plusieurs hommes de haut rang et dignes de foi, que le pape Boniface était souillé de crimes abominables, et engagé en diverses hérésies, avait jusqu'alors fermé volontiers l'oreille à ces discours; mais dans un parlement publiquement tenu à Paris, et où assistèrent les prélats, les barons, les chapitres, les couvens, les colléges, les communautés et les universités des villes de son royaume, ainsi que des maîtres en théologie, des professeurs du droit canon et du droit civil, et d'autres sages et importans personnages des divers pays et royaumes, il se vit pressé par les importunes clameurs et les instances réitérées des dénonciateurs, particulièrement de Louis, comte d'Evreux, de Gui, comte de Saint-Paul, et de Jean, comte de Dreux, qui, prêtant serment sur les saints Evangiles de Dieu, touchés par eux corporellement, affirmaient qu'ils croyaient réelles et pouvaient légitimement prouver lesdites accusations, et priaient instamment le roi, comme principal défenseur de la foi chrétienne, de faire convoquer un concile général pour y délibérer sur lesdites accusations. Alors sa conscience ne lui permettant plus de dissimuler davantage, après une mûre délibération, le roi, appuyé par les barons et prélats, et autres susdits, à l'exception du seul abbé de Cîteaux, fit des appels pour la convocation par le Siége apostolique d'un concile général, supérieur en ce cas au souverain pontife, et fit lire publiquement ses appels le jour de la Nativité de saint Jean-Baptiste, dans le jardin du Palais-Royal à Paris, en présence de tout le clergé et le peuple. Ensuite il le fit savoir au pape Boniface, par des lettres royales que lui porta le chevalier Guillaume de Nogaret, lui demandant la convocation d'un concile, sous la protection duquel il se mettait.

Edouard, roi d'Angleterre, triomphant des Ecossais, qui lui faisaient la guerre, soumit à sa domination une grande partie de l'Ecosse. Philippe, fils du comte de Flandre, revint de la Pouille, où il était long-temps resté avec le roi de Sicile, et débarqua en Flandre avec une grande suite de stipendiés. Le peuple de Flandre, joyeux et enorgueilli de son arrivée, commença à faire sur la terre du roi de France de plus violentes incursions. Ayant assiégé le château de Saint-Omer, cette place se trouva si forte qu'ils ne purent l'emporter, et se dirigèrent vers Morin, ville du roi de France, qu'ils assiégèrent au mois de juillet, et finirent par livrer à un désastreux incendie.

Vers le commencement de septembre, Philippe, roi de France, voulant de nouveau prendre les armes contre les Flamands, rassembla un grand nombre de troupes, et fit de grands préparatifs de guerre à Péronne, ville du Vermandois, et dans le voisinage. Mais là, trompé, dit-on, par les malins conseils du comte de Savoie, il conclut avec les ennemis une trêve jusqu'à la fête suivante de Pâques, et quitta de nouveau la Flandre sans y avoir acquis aucune gloire.

Le pape Boniface ayant totalement et expressément refusé ledit appel du roi de France, que lui portait le chevalier Guillaume de Nogaret, envoyé vers lui par le roi pour ce sujet, et la sommation et demande qu'on lui faisait d'un concile général, fit annoncer son refus par des lettres qu'on attacha aux portes des églises. Mais enfin il fut violemment arraché de sa maison à Anagni, où il était né, et retenu prisonnier, avec les communautés et ceux qui le secoururent, par quelques citoyens, chevaliers et autres gens de la ville, excités par ledit chevalier, qui, selon l'opinion publique, avait à cet effet armé une multitude de gens. Le chevalier agit ainsi de peur que le pape n'entreprît quelque chose au préjudice du roi et du royaume de France, sans que lesdits appels y pussent mettre d'empêchement. Le pape fut ainsi conduit à Rome; mais succombant tant au chagrin intérieur de son esprit qu'à une maladie du corps, il termina ses jours. Benoît XI, Italien de nation, de l'ordre des frères Prêcheurs, lui succéda au pontificat.

Après la mort de Hugues de la Marche, comte d'Angoulême, son comté fut dévolu à Philippe, roi de France. Ledit Philippe parcourut pendant tout l'hiver les provinces d'Aquitaine, de l'Albigeois et de Toulouse, et attira admirablement à lui et maintint dans son parti par sa bonté et sa munificence les cœurs de tous les nobles et gens de basse naissance, dont quelques-uns, disait-on, excités par de mauvais conseils, voulaient déjà se soulever. Vers le même temps, de très-fortes plaintes furent faites contre quelques frères de l'ordre des frères Prêcheurs envoyés dans le pays de Toulouse par les inquisiteurs de la perversité hérétique, parce que quelquefois, disait-on, poussés plutôt par la cupidité que par le zèle de la foi, ils accusaient et faisaient renfermer dans diverses prisons plusieurs hommes, tant nobles que du commun, et mettaient en liberté, sans leur infliger aucune punition, ceux qui leur donnaient de l'argent ou des présens ; c'est pourquoi il arriva que le vidame de Pecquigni, chevalier sage, expérimenté et catholique selon la foi, envoyé dans ce pays en qualité de sénéchal par le roi, aux oreilles duquel étaient déjà parvenues ces plaintes, et qui s'acquittait alors de sa mission, prit, dit-on, de soigneuses informations, et, trouvant dans les prisons quelques gens innocens de la peste hérétique, les délivra malgré les frères. Déclaré ensuite excommunié ouvertement et publiquement à Paris par lesdits inquisiteurs, irrités de ce qu'il avait fait, il en appela aussitôt au Siége apostolique, et, poursuivant enfin son appel, il mourut à Pérouse, où résidait alors la cour de Rome. Vers la Purification de la sainte Vierge, mourut la fille de

Gui, comte de Flandre, gardée honorablement à Paris avec les enfans du roi.

Gui, comte de Flandre, et Guillaume son fils, délivrés pour un temps du lieu où ils étaient retenus pour essayer de pacifier le peuple de Flandre, revinrent au lieu où on les gardait sans avoir réussi. Guillaume, fils de Jean comte du Hainaut, et Gui, évêque d'Utrecht, oncle dudit Guillaume, marchant contre les Flamands, qui s'étaient emparés d'une grande partie de la Hollande, furent vaincus dans un combat; l'évêque fut pris; mais Guillaume se sauva dans une ville. La veille de la Saint-Grégoire, Renaud, de bonne mémoire, abbé de Saint-Denis, étant mort, Gilles, grand-prieur du cloître, lui succéda.

[1304.] Guillaume de Hainaut ayant rassemblé de nouvelles forces contre les Flamands, leur livra bataille, les défit plusieurs fois dans la terre de Hollande, et en tua un grand nombre. Une certaine femme, originaire, dit-on, de Metz, feignait la sainteté sous l'habit de béguine. . . . . . . . . . [1] qu'on appelait pauvreté. On dit que par de fausses et feintes révélations, et par des paroles mensongères, elle trompa le roi de France, la reine et les grands, au moment surtout où le roi se préparait à attaquer les Flamands, chez lesquels elle habitait alors, et qu'elle voulut, d'après les suggestions des Flamands, faire périr Charles, père du roi, à son retour de Sicile, au moyen de ses maléfices et d'un poison mortel qu'elle lui fit donner par un jeune garçon. Mais prise par l'ordre dudit Charles, on lui brûla la plante des pieds, et on la mit à la question; en sorte qu'au milieu du supplice, elle avoua

[1] Il y a ici plusieurs lacunes qui rendent la phrase inintelligible.

ses mensongers maléfices. Renfermée ensuite à Crépy, château de Charles, après être restée quelque temps dans cette prison, elle eut enfin la permission de se retirer en liberté. Jean de Pontoise, abbé de Cîteaux, résigna de lui-même le gouvernement de son couvent et de son ordre : ce fut, dit-on, parce que, n'ayant pas voulu consentir aux appels faits à Paris contre le pape Boniface, il soupçonnait avec assez de vraisemblance que le roi de France ou ses adhérens étaient près de causer alors de grands dommages aux frères de son ordre, s'il ne prenait le parti de se retirer. Henri, abbé de Jouy, lui succéda. Le dimanche de la Nativité de saint Jean-Baptiste, on mit des sœurs de l'ordre des frères Prêcheurs à Poissy, monastère du diocèse de Chartres, nouvellement construit par Philippe, roi de France, en l'honneur du glorieux confesseur feu Louis, roi de France.

Une dissension s'étant élevée à Paris entre l'université et le prévôt du roi, parce que celui-ci avait fait saisir et pendre avec précipitation un clerc de l'école, les leçons furent long-temps suspendues dans toutes les facultés jusqu'à ce que, par l'ordre du roi, le prévôt fît réparation à l'université, et se rendît vers le juge apostolique pour obtenir la grâce de son absolution ; en sorte que vers la fête de la Toussaint, on reprit enfin les leçons. Simon, évêque de Paris, mourut, et eut pour successeur Guillaume d'Aurillac, médecin du roi de France, homme d'une vie louable, et expert dans la médecine. La veille de la fête des apôtres Pierre et Paul, on lut dans l'église cathédrale de Paris, par l'ordre du roi de France, en présence des prélats et du clergé, convoqués à cet effet, une lettre contenant entre autres choses que le pape Benoît, quoiqu'on ne lui eût fait aucune réquisition à ce sujet, déliait entièrement par prudence de l'excommunication et des sentences d'interdiction lancées contre eux par le pape Boniface, le roi, la reine, leurs enfans, leurs grands, leur royaume et tous leurs adhérens, accordait au roi de France, pour l'aider dans sa guerre, les dîmes ecclésiastiques pour deux ans et les annates pour trois ans, et rétablissait le chancelier de Paris dans son pouvoir accoutumé de licencier les docteurs en droit et en théologie, que s'était réservé le pape Boniface. Le pape Benoît mourut à Pérouse, aux nones de juillet. Comme les cardinaux retardaient l'élection d'un pape, renfermés, selon le réglement de Grégoire, ils se procurèrent cependant des vivres par des artifices très-subtils, et différèrent pendant près d'un an l'élection d'un souverain pontife.

Vers la fête de la Madeleine, après la révolte des gens de Bruges, Philippe, roi de France, marcha pour la troisième fois en Flandre avec ses frères Charles et Louis, et beaucoup d'autres grands, à la tête d'une très-forte armée. Ayant enfin rencontré les Flamands à Mons, dit en Puelle, il campa en cet endroit avec son armée. Le mardi après l'Assomption de la sainte Vierge, comme les nôtres, croyant à une prochaine bataille avec les ennemis, s'étaient dès le matin préparés au combat, voyant ensuite cependant que le temps se prolongeait en pourparlers de paix, et qu'on envoyait souvent de part et d'autre des messagers pour tâcher de conclure un accommodement, ils se reposèrent pour se refaire un peu eux et leurs chevaux, afin, lorsque viendrait le moment du combat, de se trouver plus frais et plus forts ; car ils avaient été inutilement accablés du poids de leurs armes pendant tout le jour, et grandement épuisés et abattus par l'ardeur du soleil de midi, et ils croyaient d'ailleurs avec vraisemblance que la paix était faite ou allait bientôt l'être. Ce que voyant, les Flamands, comme le jour baissait déjà, se précipitèrent tout d'un coup hors de leurs tentes, et s'avançant, ils fondirent d'une course rapide sur l'armée du roi, prise alors au dépourvu, sans laisser à aucun chevalier le temps de se faire convenablement armer par les siens. Mais, par le secours de Dieu, qui avait entrepris ce jour-là surtout de défendre l'illustre couronne du royaume de France et de la maintenir sur la tête du roi, le seigneur roi montra un si inébranlable courage que, sautant sur son cheval, il soutint ainsi le choc du combat. Cependant il courut de si grands dangers, qu'il vit tuer devant lui Hugues de Bouillé, chevalier de sa troupe, et deux citoyens de Paris, les frères Pierre et Jacques Genin, qui se tenaient toujours à ses côtés, à cause de leur fidélité et de leur bravoure. Mais alors, par la faveur de Dieu, de toutes parts bientôt ses hommes de guerre accourant à l'envi à son secours, il remporta une glorieuse victoire. Dans ce combat, Guillaume, comte d'Auxerre, et Anselme, seigneur comte de Chevreuse, chevalier fidèle et d'une bravoure éprouvée, qui portait la bannière du roi appelée oriflamme, étouffés, dit-on, par le feu ou par l'excessive chaleur, succombèrent, ainsi qu'un grand nombre des nôtres qui furent tués dans le combat. Mais il périt beaucoup plus de Flamands, et entre autres fut tué Guillaume de Juliers, fils de la fille du comte de Flandre, principal commandant et capitaine de toute l'armée. Après cette victoire, le roi ayant soumis assez promptement à sa domination toute la terre de Flandre aux environs de la Lys, à cause de l'approche de l'hiver, conclut une trêve jusqu'à Pâques avec ceux qui habitent au-delà de cette rivière, et s'en retourna enfin en France avec honneur et gloire. Cependant, afin de ne point montrer d'ingratitude et d'oubli envers Dieu pour la victoire que le Ciel lui avait accordée, il prit soin de donner et assigner de perpétuels et sûrs revenus, avec la munificence qui convient à un roi, à l'église de Sainte-Marie à Paris, et à celle de Saint-Denis en France, patron spécial du royaume, dont la protection, comme il l'avouait, l'avait surtout défendu, et auxquels il devait cette victoire. Il usa de la même munificence envers beaucoup d'autres églises de son royaume. Dans le même temps, Gui, fils du comte de Flandre, fut pris dans un combat naval par les gens du roi chargés de la garde des routes et des ports de mer, et par Guillaume, fils du comte de Hainaut. En outre les Flamands furent chassés de la terre de Hollande dont ils s'étaient emparés. Au mois de décembre, les os de feu Robert, comte d'Artois, tué près de Courtrai, furent portés en France, et enterrés dans un couvent de nonnes, appelé vulgairement Maubuisson, près de Pontoise.

Dans un parlement du roi, tenu à Paris après la Nativité du Seigneur, on traita, dit-on, de la paix avec les Flamands; cependant on ne termina rien à cet égard. Au mois de février mourut Gui, comte de Flandre, retenu prisonnier en France. Par la permission du roi, son corps fut porté en Flandre, et enseveli à Margate avec ses ancêtres. Blanche, duchesse d'Autriche, sœur du roi de France par son père, termina son dernier jour au mois de mars, empoisonnée, dit-on, avec son fils unique, qu'elle avait eu du duc son mari. Dans le même temps, la cherté fut telle, à Paris surtout et aux environs, que le boisseau de froment se vendait alors à Paris cent sous, et à la fin six livres. Le roi ayant fait proclamer publiquement un édit qui défendait de le vendre plus de quarante sous, la cherté n'en diminua pas pour cela; elle augmenta au contraire, au point qu'à Paris les boulangers, qui ne pouvaient avoir assez de pain à vendre, furent forcés de fermer leurs fenêtres et leurs portes, de peur qu'il ne leur fût enlevé de force par la foule du commun du peuple. Cependant l'édit ayant ensuite été révoqué, les greniers des riches ayant été fouillés, et les propriétaires forcés de vendre au juste prix, cette cherté commença à diminuer, et cessa ensuite tout-à-fait, quoiqu'elle eût été fort augmentée par les calamités des temps qui précédaient.

Jeanne, reine de France et de Navarre, comtesse de Brie et de Champagne, mourut au mois d'avril à Vincennes, et fut enterrée dans l'église des frères Minimes où elle repose; ce qu'elle voulut par admonition, ou parce qu'elle y fut poussée plutôt que de son propre mouvement. Frère Jean de Paris, de l'ordre des frères Prêcheurs, docteur en théologie, homme très-lettré et d'un esprit éminent, s'efforça d'introduire un nouveau mode de foi relativement à la véritable existence du corps du Christ dans le sacrement de l'autel, disant que la chose était possible, non seulement par la commutation de la substance du pain dans le corps du Christ, supposé présent en son corps qui est en lui la portion d'humanité, mais que cela se pouvait faire aussi par l'adoption de la substance du pain ou panification du Christ; et il ne croyait pas que le premier mode, tel que le tient l'opinion commune des docteurs, fût un article de foi assez nécessaire et déterminé par l'Eglise, pour que le second ne pût être adopté par les peuples; peut-être même, disait ce docteur, cette opinion-ci était-elle plus raisonnable et plus conforme à la réalité du sacrement, en ce qu'elle expliquait mieux les apparences conservées dans les espèces sensibles. D'autres docteurs en théologie soutenaient au contraire que le premier mode de croyance avait été décrété par l'Eglise comme nécessaire, particulièrement dans la décrétale du pape concernant la suprême Trinité et la foi catholique, et commençant par ces mots : *Firmiter credimus,* et que par conséquent l'autre devait être réprouvée comme opposée à la vérité de la foi du sacrement. Cette opinion ayant été soumise à l'examen, comme Jean ne voulut pas la rétracter, mais parut au contraire la soutenir avec plus d'opiniâtreté....... il fut suspendu de ses leçons et prédications par Guillaume, évêque de Paris, d'après les conseils de frère Gilles, archevêque de Bourges, parfait théologien; de maître Bertrand de Saint-Denis, docteur d'un mérite éminent; de Guillaume, évêque d'Amiens, et des docteurs en droit canon, ainsi que des seigneurs appelés à cet effet; et un silence perpétuel lui fut imposé à ce sujet, sous peine d'excommunication. En ayant appelé au Siége apostolique, il lui fut donné des auditeurs en cour de Rome;

mais il fut enlevé au monde avant d'avoir terminé son affaire.

[1305.] Philippe, roi de France, pacifia et apaisa, dit-on, vers l'Ascension du Seigneur, une grande dissension élevée entre le duc de Brabant et le comte de Luxembourg, au sujet de la terre de Louvain. Les cardinaux, après avoir différé pendant près d'un an l'élection d'un souverain pontife, élurent enfin, la veille de la Pentecôte, Bertrand, archevêque de Bordeaux, qui fut le deux cent unième pape sous le nom de Clément v. Paix entre le roi de France et les Flamands. Il s'éleva à Beauvais, ville de France, entre l'évêque Simon et le peuple de la ville, une si violente dissension, que l'évêque ne pouvait plus entrer en sûreté dans la ville; c'est pourquoi étant de noble race, il appela à son aide plusieurs nobles et hommes puissans, prit quelques citoyens, et mit le feu au faubourg de la ville. Mais enfin, appelés en présence du roi, les deux partis furent forcés de mettre fin à leurs dissensions, et ne se retirèrent pas impunis, car ils avaient des deux côtés commis de graves excès. Il y eut en France au temps de l'été une très-grande sécheresse. Le jeudi après la fête de saint Matthieu l'apôtre, Louis, fils aîné du roi des Français, prit en mariage, avec une dispense du pape, Marguerite, fille aînée du duc de Bourgogne, son alliée par le sang.

Le dimanche après la Saint-Martin d'hiver, le pape Clément fut consacré à Lyon dans l'église du château royal, appelée l'église de Saint-Just, en présence des cardinaux et prélats, et d'une foule de grands, et il revint à sa maison dans la ville portant, selon la coutume, les insignes de son couronnement. Pendant qu'il traversait la cour de ce château, le roi de France le conduisit avec grand honneur, marchant à pied près de lui, par une pieuse humilité, et tenant la bride de son cheval. A la sortie de la cour, Clément fut reçu par Charles et Louis, frères du roi, et par Jean, duc de Bretagne, et conduit de la même manière jusqu'à sa maison. Cependant une si innombrable multitude de peuple étant accourue et s'étant amassée à ce spectacle, un mur, près duquel passaient le pape et sa suite, ébranlé par le poids de la foule qu'il portait, s'écroula avec fracas et si soudainement que le duc de Bretagne en fut atteint, comme sa mort le prouva bientôt, et que Charles, frère du roi, fut grièvement blessé. Le pape eut sa mitre pontificale brisée ainsi que beaucoup d'autres ornemens, et un grand nombre d'autres furent tués ou blessés dangereusement. Ainsi ce jour qui, au premier aspect, n'annonçait que magnificence, joie et transports, amena la confusion de la douleur et des lamentations. Avant que le roi de France ne quittât Lyon, le pape Clément lui donna la permission de faire transporter du monastère de Saint-Denis en sa chapelle à Paris la tête et une des côtes de saint Louis, son aïeul, et à sa prière il rétablit dans leur première dignité les frères Pierre et Jacques Colonne, dégradés depuis long-temps par le pape Boniface du rang de cardinaux. En outre, pour dédommagement des dépenses faites en Flandre, il accorda au roi pour trois ans la dîme des églises et des annates, et investit d'avance ses chapelains et clercs, et ceux de ses frères, des premières prébendes qui viendraient à vaquer dans presque toutes les églises de son royaume. Il engagea, dit-on, le roi à améliorer une petite monnaie qu'il avait faite, et à payer promptement ses dettes. Le pape Clément créa dix-huit cardinaux de plus, et en envoya deux à Rome pour lui conserver la dignité de sénateur. Il nomma deux évêques, un à Arras, et un autre à Poitiers. Il accorda à l'évêque de Durham le patriarcat de Jérusalem, fit beaucoup de dons aux pauvres clercs, et les pourvut de bénéfices selon leurs besoins et leurs mérites personnels.

Après la Nativité du Seigneur, le roi Philippe revint de Lyon en France. Vers la Purification de la sainte Vierge, le pape Clément, quittant Lyon, se retira à Bordeaux, et, dans son passage par Mâcon, Brioude, Bourges et Limoges, ravagea lui-même ou par ses satellites les églises et les monastères des religieux ou séculiers, et leur causa de nombreux et graves dommages; car il arriva que frère Gilles, archevêque de Bourges, fut réduit par ces pillages à une telle indigence qu'il fut forcé, comme un de ses simples chanoines, de fréquenter les heures ecclésiastiques pour recevoir les distributions quotidiennes des choses nécessaires à la vie. Le duc de Bourgogne Robert, d'heureuse mémoire, mourut au mois de mars; son corps fut porté en Bourgogne, comme il l'avait ordonné de son vivant, et enterré dans le monastère de Cîteaux.

[1306.] Edouard, fils d'Edouard roi d'Angleterre, ayant marché avec un grand nombre d'hommes d'armes contre les Ecossais, qui avaient mis à leur tête Robert Bruce, fut défait; beaucoup des siens périrent dans le combat, et lui-même, blessé, ne dut son salut qu'à la fuite. Le mardi après l'Ascension du Seigneur, Philippe, roi de France, fit porter à

Paris, au milieu des vifs transports de joie du peuple et du clergé, la tête de saint Louis, moins le menton et la mâchoire inférieure, et une de ses côtes. Il laissa ladite côte à l'église cathédrale de Sainte-Marie, et fit placer avec honneur et dévotion la glorieuse tête dans la chapelle du palais royal, que le très-saint roi avait lui-même fait construire. Il ordonna et établit que ce jour serait à jamais fêté tous les ans dans le diocèse de Paris. Il y eut au printemps et en été une excessive sécheresse. Le jour de la sainte Trinité, mourut Pierre de Mornay, évêque d'Auxerre, auquel succéda maître Pierre de Belleperche, très-fameux en droit. Le roi Philippe voulut tout-à-coup rendre plus forte une faible monnaie qu'il avait fait frapper, et qui avait cours dans le royaume depuis environ onze ans, surtout parce qu'elle avait peu à peu tellement diminué qu'au contraire [1]. . . . . . . le petit florin de Florence valait trente-six sous parisis de cette monnaie courante. Vers la fête de saint Jean-Baptiste, il fit proclamer publiquement par le royaume un édit du palais, pour qu'à compter de la fête suivante de la sainte Vierge toutes les recettes de revenus et remboursemens de dettes se fissent désormais au prix de la monnaie forte qui avait cours du temps de saint Louis, ce qui jeta un grand trouble parmi le peuple.

Vers le même temps, le roi de France accueillit favorablement la requête des archevêques de Rheims, de Sens, de Rouen et de Tours, qui avaient éprouvé et souffraient encore, ainsi que leurs suffragans et les peuples soumis à leur autorité, un grand nombre de maux de la part du pape, de quelques-uns de ses car-

[1] Il y a ici une lacune.

dinaux, ou de leurs satellites et gens, et il s'appliqua à les secourir en partie, s'il ne le put faire tout-à-fait.

Au mois d'août, le roi Philippe fit chasser entièrement du royaume de France tous les Juifs, et leur ordonna sous peine de mort d'en sortir à un jour fixé. Il y eut au temps d'hiver une grande inondation des eaux des rivières; et les eaux, avant de décroître, gelèrent si fortement, qu'elles ocasionnèrent ensuite beaucoup de dommages dans plusieurs endroits; le choc et l'entraînement rapide des glaçons après leur débâcle renversèrent des maisons, des ponts et beaucoup de moulins. A Paris, sur le port de la Grève, un grand nombre de barques chargées de diverses marchandises furent brisées et détruites avec tous ceux qui étaient dedans.

A l'occasion du changement de l'élévation du cours de la monnaie, et surtout à cause des loyers des maisons, il s'éleva à Paris une funeste sédition. Les habitans de cette ville s'efforçaient de louer leurs maisons et de recevoir le prix de leur location en forte monnaie, selon l'ordonnance royale; la multitude du commun peuple trouvait très-onéreux qu'on eût triplé par là le prix accoutumé. Enfin quelques hommes du peuple s'étant réunis avec beaucoup d'autres contre le roi et contre les bourgeois, marchèrent en grande hâte vers la maison du Temple à Paris, où ils savaient qu'était le roi; mais n'ayant pu arriver jusqu'à lui, ils s'emparèrent aussitôt, autant qu'ils le purent, des entrées et issues de la maison du Temple pour qu'on n'apportât pas de nourriture au roi. Ayant appris ensuite qu'Etienne Barbette, riche et puissant citoyen de Paris, directeur de la monnaie et des che-

mins de la ville, avait été le principal conseiller de l'ordonnance au sujet du loyer des maisons et. . . .
. . . . transportés contre lui d'une rage cruelle, ils coururent d'abord avec une fureur unanime dévaster une maison remplie de richesses qu'il avait hors des portes de la ville, dans le faubourg, près de Saint-Martin-des-Champs. Le roi, l'ayant appris, ne put souffrir davantage que de tels outrages commis envers lui et ledit citoyen demeurassent impunis, et ordonna de livrer sur-le-champ à la mort tous ceux qu'on trouverait les auteurs ou excitateurs de ces crimes. Plusieurs des plus coupables furent par son ordre pendus hors les portes de la ville, aux arbres les plus voisins ou à des gibets nouvellement construits à cet effet, et surtout aux portes les plus grandes et les plus remarquables, afin que leur supplice effrayât les autres et réprimât leur révolte. Philippe, second fils de Philippe roi de France, épousa à Corbeil, au mois de janvier, Jeanne, fille aînée de feu Eudes comte de Bourgogne, et de la fille de Robert comte d'Artois. Vers le mois de mars, le pape Clément et les cardinaux allèrent. . . . . . . . où ils résidèrent environ six mois.

Alors parut un certain imposteur, nommé Dulcin, qui prétendait par des formes débonnaires se donner une apparence de sainteté, et n'en était pas moins un détestable hérétique. Cet hérétique frère Dulcin fut pris sur une montagne à Verceil, où il croyait avoir trouvé un refuge assuré, par l'évêque de la ville et d'autres fidèles, et renfermé pour être puni par le jugement du pape. Environ deux cents de ses complices furent tués en cette occasion. Il soutenait entre autres erreurs hérétiques que, de même qu'au temps de la loi de nature ou loi mosaïque la religion et la justice régnaient par le Père, dont elles sont l'essence [1], et que le Fils avait régné par la sapience depuis le temps de l'arrivée du Christ jusqu'à l'arrivée du Saint-Esprit le jour de la Pentecôte, de même, depuis son arrivée jusqu'à la fin du monde, le Saint-Esprit, qui est amour, devait régner par la clémence. Ainsi la première loi avait été une loi de religion et de justice, la seconde une loi de sapience, et la troisième, qui est la loi actuelle, devait être une loi d'amour, de clémence et de charité ; en sorte que tout ce qui était demandé au nom de la charité, même l'acte de la fornication charnelle, pouvait être accordé sans péché, et que, bien plus, il n'était pas permis de le refuser sans pécher ; ce qui paraît une abominable hérésie à tout catholique ou fidèle. Ces erreurs furent dans le temps de Philippe, en 1312, renouvelées par Amaury de Lèves, près de Montfort, mentionné dans la décrétale *Damnamus*. Edouard, roi d'Angleterre, prince habile et rusé, et heureux dans les combats, mourut dans un âge avancé, la trente-cinquième année de son règne. Il eut pour successeur au trône d'Angleterre et à la domination de l'Irlande Edouard son fils, qu'il avait eu de la comtesse de Ponthieu. Il laissait trois autres fils, dont l'aîné, Thibaut, eut en possession le comté de Cornouailles. Il les avait eus de Marguerite, sa femme, sœur du roi de France, qui survécut à Edouard.

---

[1] Il a été nécessaire ici de suppléer la phrase du texte, que des mots évidemment omis rendaient inintelligible.

[1307.] Vers la Pentecôte, le roi de France Philippe se rendit à Poitiers pour avoir une entrevue avec le pape. Il y fut, dit-on, délibéré et statué par lui et les cardinaux sur plusieurs affaires importantes, et notamment sur l'emprisonnement des Templiers, comme le fera voir l'événement qui suivit. Alors le pape manda expressément aux grands-maîtres de l'Hôpital et du Temple, qui étaient dans le pays d'outre-mer, de laisser tout pour venir à Poitiers, dans un espace de temps fixé, comparaître en personne devant lui. Le grand-maître du Temple obéit sans délai à cet ordre; mais le grand-maître de l'Hôpital, arrêté dans son chemin à Rhodes par les Sarrasins qui s'étaient emparés de cette île, ne put venir à l'époque fixée, et s'excusa légitimement par des envoyés. Enfin, au bout de quelques mois, ayant recouvré et reconquis cette île à main armée, il se hâta de se rendre auprès du pape à Poitiers. Bernard de Saint-Denis, fameux docteur en théologie, évêque d'Orléans, mourut, et eut pour successeur maître Raoul, doyen de l'église de ladite ville, et savant en droit. Louis, roi de Navarre, fils aîné du roi de France, ayant appris qu'un certain chevalier, nommé Fortune, à qui il avait confié la garde et le gouvernement de son royaume, s'efforçait par d'astucieux artifices de s'en emparer, et avait beaucoup de complices et adhérens nobles et puissans, notamment le comte de Boulogne, et Gautier de Châtillon, connétable de France, puissant par le nombre de gens qu'il avait à sa suite, partit au mois de juillet pour la Navarre, et, soumettant à main armée ledit Fortune et ses complices, parcourut et pacifia son royaume, et se fit couronner roi dans la ville de Pampelune.

Pierre de Belleperche, évêque d'Auxerre, mourut et eut pour successeur Pierre de Gressey, chantre de Paris et chancelier du roi de Navarre. Le jeudi après la fête de saint Denis martyr, Catherine, héritière de l'empire de Constantinople, seconde femme de Charles frère du roi, qui était morte le lundi précédent, dans le village de Saint-Ouen, reçut la sépulture ecclésiastique chez les frères Prêcheurs de Paris, en présence du roi, des grands, des prélats de France, et du grand-maître du Temple, venu d'outre-mer, qui porta son corps avec d'autres vers le lieu de la sépulture.

Le vendredi après la fête de saint Denis, le 13 octobre, vers le point du jour, tous les Templiers qu'on trouva dans le royaume de France furent tout-à-coup, et en un seul moment, saisis et renfermés dans différentes prisons, d'après un ordre et décret du roi. Parmi eux fut pris, dans la maison du Temple à Paris, et retenu prisonnier le grand-maître de l'ordre. Depuis long-temps déjà le bruit était parvenu aux oreilles du roi, par le témoignage et le rapport de plusieurs, dont quelques-uns avaient auparavant professé l'ordre des Templiers, que cet ordre et ceux qui le professaient étaient souillés et infectés d'abominables crimes, ce qui pouvait être légitimement prouvé, même quand ils l'eussent nié. D'abord, chose abominable à raconter, dans leur profession, qu'ils faisaient par précaution dans le silence de la nuit, sur l'ordre du maître (chose infâme à nommer), ils le baisaient aux parties postérieures. En outre, ils crachaient sur l'image du crucifix, la foulaient aux pieds, et, comme des idolâtres, adoraient en secret une tête avec la plus grande vénération. Leurs prêtres, lorsqu'ils devaient célébrer la messe, ne proféraient aucunement les paroles de consécration, et quoiqu'ils fissent vœu de s'abstenir de femmes, il leur était permis cependant d'avoir commerce entre eux à la manière des sodomites. Le roi de France, le dimanche suivant, dans [1]......... du palais royal, fit proclamer ouvertement et publiquement, en présence du clergé et du peuple, tous ces crimes dont on les soupçonnait violemment. Ces crimes, qui paraissent incroyables, à cause de l'horreur qu'ils impriment dans le cœur des fidèles, cependant le grand-maître de l'ordre, conduit au Temple en présence des docteurs de l'Université, les avoua, dit-on, expressément dans la semaine suivante, si ce n'est qu'il assura ne s'être aucunement souillé de la dépravation sodomique, et n'avait pas, dans sa profession de foi, craché sur l'image du crucifix, mais par terre, à côté. On assure qu'il fit savoir à tous ses frères, par un écrit de sa main, que le repentir l'avait conduit à cette confession, et qu'il les exhortait à en faire autant. Il arriva que quelques-uns avouèrent d'eux-mêmes en pleurant une grande partie ou la totalité de ces crimes. Les uns conduits, à ce qu'il parut, par le repentir, les autres mis à la question par différens supplices, ou effrayés par les menaces ou l'aspect des tourmens, d'autres entraînés ou attirés par des promesses engageantes, d'autres enfin tourmentés et forcés par la disette qui les pressait dans leur prison, ou contraints de beaucoup d'autres manières, avouèrent la vérité des accusations. Mais un grand nombre nièrent abso-

[1] Il y a ici une lacune.

lument tout, et plusieurs, qui avaient d'abord avoué, nièrent ensuite, et persistèrent jusqu'à la fin dans leurs dénégations; quelques-uns d'entre eux périrent au milieu des tortures.

Le roi fit renfermer à Corbeil le grand-maître de l'ordre, et fit retenir les autres à Paris et dans différentes prisons, jusqu'à ce qu'il eût délibéré, avec le Siége apostolique et les prélats, de quelle manière il devait agir en cette affaire contre l'ordre et les personnes des Templiers, pour procéder selon Dieu et la justice. Il fit saisir partout leurs biens, et les fit retenir en son pouvoir par des gens sûrs, qu'il envoya pour en prendre possession et les garder.

Un certain Juif nommé Prote, converti à la foi catholique, déclara devant l'inquisiteur de la perversité hérétique, que, par les exhortations de son frère nommé Monsset, il était revenu au judaïsme, que d'abord on l'avait baigné dans de l'eau chaude, et ensuite circoncis selon la coutume des Juifs dans ces circonstances. Quelque temps après, examiné et interrogé définitivement sur cette déclaration, il dit qu'il avait menti sur tout, et qu'il n'avait fait ce mensonge qu'en haine de son frère qui ne voulait point lui payer ce qu'il lui devait. Comme on ne savait à quel parti s'arrêter, d'après le conseil des doctes et par le consentement de l'évêque, il fut réglé qu'on s'en tiendrait à la première confession plutôt qu'à la seconde, et qu'il devait être puni comme relaps par un emprisonnement perpétuel; ce qui fut exécuté. Mais ensuite il reconnut, devant ledit inquisiteur, qu'il avait dit dans la prison qu'il n'était pas chrétien, mais juif et appelé Samuel, et que les Chrétiens mangent leur Dieu, priant avec instance que, s'il venait à mourir, on fît de lui comme d'un Juif. C'est pourquoi, par le commun conseil des doctes, il fut jugé qu'il serait aussitôt, sans autre forme de procès, livré au bras séculier.

Vers le même temps un autre homme nommé Jean, converti à la foi catholique, avoua devant le susdit inquisiteur qu'il avait dit ouvertement et publiquement devant le Châtelet, à Paris, qu'il n'était pas chrétien, mais juif, nommé Mulot, et qu'il voulait purger par le feu le péché qu'il avait commis par l'eau en recevant le baptême. Ensuite cependant, comme il montra un vif repentir pour ce qu'il avait fait, et supplia qu'on le traitât à ce sujet avec une miséricordieuse indulgence, disant que c'était une mélancolie et une légèreté de tête qui l'avaient poussé à de telles choses, par le conseil des doctes, on lui imposa une salutaire pénitence.

Au mois de janvier Edouard, roi d'Angleterre, prit en mariage à Boulogne-sur-Mer, en présence du roi de France, de ses fils et des grands de son royaume, la fille unique dudit roi de France Philippe, nommée Isabelle, âgée d'environ douze ans. Accompagnée en Angleterre par les grands du royaume, elle y fut couronnée reine avec tous les honneurs convenables. Edouard, fils du comte de Savoie, prit en mariage la sœur de la reine de Navarre, seconde femme du duc de Bourgogne.

Charles, troisième fils du roi de France, prit en mariage Blanche, seconde fille de feu Othelin, duc de Bourgogne. L'illustre et honorable dame et honnête princesse Marguerite, reine de Sicile, veuve de Charles 1er, roi de Sicile et frère de saint Louis, passa, ainsi qu'on le croit, pieusement vers le Christ. Jean de Namur, fils de Gui comte de Flandre, prit en mariage la fille de Robert, comte de Clermont.

[1308.] Le roi de France Philippe, sur le point de se rendre, pour l'affaire des Templiers principalement, à Poitiers, où résidait encore le pape et la cour ecclésiastique, convoqua à cet effet à Pâques, dans la ville de Tours, un grand nombre de gens de presque toutes les villes ou châteaux du royaume, et mena avec lui à Poitiers une nombreuse troupe de nobles et d'hommes du commun. Après que le roi et le pape eurent traité de différentes affaires, par l'ordre du pape on amena le grand-maître de l'ordre des Templiers avec quelques-uns qu'il avait faits les premiers de son ordre, à cause de la supériorité de leur rang et de leur mérite. Il fut délibéré en leur présence et réglé d'un commun accord que le roi, à compter de ce moment et désormais, garderait au nom de l'Eglise et en la main du Siége apostolique tous les frères de cet ordre, dans quelques prisons qu'ils eussent été renfermés, et ne procéderait pas à leur procès, jugement ou punition, sans un ordre et commandement du Siége apostolique, et que le roi leur fournirait de la manière convenable les choses nécessaires à la vie sur leurs biens, dont l'administration ou la garde lui serait laissée, sous la charge de les administrer fidèlement jusqu'au concile général qui devait être célébré bientôt après.

Le pape Clément étant à Poitiers ordonna le 1er octobre, par le conseil des cardinaux, qu'un concile général serait tenu à Vienne, deux ans après, le 1er du même mois d'octobre, pour procurer des secours à la Terre-Sainte, pour la réformation de l'état de l'Eglise universelle, et surtout pour l'affaire qui s'était élevée au sujet de l'ordre et des frères du Temple, dont le pape déclara, en présence du roi et des cardinaux, que soixante environ avaient reconnu la vérité des accusations dont on les chargeait. Le pape manda donc partout par ses lettres aux archevêques et évêques, et surtout à ceux du royaume de France, et ordonna aux inquisiteurs de la perversité hérétique qu'ils s'appliquassent soigneusement à l'affaire des Templiers, et qu'autant qu'ils en pourraient prendre ils se hâtassent de les juger d'après leurs mérites, et de conduire par le conseil des doctes leur affaire à bonne fin. Le grand-maître et un petit nombre d'autres des principaux de cet ordre furent pour un temps et par une sentence positive du Siége apostolique, réservés à l'excommunication ou au supplice.

Vers le même temps vinrent en France quelques hommes de Flandre, d'un extérieur simple, mais imposteurs, comme l'événement le prouva. Par l'effet de leurs astucieux artifices, il se répandit aussitôt parmi le peuple le bruit frivole, mais général, que le seigneur Geoffroi de Brabant, comte d'Eu, Jean de Brabant, son fils, le seigneur de Vierzon, et un grand nombre d'autres tués depuis long-temps à la bataille de Courtrai avec Robert, comte d'Artois, s'étaient comme par miracle échappés vivans, et, à cause du bienfait de leur délivrance, avaient entrepris et juré entre eux de mendier par le royaume de France sous l'humble habit de pauvreté, et de se tenir cachés au milieu des leurs pendant sept ans, et qu'au bout de ce terme ils devaient paraître ensemble le même jour en un certain lieu, à savoir à Boulogne-sur-Mer, et révéler publiquement qui ils étaient. Il arriva qu'à quelques légers signes observés sur les Flamands, plusieurs gens des deux sexes les accueillirent avec empressement et s'infatuèrent d'eux, en sorte que les prenant pour lesdit seigneurs, ils les reçurent avec honneur, tandis que les imposteurs, parlant à peine et rarement, affirmaient, par un artifice sûr de son effet, qu'ils n'étaient pas ceux dont on rapportait communément ces bruits frivoles. Quelques nobles matrones admirent plusieurs d'entre eux en qualité d'époux à la couche conjugale, ce qui leur attira ensuite des moqueries de la part des autres, surtout à la principale d'entre elles.

Charles, comte de Valois, prit en troisièmes noces la fille de Gui comte de Saint-Paul. Robert, fils de Philippe d'Artois, prit pour femme Blanche, une des filles du feu duc de Bourgogne. La même année Gui, fils aîné du feu comte de Blois, prit en mariage la fille de Charles de Valois et de sa femme Catherine, d'un âge encore tendre. Le samedi après l'Ascension du Seigneur, vers le soir, il y eut dans le diocèse de Paris un terrible orage dans lequel il tomba une neige abondante et très-dangereuse, dont la violence était augmentée tant par de grandes et grosses pierres qui tombèrent en même temps, que par le souffle du vent. Les moissons périrent avec les grains, et les vignes avec les grappes ; plusieurs arbres furent arrachés de leurs racines, et la force du vent fit tomber ce jour-là une cloche de l'église paroissiale de Chevreuse.

Après les chaleurs de l'été, le pape et tous les cardinaux, rompant les réunions de la cour ecclésiastique, quittèrent pour un temps la ville de Poitiers. Le pape se rendit vers sa terre natale, ne gardant avec lui qu'un petit nombre de cardinaux, et y résida ensuite, dit-on, après avoir donné congé pour un temps aux autres cardinaux, et les avoir laissés aller chacun de son côté. Guichard, évêque de Troyes, était grandement soupçonné d'avoir fait périr, par sortiléges ou poisons, feu Jeanne, reine de France et de Navarre; c'est pourquoi, après la déposition sur ce sujet de quelques faux témoins, comme il fut prouvé dans la suite, quoique long-temps après, il fut pris et renfermé sous une étroite garde, le souverain pontife y ayant consenti, surtout lorsque la déposition des témoins fut parvenue à sa connaissance. Une dissension s'étant élevée entre les nobles et puissans jeunes hommes Everard de Saint-Veran et Oudard de Montaigu, bourguignon de nation, beaucoup de nobles des deux partis se rassemblèrent le jour de la fête de saint Denis, dans le comté de Nevers, pour combattre comme on était convenu mutuellement, à savoir : du parti dudit Everard, Dreux de Meulant, comte de Sancerre; le seigneur Milon de Noiries, et beaucoup d'autres : du parti dudit Oudard, Dauphin, seigneur d'Auvergne; Beraud de Marcueil, fils du comte de Boulogne; trois frères appelés communément de Vienne, et beaucoup d'autres. Il se livra bientôt entre eux un combat fort animé. Everard remporta une victoire éclatante; Beraud de Marcueil et beaucoup d'autres du parti d'Oudard furent pris. C'est pourquoi Oudard se rendit au comte de Sancerre; ensuite cependant le roi de France fit prendre et renfermer dans différentes prisons ledit Everard et plusieurs autres. Albert, roi des Romains, fut tué, dit-on, par le fils de sa sœur. Henri, comte de Luxembourg, chevalier valeureux, sage et fidèle, lui succéda au trône.

Vers la Purification de la sainte Vierge, mourut et fut ensevelie à Paris la fille de Robert comte de Clermont, femme de Jean de Namur. Un an après, Jean épousa la fille de la dame Blanche de Bretagne. On publia dans le royaume de France une indulgence plénière accordée l'année précédente par le pape Clément, pendant son séjour à Poitiers, à ceux qui s'embarqueraient ou fourniraient de l'argent pour secourir la Terre-Sainte, et dont il avait confié la recette et l'emploi au grand-maître de l'Hôpital. Il arriva que dans l'église de Sainte-Marie à Paris et dans presque toutes les autres églises du royaume, on établit des trésors pour mettre l'argent que la dévotion du peuple y porta tant que dura l'indulgence, c'est-à-dire pendant cinq ans. Au commencement de la publication surtout, on dit qu'un grand nombre y mirent beaucoup d'argent.

Un nommé Etienne de Verberie, du diocèse de Soissons, accusé devant l'inquisiteur de la perversité hérétique d'avoir proféré des paroles blasphématoires, surtout au sujet du corps de Jésus-Christ, avoua qu'il les avait dites, mais qu'alors il ne jouissait pas de sa raison, parce qu'il avait trop bu dans une taverne, et qu'il ne les avait pas proférées pour outrager ni mépriser le Créateur, mais sans songer à ce qu'il faisait. Il assura qu'il se repentait, et demanda qu'on le traitât avec une miséricordieuse indulgence, ce que l'on fit aussi, d'après le conseil des doctes, lui ordonnant cependant auparavant une salutaire pénitence.

[1309.] Vers la fête de la Pentecôte, le fils du roi des Aragonais, ayant livré bataille au roi sarrasin de Grenade, tua un grand nombre de Sarrasins, et remporta une glorieuse victoire. Au mois de juin, Henri, récemment élu sans contestation roi des Romains, envoya à Avignon une députation et ambassade solennelle, avec le décret de son élection, pour recevoir du souverain pontife la bénédiction, la consécration et la couronne impériale, et les faveurs et grâces accoutumées de l'Eglise romaine. Le pape satisfit pleinement à tous ses vœux et demandes, et, après avoir tenu conseil à ce sujet, approuva solennellement, vers la fin du mois de juillet, son élection à la dignité impériale. Il lui permit de se faire consacrer et de recevoir la couronne de l'Empire dans la basilique des princes apôtres de la ville. Il lui permit de proroger le terme du concile général qui devait avoir lieu, jusqu'à la fête de la Purification de la sainte Vierge à deux ans de là, à compter du jour de la Purification prochaine, sauf ce que ledit souverain pontife pourrait, sans accusation d'inconstance, décider autrement sur le moment et la manière de la convocation dudit concile, selon qu'il le jugerait avantageux à la circonstance.

Le pape Clément fit publier dans son palais d'Avignon une annonce portant que tous et chacun de ceux qui, suffisamment instruits d'une manière quelconque de quelques faits relatifs à l'affaire de la dénonciation, accusation, et de l'appel contre le pape

Boniface, voudraient témoigner pour ou contre lui, eussent à se présenter devant le pape, s'ils croyaient leur déposition utile, dans l'espace du dimanche où se chante *Oculi*; qu'autrement ils ne seraient plus aucunement admis pour cette affaire, et que même après ce terme on n'écouterait aucun rapport, et on imposerait un éternel silence à ce sujet. Parmi ceux que regardait cette annonce, était particulièrement et expressément rangé le chevalier Guillaume de Nogaret, qui, dit-on, fut assigné et appelé à comparaître personnellement au jour marqué. Au dimanche fixé, il se présenta à Avignon, accompagné et soutenu par Guillaume du Plessis, chevalier rusé et prudent. Il renouvela l'appel contre le pape Boniface, s'offrit de prouver légitimement les accusations dirigées contre lui, demanda avec instance qu'on exhumât ses ossemens comme ceux d'un hérétique, et qu'on les livrât aux flammes. Néanmoins la partie adverse, à savoir quelques cardinaux et beaucoup d'autres qui défendaient la cause du pape Boniface, soutint fermement le contraire, et tourna l'accusation contre saint Sébastien [1] et ledit Guillaume, auxquels lesdits cardinaux imputèrent beaucoup de crimes et d'atrocités. C'est pourquoi cette affaire fut suspendue jusqu'à plus ample délibération.

Le trentième jour d'octobre, il souffla pendant plus d'une heure, du couchant d'hiver, un vent si violent, que son impétuosité renversa un grand nombre d'arbres et d'édifices, ainsi que le pinacle de l'église de Saint-Machut de Pontoise. Quoique ce terrible ouragan n'ait pas fait écrouler les grands arcs de pierre

---

[1] C'est ainsi probablement que se nommait l'un des accusateurs.

du côté oriental de l'église de Saint-Denis en France, cependant, d'après le témoignage de ceux qui le virent, ils chancelèrent et furent ébranlés, en sorte qu'on les croyait près de tomber à terre. Le dernier jour du mois de janvier, à une heure vingt-quatre minutes après midi, on vit une éclipse de soleil occupant le milieu de cet astre ; de telle sorte que le centre de la lune correspondait à celui du soleil, et qu'il y eut alors conjonction de soleil et de lune au vingtième degré du Verseau. Cette éclipse dura en tout plus de deux heures, pendant lesquelles l'air parut de couleur rouge ou de safran. Les astronomes expliquaient la chose en disant qu'au moment de l'éclipse [1] . . . . . . . . colora l'air d'une lueur de safran ou d'or.

Il s'éleva une grave et âpre dissension entre le roi d'Angleterre et ses barons, à l'occasion d'un certain chevalier nommé Pierre de Gravaeston[2], Gascon de nation, banni depuis long-temps, disait-on, du royaume d'Angleterre, mais que le roi avait admis à une si grande intimité, qu'il lui avait accordé, pour être possédé par ses héritiers, le comté de Lincoln, et avait par ses conseils établi beaucoup de nouveaux réglemens contraires à la volonté de tous et aux coutumes du pays, et préjudiciables au royaume et à ses statuts. Les grands, tant à cette occasion que par conviction de la simplicité d'esprit et du peu de sens du roi, animés de haine contre lui, lui eussent, non seulement suscité quelques troubles, mais même, comme l'affirmait l'opinion générale, l'eussent privé de toute l'administration du royaume, s'ils n'eussent

---

[1] Il y a ici une lacune dans le texte. — [2] Gaveston.

été retenus par la bonté du roi de France et de sa fille, reine d'Angleterre, qui s'était montrée gracieuse et aimable envers les barons. Les frères Hospitaliers passèrent, dit-on, avec une grande multitude de peuple chrétien, dans l'île de Rhodes, d'où les fidèles avaient été chassés par les Sarrasins, et s'y conduisirent d'une manière digne d'éloges.

[1310.] Le pape Clément résolut de proroger jusqu'aux calendes du mois d'octobre de l'année suivante le concile général qu'il avait indiqué pour les calendes du prochain mois d'octobre. Le concile de la province de Sens fut tenu à Paris depuis le onzième jour jusqu'au vingt-sixième pour l'affaire des Templiers, avec la permission de son président Philippe, alors archevêque de Paris. Après qu'on eut soigneusement examiné les actions de chaque Templier et tout ce qui s'y rapportait, et pesé avec beaucoup de vérité la nature et les circonstances de leurs crimes, afin que le degré de punition fût proportionné aux délits, d'après le conseil des doctes en droit divin et en droit canon, et de l'approbation du saint concile, il fut ordonné définitivement que quelques-uns des Templiers seraient simplement déliés des vœux de l'ordre, d'autres renvoyés libres, sains et saufs après l'accomplissement d'une pénitence qui leur serait ordonnée, d'autres renfermés étroitement, un grand nombre emprisonnés à perpétuité, et quelques-uns enfin, comme relaps, livrés au bras séculier, ainsi que l'ordonnent les lois canoniques au sujet de semblables relaps, soit qu'ils fassent partie d'un ordre religieux militaire, ou qu'ils aient été admis dans les ordres sacrés; ce qui fut fait après que, selon les décrets, ils eurent été dégradés par l'évêque. C'est pourquoi alors cinquante-neuf Templiers furent brûlés hors de Paris dans un champ peu éloigné d'une abbaye de nonnes appelée Saint-Antoine. Tous cependant, sans en excepter un seul, refusèrent d'avouer enfin les crimes dont on les accusait, et persistèrent avec constance et fermeté dans une dénégation générale, ne cessant de déclarer que c'était sans motif et injustement qu'ils étaient livrés à la mort; ce qu'un grand nombre de gens ne purent voir sans un grand étonnement et une excessive stupeur. Vers le même temps on convoqua à Senlis, dans la province de Rheims, un concile, et en cette occasion, comme au concile de la province de Sens, tenu à Paris pour l'affaire des Templiers, on fit le procès à neuf d'entre eux, qui furent ensuite brûlés.

Louis, fils de Robert de Clermont, épousa la sœur du comte de Hainaut, et son frère, nommé Jean, prit en mariage la comtesse....... Le pape Clément fit, dit-on, en plein consistoire annuler comme fausse une bulle présentée par le cardinal Jacques Gaëtan et d'autres partisans du pape Boniface, en opposition à la partie adverse, et qui contenait surtout et expressément que le pape, par le conseil et l'assentiment unanime des frères, jugeant vains et frivoles tout appel et procès intenté au pape Boniface, et protégeant infiniment son parti, le regardait comme innocent et non coupable des crimes dont il était accusé.

Vers la fête de la Pentecôte, il arriva à Paris qu'une certaine Marguerite de Hainaut, dite Porrette, femme pleine d'impostures, avait publié un livre dans lequel, au jugement de tous les théologiens qui l'avaient examiné avec soin, étaient contenues beaucoup d'erreurs et d'hérésies, entre autres celle-ci : que l'ame anéantie dans l'amour du Créateur peut et doit accorder à la nature tout ce qu'elle desire et demande, sans reproche ni remords de conscience, ce qui sent évidemment l'hérésie. Elle ne voulut pas abjurer ce livre ni les erreurs qu'il contenait, et méprisa même la sentence d'excommunication portée contre elle par l'inquisiteur de la perversité hérétique. N'ayant pas voulu, après les sommations nécessaires, comparaître devant l'évêque, et ayant persisté pendant plus d'un an avec un opiniâtre endurcisssement et jusqu'à la fin dans sa perversité, elle fut, en présence du clergé et du peuple rassemblés à ce sujet, exposée sur la place publique de Grève, et livrée au bras séculier. Le prévôt de Paris, s'en étant aussitôt emparé, la fit brûler le lendemain sur cette même place. Cependant, à ses derniers momens, d'après le témoignage de ceux qui la virent, elle donna beaucoup de nobles et religieuses marques de pénitence, qui touchèrent d'une pieuse compassion le cœur de beaucoup d'assistans, et leur firent répandre des larmes. Le même jour, un homme converti depuis long-temps du judaïsme à la foi catholique, qui était retourné comme un chien à son vomissement, et s'était efforcé de cracher sur les images de la sainte Vierge, par mépris pour elle, fut livré aux flammes sur cette place, et passa ainsi du feu temporel aux feux éternels. Alors aussi un imposteur, nommé Guiard de Cressonessart, se prétendant un ange envoyé immédiatement de Dieu à Philadelphie pour ranimer les partisans du Christ, dit qu'il n'était pas obligé de se dépouiller, aux ordres du pape, de la ceinture de peau dont il était entouré, ni de ses vêtemens, et que même c'était un péché pour le pape que de le lui ordonner. Mais enfin, pressé par la crainte du bûcher, il déposa sa ceinture, et, reconnaissant son erreur, fut condamné à une perpétuelle réclusion.

Les habitans de Lyon, enflammés de l'esprit de rébellion contre Philippe, roi de France, saccagèrent violemment un château de son royaume, appelé Saint-Just, et s'empressèrent de se fortifier, eux et leur ville, par de grands retranchemens. Le roi de France résolut d'envoyer, vers la fête de saint Jean-Baptiste, pour dompter ces rebelles, son fils aîné, roi de Navarre, avec ses deux frères et leurs oncles, et une nombreuse armée.

Le roi de Navarre, non encore chevalier, mit tant de soin et d'application à faire ses premières armes avec gloire et succès, qu'il se rendit aimable partout par sa bravoure et son habileté, et s'attacha d'une merveilleuse affection tous les cœurs des siens. Les ennemis se voyant sur le point d'être attaqués par les nôtres, frappés d'une terreur subite, se soumirent eux et leur ville au pouvoir du roi. L'archevêque de la ville, Pierre de Savoie, d'une haute et puissante noblesse, qui paraissait le principal chef et l'auteur de cette rébellion, fut livré et amené en France par le comte de Savoie, vers le roi Philippe, dont il implora et obtint enfin, par l'intervention des grands, le pardon de ses méfaits.

Les os d'un Templier mort depuis long-temps, Jean de Thure, trésorier du Temple, à Paris, furent exhumés et brûlés comme ceux d'un hérétique, et parce que de plus on avait découvert qu'il était impliqué dans le procès déjà fait à l'ordre des Templiers.

Henri, empereur des Romains, avec le duc d'Autriche, évêque de Liége, beaucoup d'autres grands et une nombreuse armée, entra en Italie par le comté de Savoie. Reçu d'abord avec honneur dans la ville d'Asti, et ensuite la veille de la Nativité du Seigneur, dans la ville de Milan, en cet endroit, il reçut honorablement, ainsi que sa femme, la couronne de fer, de la main de l'évêque de Milan, le jour de la fête de l'Epiphanie du Seigneur, dans l'église de Saint-Ambroise, en présence d'un grand nombre de prélats. Après quoi il livra un combat, dans cette ville même, au parti qui s'opposait à lui, et le soumit promptement par les armes, afin de frapper ses ennemis d'une juste terreur et épouvante. Cette même année, l'archevêque de Narbonne et l'archevêque de Rouen échangèrent mutuellement leurs siéges. L'archevêque de Rouen, nommé Bernard, neveu du pape Clément, ne pouvait rester en bon accord avec les nobles de la Normandie, que choquaient sa jeunesse et son insolence; c'est pourquoi le pape le transféra à l'archevêché de Narbonne, et éleva à la dignité d'archevêque de Rouen Gilles, alors archevêque de Narbonne, conseiller spécial du roi, homme prudent dans les affaires, et également savant sur le droit canon et sur le droit civil.

Après des procédures contradictoires sur le sujet du pape Boniface, le pape Clément, suffisamment éclairé par les dépositions et affirmations du chevalier Guillaume de Nogaret, qu'on accusait de ce qui avait été fait contre le pape Boniface, et aussi par des recherches soigneuses faites par lui à ce sujet, sur l'innocence du roi de France dans l'affaire de l'attaque et de la prise dudit pape Boniface à Anagni, du pillage et de la ruine du trésor, et tous les faits qui avaient accompagné cette attaque, prononça, d'après l'avis des cardinaux, par l'autorité apostolique, et déclara et décréta que le roi n'avait été aucunement coupable dans tout ce qui avait été commis, et que ceux qui avaient dénoncé, déposé ou soutenu les dénonciations contre la personne du pape Boniface, n'avaient porté leurs dénonciations ou accusations par aucune haine ni aucun autre motif, mais par un zèle juste et sincère pour la foi catholique. Enfin, comme d'une part ceux qui défendaient la mémoire de Boniface, de l'autre le roi, tant pour lui-même que pour ses sujets, et ceux qui avaient dénoncé et déposé contre ledit pape, après avoir osé porter leurs mains sur lui, voyant que la poursuite de cette affaire était pleine de difficultés et de périls, d'après de louables conseils et d'instantes prières, en avaient abandonné l'entière décision au pouvoir et aux ordres du Siége apostolique. Le pape Clément, par la plénitude du pouvoir apostolique, déclara absous le roi, tous ses adhérens dans cette affaire, et le royaume, et tous ses habitans, de toute faute, offense ou injure faite au pape Boniface, des sentences portées et des peines infligées par lui pour ce sujet, de droit ou de sa propre autorité, publiquement ou secrètement, contre le roi ou son successeur, ses sujets ou l'un de ses sujets, et les délivra entièrement des imputations et punitions ou procès quelconques, qu'ils auraient pu ou pourraient subir à l'occasion de ce qui avait été commis contre le pape Boniface, ou de quelque fait relatif à cette affaire, quand même on supposerait et prétendrait que ladite attaque et quelque autre des violences commises contre ledit pape avaient été faites au nom dudit roi, ou de sesdits partisans ou adhérens. Il fit effacer et biffer entièrement du registre les sentences, excommunications et interdits, et toutes susdites procédures, défendant expressément que personne osât, d'une manière quelconque, garder en son pouvoir, cacher ou communiquer à d'autres lesdites sentences, excommunications, interdits ou procédures, en clause publique ou privée, et ordonnant de détruire et d'anéantir entièrement les lettres, cédules, parchemins et autres actes publics ou privés où il était fait mention desdites sentences et procédures. Il déclara que ceux qui, dans l'espace de trois mois après que cet ordre serait venu à leur connaissance, ne l'auraient pas accompli, ayant pu le faire, encourraient une sentence d'excommunication, dont ils ne pourraient être absous par le pontife romain qu'à l'article de la mort. Quoiqu'il eût, de science certaine, nommément excepté de cette absolution les chevaliers Guillaume de Nogaret et Renaud de Lupin, et environ dix citoyens d'Anagni, qu'on assurait avoir été les chefs de ladite attaque et du pillage du trésor, dans l'intention de les obliger à lui faire, par une autre voie, une juste réparation, cependant, par considération pour le roi et par égard pour ses prières, il délia Guillaume de Nogaret de toutes les sentences, lui enjoignant pour pénitence l'obligation de s'embarquer en propre personne avec ses armes et ses chevaux pour secourir la Terre-Sainte dans la première expédition générale qui s'y ferait, et d'y rester à perpétuité, à moins d'obtenir dans la suite, de la grâce du pape ou de ses successeurs, que cet exil fût abrégé. On lui enjoignit aussi d'accomplir pieusement certains pèlerinages qu'il s'était imposés. Ainsi le pape le déclara absous de toutes les violences faites au pape Boniface, à condition qu'il accomplît dévotement ces pénitences, tant qu'il vivrait, et, qu'à sa mort, il fît le pape son héritier.

[1311.] Henri, roi des Romains, passant par Crémone, ville d'Italie, n'éprouva aucune opposition, parce que les Guelfes, qui étaient les plus forts et les plus puissans dans le territoire de la ville de Crémone, saisis de crainte à l'approche de l'empereur, abandonnant les palais au petit nombre des Gibelins, s'étaient tous réfugiés avec leurs femmes et leurs enfans, et les biens qu'ils avaient pu commodément emporter avec eux, dans la ville de Brescia qui tenait pour leur parti, et qui leur paraissait une plus sûre retraite, à cause des montagnes escarpées qui dominaient la ville. Les Gibelins, apprenant que l'armée de l'empereur n'était plus éloignée d'eux que de deux milles, prirent les clefs de la ville, les offrirent à l'empereur en signe de paix, et, accueillis par lui avec bonté, lui livrèrent tranquillement l'entrée de la ville. Après son entrée, il détruisit entièrement toutes les maisons fortifiées et les tours de ceux qui s'étaient réfugiés à Brescia, renversa les superbes portes et les murs de la ville, et fit combler avec les démolitions les très-larges fossés qui l'entouraient, en sorte que les murs et les fossés furent à rase terre. Ensuite, ayant reçu de ceux qui étaient restés dans la ville une rançon de beaucoup de milliers de florins, il marcha vers Brescia, et assiégea vigoureusement cette ville rebelle, depuis l'Ascension du Seigneur jusqu'à la Nativité de la sainte Vierge. Un combat ayant été livré, le commandant de la ville, nommé Thibaut Brisath, fut pris vivant et amené en la présence de l'empereur. Voyant qu'il ne pouvait se soustraire à la mort, il avoua publiquement que beaucoup de conspirations avaient été traîtreusement ourdies pour la ruine de l'empereur et des siens, et accusa de complicité les grands de la ville de Milan. Après l'avoir entendu, l'empereur le fit traîner au milieu de l'armée, et ensuite suspendre à un gibet pendant deux heures; après quoi, par son ordre on le retira du gibet et on lui trancha la tête, qui fut attachée au bout d'une lance, et exposée dans le lieu le plus haut de l'armée. Le tronc de son corps, coupé en quatre morceaux, fut porté dans quatre endroits différens de l'armée. L'empereur lui fit subir un supplice si cruel afin que l'atrocité de sa mort fût désormais pour les traîtres et les conspirateurs un miroir et un exemple, et qu'ainsi au moins la rigueur des maux que souffraient les méchans réprimât ceux qu'une inclination naturelle ne poussait pas au bien. L'empereur soumit ladite ville, et détruisit les habitans et les murs auxquels ils se fiaient pour leur défense. A ce siége mourut son frère Galeran, ce qui fut pour le prince un bien juste sujet de douleur et d'affliction. Dans le temps de ce siége, toutes les villes de la partie de l'Italie appelée proprement Lombardie, offrirent à l'empereur la soumission et fidélité qu'elles lui devaient comme à leur seigneur. Vers la même époque, trois cardinaux, à savoir l'évêque d'Ostie, et deux autres envoyés par le seigneur pape pour son couronnement, se rendirent vers lui, et l'accompagnèrent par toute l'Italie jusqu'à Rome. Après la prise de Brescia, Henri, roi des Romains, passa pacifiquement par Tortone et par Gênes, où il fut reçu avec les plus grands honneurs. Pendant la courte résidence qu'il fit dans cette ville, sa femme, reine des Romains, entra dans la voie de toute chair.

Vers le même temps se réveillèrent parmi le peuple de Flandre une révolte et une guerre quelque temps assoupies. Le comte de Flandre, fortement soupçonné à ce sujet, fut appelé par le roi de France à se justifier; ayant comparu [1]......... Son fils le comte Louis, qu'on reconnut coupable du crime de ce soulèvement, fut renfermé d'abord à Moret, et ensuite à Paris. Bientôt après il se sauva de cette prison, soit qu'il se connût coupable ou seulement par crainte. C'est pourquoi ensuite, d'après le conseil des grands du royaume, il fut à juste titre dépouillé de son comté par un arrêt proclamé en plein palais. Philippe, roi de France, fit faire une monnaie de simples et doubles deniers dits Bourgeois, qui devaient avoir la même valeur que les simples et doubles deniers parisis. Cette monnaie ne put avoir cours à cause de l'infériorité de sa valeur, de son poids et de sa nouveauté, et aussi parce que tous les gens sages disaient avec raison que c'était une exaction injuste et préju-

---

[1] Il y a ici une lacune dans le texte.

diciable à l'État; ce que quelques nobles et grands à qui déplaisait cette monnaie représentèrent clairement au roi avec de graves plaintes.

Le pape Clément accorda et envoya aux clercs étudians d'Orléans le privilége de fonder une université, sous la condition cependant du consentement et du libre et volontaire assentiment du roi à ce sujet. Le roi n'y ayant pas consenti, les clercs, liés par de mutuels sermens, s'éloignèrent de la ville et interrompirent les études. Cependant un an après, conduits par le repentir, et équitablement apaisés par le roi, ils retournèrent à leur ancienne demeure, et ainsi les études, interrompues pendant quelque temps, reprirent leur cours. Cent quatorze prélats mitrés, sans compter les prélats non mitrés et les procureurs des absens, se rassemblèrent le premier jour d'octobre à Vienne, ville de la Provence, au concile général que le pape Clément avait fait annoncer. Il y eut deux sessions, les patriarches d'Antioche et d'Alexandrie, siégeant dans le concile; avant qu'il fût ouvert, le pape ordonna aux prélats et aux autres qui étaient venus pour y assister, de célébrer des messes et des jeûnes pendant trois jours. Dans la première séance qui se tint le samedi dans l'octave de saint Denis, dans l'église cathédrale, le pape, après l'invocation du Saint-Esprit qu'on a coutume de faire dans ces circonstances, prit pour texte : « Seigneur, je vous
« louerai de tout mon cœur dans la société des
« justes et dans l'assemblée des peuples : les œuvres
« du Seigneur sont grandes et proportionnées à toutes
« ses volontés [1]; » après quoi il prêcha et exposa le

[1] Ps. 110, v. 1 et 2.

triple sujet de la convocation d'un concile général, à savoir : les crimes énormes des Templiers, les secours à porter à la Terre-Sainte, et l'utile réformation de l'état de l'Eglise : cela fait, il donna sa bénédiction au peuple, et chacun s'en retourna chez soi. Ensuite, après beaucoup d'assemblées et diverses négociations, il y eut entre le seigneur pape et ceux qu'il avait appelés, hommes d'une grande circonspection et sagesse, cardinaux, prélats, procureurs ou autres hommes importans, un grand nombre de délibérations sur lesdites causes de la convocation du concile jusqu'à l'arrivée du roi de France, qui, disait-on, par zèle pour la foi, avait été depuis le commencement le principal et le plus ardent promoteur des procès intentés à l'ordre et aux personnes des Templiers. Les affaires traitées dans ce concile étaient sujettes à des difficultés, en sorte qu'elles paraissaient être en doute et en suspens, et traîner en paroles.

[1312.] Le jour de la lune après la Quasimodo, on tint à Vienne, dans la grande église, la seconde session du concile général. Philippe, roi de France, arrivé vers le carême avec ses fils et ses frères, et accompagné d'une suite nombreuse, puissante et convenable, de prélats, de nobles et de grands, siégea à la droite du souverain pontife, qui dominait tous les autres, sur un siége un peu moins élevé, avec les cardinaux, les prélats, et d'autres appelés par le pape. Après quelques préliminaires observés ordinairement dans ces circonstances, le pape prit pour texte : « Les impies ne ressusciteront point dans le « jugement des justes, ni les pécheurs dans l'as-

« semblée des mêmes justes[1]. » L'Ordre du Temple ayant été appelé de la manière usitée pour les Templiers, comme l'Ordre n'était pas encore convaincu en qualité d'Ordre, mais que cependant leur mode de réception, soupçonné depuis long-temps et que jusqu'alors ils n'avaient pas voulu avouer, avait été révélé par un nombre infini de frères, et des plus considérables, l'autorité apostolique, avec l'approbation du saint concile, abolit et anéantit, non définitivement mais provisoirement et par mesure de règle, tant le nom que l'habit de cet Ordre, puisqu'aucun homme de bien ne voulait désormais y entrer, et on agit ainsi pour éloigner et éviter d'autres maux et scandales. Aussitôt le pape fit lire le statut porté à ce sujet contre ceux qui à l'avenir garderaient l'habit de l'Ordre ou le prendraient de nouveau, ou recevraient la profession de quelques nouveaux frères, lançant une sentence d'excommunication aussi bien contre ceux qui recevraient que contre ceux qui seraient reçus. Quant aux personnes et aux biens de ceux qui restaient, il en réserva la disposition au Siége apostolique, pour y être par lui pourvu avant la dissolution dudit concile.

Cependant, comme le second but principal du concile général était le secours à porter à la Terre-Sainte, le pape prit pour texte : « Les justes obtiendront ce « qu'ils desirent[2], » et après des paroles d'amertume commença des paroles de douceur, et exposa à tout le concile comment les vœux formés par les justes pour le recouvrement de la Terre-Sainte, si desirable pour lui surtout, et en général pour tout fidèle

---

[1] Ps. 1, v. 6. — [2] Prov., ch. 10, v. 24.

catholique, et cependant si long-temps retardés, au grand chagrin du pape et de tout catholique, allaient bientôt être accomplis, puisque le roi de France Philippe, présent au concile, lui avait sincèrement promis par une lettre (qui fut lue sur-le-champ en plein concile) de prendre la croix dans l'espace d'un an avec ses enfans, ses frères, et un grand nombre de seigneurs de ses États et d'autres royaumes, et de se mettre en route aux calendes du mois de mai prochain pour aller au secours de la Terre-Sainte, où il resterait six ans. En cas que la mort ou quelqu'autre légitime obstacle empêchât le roi de faire ce voyage, son fils aîné s'obligeait à l'accomplir fidèlement; mais il n'en fit rien : c'est pourquoi les prélats, par une pieuse affection, accordèrent au roi les dîmes pour six ans. Le souverain pontife et le saint concile approuvèrent la dévotion du roi et la concession de la dîme, et ainsi se termina cette session.

Avant la dissolution du concile, après diverses délibérations sur les biens des Templiers pour savoir l'usage qu'on en devait faire, les uns conseillant de fonder un nouvel ordre à qui on les donnerait, les autres émettant un avis différent, le Siége apostolique régla enfin, du consentement des rois et des prélats, que ces biens seraient dévolus entièrement aux frères de l'Hôpital, afin de leur donner plus de forces pour recouvrer ou secourir la Terre-Sainte; mais au contraire, comme il apparut dans la suite, ces biens les rendirent pires qu'auparavant. Quant aux personnes des Templiers encore vivans, on ne conclut rien à cet égard. On s'occupa quelque peu de plusieurs choses concernant l'état ou la réformation de l'Eglise universelle, troisième motif de la convocation du concile; mais quoique le pape eût demandé plusieurs fois avec instance, aux prélats et autres hommes importans, qu'on statuât, décidât et pourvût à ce sujet avant la dissolution du concile, et quoiqu'il eût lui-même, dit-on, publié quelques décrétales, réglemens et statuts concernant cette affaire, cependant on n'en promulgua rien publiquement dans ce concile, et tout fut entièrement et pleinement remis et abandonné à la libre décision du Siége apostolique.

Henri, roi des Romains, ayant paisiblement traversé, sans aucune opposition, Pise, Piombino, Viterbe et beaucoup d'autres villes d'Italie, marcha vers Rome à la fête de l'Ascension du Seigneur, pour y recevoir les insignes de son couronnement, et après avoir livré à l'entrée de la ville un violent combat aux gens du frère de Robert, roi de Sicile, et de la maison des Ursins, il entra par la porte de Sainte-Marie-du-Peuple, et fut reçu de tous avec honneur à Saint-Jean-de-Latran. Quoiqu'il eût eu en cette ville à soutenir, de la part de sesdits ennemis, de si terribles combats et assauts que l'évêque de Liége, l'évêque d'Albano, un de ses gens nommé Dietrich, le comte de Savoie et plusieurs autres des siens, y périrent, cependant, à la fête de saint Pierre et de saint Paul, dans ladite église, il fut, par un ordre du souverain pontife, dont lecture fut faite devant tout le peuple et le clergé, couronné du diadême impérial par lesdits cardinaux, monseigneur d'Ostie célébrant la messe, et en présence d'autres cardinaux, évêques, abbés, et de beaucoup d'autres placés sur deux rangs, ce qui fut un grand sujet de joie pour les siens, et de tristesse pour ses ennemis.

Après avoir reçu la couronne impériale, desirant, comme Auguste, étendre davantage la gloire de son nom, il se hâta d'assiéger avec courage et de soumettre par la force de ses armes les villes d'Italie rebelles à sa domination. Quittant la ville de Rome, il se rendit le 15 du mois de juillet à Todi, où il fut reçu avec honneur, et de là marcha vers Pérouse. Les Pérousiens n'ayant pas voulu le recevoir, il livra au fer et aux flammes un grand nombre de métairies et maisons du comté, arracha les fruits et les vignes, et força quelques châteaux. Il vint ainsi à Arezzo, à la distance de près de cent milles de la ville de Pérouse, et y fut reçu avec joie et honneur le vingtième jour du mois d'août. Ensuite, s'emparant de Mont-Garche et du château de Saint-Jean, dans le comté des Florentins, il prit encore un château appelé Ancise, après avoir livré un combat avec le podestat et cinq cents hommes d'armes. Enfin, au mois de septembre, abordant à Florence, il assiégea cette ville depuis Sainte-Croix jusqu'à l'hôpital Saint-Gal, et en détruisit et brûla toute une partie. Il livra un combat à la porte de Sainte-Candide, et, après avoir triomphé par sa valeur, passant l'Arno, il vint à une vallée appelée Héma, près Sainte-Marguerite. Quelques chevaliers de Lucques et de Sienne ayant attaqué ses gens, ils furent repoussés par un seigneur de Flandre, maréchal de son armée, jusqu'à la porte de Saint-Pierre, et dans cette affaire ils perdirent un grand nombre des leurs. Ensuite, lorsqu'après avoir campé à Saint-Cassien, il eut pris possession de tout le duché, à l'exception de Livari, et après de Poggibonzi et de Casoli, il y mit une garnison de ses gens, et s'en retourna au mois de mars. . . . . . . . . . . . . Il appela publiquement Robert, roi de Sicile, qui l'avait attaqué et s'était révolté contre lui dans la place de Sainte-Catherine, à comparaître en sa présence à Arezzo dans l'espace de trois mois, sous peine de perdre sa couronne et son royaume.

Pierre de Gaveston, Gascon de nation, à qui le roi Édouard avait accordé le comté de Cornouailles, s'était, comme nous l'avons dit plus haut, rendu excessivement odieux aux barons d'Angleterre; ensuite, ayant été trouvé dans le château de Scarborough, il fut pris et retenu par le comte de Lancaster, et beaucoup d'autres de ses adhérens qui aidaient ce comte de leurs conseils, de leurs richesses et de leur crédit; et bientôt quelques Gallois, envoyés, dit-on, par lesdits grands pour le tuer, lui tranchèrent la tête et le privèrent honteusement de la vie. Quoiqu'au commencement le roi d'Angleterre, excessivement affligé de ce meurtre, eût été animé d'une grande colère contre ses auteurs, cependant à la fin, par l'entremise de deux cardinaux, le cardinal d'Albano, camérier du pape, et un autre cardinal, envoyés à cet effet, la paix et la concorde furent rétablies entre lui et les grands. Vers la Nativité du Seigneur, il naquit à Édouard roi d'Angleterre, de sa femme Isabelle, un fils nommé Édouard. Simon, d'abord évêque de Noyon, et ensuite évêque de Beauvais, entra dans la voie de toute chair; Jean de Marigny, frère d'Enguerrand, chantre de l'église de Paris, lui succéda dans l'épiscopat.

[1313.] Le jour de la Pentecôte, Philippe, roi de France, créa chevalier, c'est-à-dire ceignit de l'écharpe de chevalier, Louis, son fils aîné, roi de Navarre, comte de Champagne et de Brie, et ses frères Philippe et Charles, ainsi que Hugues duc de Bourgogne, Gui comte de Blois, et beaucoup d'autres nobles du royaume, en présence d'Edouard roi d'Angleterre, et de la reine Isabelle, fille du roi de France, venue en France avec une noble suite d'Anglais pour honorer leur entrée dans la chevalerie. Vers le même temps, le mercredi après la Pentecôte, Philippe roi de France, ses trois fils déjà faits chevaliers, Edouard roi d'Angleterre, et les grands du royaume d'Angleterre, reçurent la croix des mains du cardinal Nicolas, envoyé à cet effet par le souverain pontife, pour passer au secours de la Terre-Sainte. Une foule nombreuse de commun peuple ayant entendu les prédications à ce sujet, entreprit bientôt dévotement ce voyage. Vers la fête de la Madeleine, le prince de Tarente prit en mariage la fille du comte de Valois et de Catherine sa femme, héritière de l'empire de Constantinople, et emmena avec lui la sœur de cette princesse, quoique jeune, pour la marier à son fils. Le mardi après la fête de la Madeleine, les barons et prélats de France s'étant, par ordre du roi, rassemblés à Courtrai, il fut conclu entre le roi et les Flamands un traité qui portait que les Flamands paieraient complétement au roi la somme convenue, et feraient démolir leurs forteresses dans un espace de temps fixé, commençant dès ce moment à détruire Bruges et Gand, et continuant jusqu'à l'entière démolition des autres forteresses. Les travaux devaient se faire partout à leurs propres frais et dépens, et sous la direction de gens établis à cet effet par le roi, et experts dans cette partie. Le seigneur Robert, fils du comte de Flandre, et tous les châteaux de Courtrai, avec leurs appartenances, devaient, pour plus grande sûreté et garantie de l'exécution de ces conditions, être remis en otage.

Robert, roi de Sicile, ayant méprisé de comparaître au temps fixé à Arezzo en présence de l'empereur Henri, il le déclara publiquement et ouvertement déchu de son royaume et de sa couronne. Le pape Clément, dans ses statuts, proclama tout-à-fait nulle cette déclaration, parce que la citation contre ledit Robert n'avait pas été faite selon les règles et la justice, Robert n'ayant pas été appelé dans un lieu sûr. Le pape allégua aussi plusieurs autres raisons étrangères au sujet de cet ouvrage. Au mois de juillet, l'empereur ayant levé une armée contre Robert, se fraya un passage à travers le comté des Siennois, soulevés contre lui, jusqu'à un lieu appelé Isola, et causa aux Siennois beaucoup de dommages. Enfin, s'étant approché de Bénévent après beaucoup de glorieuses victoires, attaqué de maladie et de fièvre, ou, comme quelques-uns le disaient, empoisonné dans l'eucharistie qu'il reçut de la main d'un prêtre de l'ordre des frères Prêcheurs, son propre confesseur, lequel avait été séduit par l'argent de Robert, ou, comme on le croit plus vraisemblablement, des Florentins ennemis de l'empereur, il termina le dernier jour de sa vie. Son corps fut porté à Pise et honorablement enterré dans l'église cathédrale.

Vers la fête de la sainte Vierge, Philippe roi de

France, voulant ramener à l'ancienne et complète valeur de la monnaie de Paris les petites pièces dites *Bourgeois* qu'il avait fait fabriquer, et qui avaient eu cours à Paris pendant deux ans, ce qui avait semblé inouï dans le royaume de France, surtout lorsqu'elles équivalaient à peine aux autres monnaies en poids et en valeur [1]. . . . . . . . . . . . . . . . .
. . . . . . . . . . . . . . . . . . . . . . . . . . . . . .
. . . . . . . . . . . . . . . . . . . . . . . . . . . . . .
fit fabriquer des sous parisis et tournois, de la même valeur et du même poids qu'ils avaient été dans le temps de saint Louis, et régla en outre que les florins à l'agnel, qui avaient cours pour vingt-deux sous de ces petits *Bourgeois*, ne vaudraient plus, jusqu'à une autre disposition à ce sujet, que quinze sous tournois. De plus, le roi Philippe fit défendre expressément, par un édit proclamé publiquement, que personne fît usage secrètement ni publiquement d'une autre monnaie quelconque d'or ou d'argent, ou estimée d'une autre valeur, sous peine de perdre la totalité de ses biens. Ces changemens firent bientôt murmurer hautement les citoyens, parce qu'ils furent pour eux la source de beaucoup de pertes et dommages, surtout pour les marchands, qui furent trompés sur ces monnaies dans plusieurs lieux, et surtout près de Paris, par la ruse des serviteurs chargés de faire exécuter l'ordonnance.

Vers le même temps fut consacrée l'église de Sainte-

---

[1] Il y a ici une lacune qui rend la phrase inintelligible; l'ordonnance de Philippe le Bel se trouve dans le *Recueil des Ordonnances*, tom. I, page 518.

Marie-d'Escoys, fondée récemment par Enguerrand de Marigny, qui y avait établi des chanoines. Le cardinal Nicolas défendit rigoureusement par l'autorité apostolique, sous peine d'excommunication, de déférer dans les jugemens ou dans les écoles, aux nouveaux statuts, émanés, selon quelques-uns, de la cour apostolique après le concile général, et dont ils disaient avoir copie, lesdits statuts n'étant point émanés de la conscience du souverain pontife, lequel était dans l'intention de pourvoir autrement aux objets en question. Vers la fête de Saint-Denis, il proscrivit généralement et expressément tous les tournois, prononçant une sentence d'excommunication contre ceux qui s'y exerceraient et ceux qui les favoriseraient, et aussi contre les princes qui les permettraient, et soumettant leurs terres à l'interdit ecclésiastique. Ensuite cependant le pape, à la requête des fils du roi et des autres nobles nouvellement armés chevaliers avec eux, accorda cette restriction que, nonobstant la publication de cette défense, il serait permis cette fois de s'exercer dans ces sortes de jeux pendant trois jours qui précéderaient le carême suivant.

Guichard, évêque de Troyes, accusé, comme nous l'avons dit, de la mort de la feue reine Jeanne, fut reconnu innocent, d'après la confession d'un certain Lombard surnommé Nofle, qui fut condamné à mort et pendu à Paris pour ce crime.

Il s'éleva entre le duc de Lorraine et l'évêque de Metz une dissension très-grave, quoique occasionnée par un sujet peu important. Elle eût pu facilement être apaisée dans le principe. Enfin, les armées des deux partis s'étant rassemblées, le jeudi avant la

Saint-Martin d'hiver, devant un château appelé Flève, il se livra entre elles un combat très-animé; et quoique l'armée de l'évêque fût supérieure en nombre, en courage et en force à celle du duc, elle fut cependant vaincue par l'adresse et les ruses habiles de ses ennemis. En effet, l'armée de l'évêque marchant par les métairies, les plaines et les défilés, les gens du duc qui dominaient déjà au-dessus de la tête de leurs ennemis, gravirent une montagne, et, descendant aussitôt de cheval, se précipitèrent sur eux avec une telle force et impétuosité, leur lançant des pierres et des cailloux qui abondaient dans cet endroit, et toutes sortes de choses dont se servent les gens de pied, qu'ils en tuèrent environ deux cents; le reste fut forcé de s'enfuir, et quelques-uns en fuyant se noyèrent dans une rivière qui coulait près de là. Dans ce combat furent pris le comte de Bar, neveu de l'évêque de Metz, le comte de Salm son fils, et d'autres nobles du parti dudit évêque, qui cependant se rachetèrent plus tard au prix de beaucoup d'argent, seul moyen qu'ils eussent de se délivrer de la longue captivité où les retenait le duc. Gui, évêque de Soissons, et. . . . . . . . . évêque de Châlons, étant morts, Gérard de Malmont et Pierre de Latilly, chancelier du roi, furent consacrés à Pontoise dans une église de nonnes, le premier dimanche de l'Avent, par l'archevêque de Rouen et les évêques diocésains, le premier, évêque de Soissons, et le second, évêque de Châlons. Gui, évêque de Senlis, étant mort, . . . . . . . . . . . . . . . . . lui succéda dans l'épiscopat.

Le grand-maître de l'Ordre des Templiers et trois

autres Templiers, à savoir le visiteur de l'Ordre en France, et les maîtres d'Aquitaine et de Normandie, sur lesquels le pape s'était réservé de prononcer définitivement, avouèrent tous quatre ouvertement et publiquement les crimes dont on les accusait, en présence de l'archevêque de Sens et de quelques autres prélats et hommes savans en droit canon et en droit divin, assemblés spécialement pour ce sujet, d'après l'ordre du pape, par l'évêque d'Albano et deux autres cardinaux légats, et auxquels fut donné communication de l'avis du conseil des accusés. Comme ils persévérèrent dans leurs aveux, et paraissaient vouloir y persister jusqu'à la fin, après une mûre délibération, sur l'avis dudit conseil, ladite assemblée les condamna, le lundi après la fête de Saint-Grégoire, sur la place publique du parvis de l'église de Paris, à une réclusion perpétuelle. Mais voilà que, comme les cardinaux croyaient avoir définitivement conclu cette affaire, tout-à-coup deux des Templiers, à savoir le grand-maître d'outre-mer et le grand-maître de Normandie, se défendirent opiniâtrement contre un cardinal qui portait alors la parole, et contre l'archevêque de Sens, et sans aucun respect recommencèrent à nier tout ce qu'ils avaient avoué, ce qui causa une grande surprise à beaucoup de gens. Les cardinaux les ayant remis entre les mains du prévôt de Paris alors présent, seulement pour qu'il les gardât jusqu'à ce que le jour suivant ils délibérassent plus amplement à leur égard, aussitôt que le bruit de ces choses parvint aux oreilles du roi qui était alors dans le palais royal, il consulta avec les siens, et, sans en parler aux clercs, par une prudente décision, fit livrer aux flammes les deux Templiers, vers le soir de ce même jour, dans une petite île de la Seine, située entre le jardin royal et l'église des frères Ermites. Ils parurent supporter ce supplice avec tant d'indifférence et de calme, que leur fermeté et leurs dernières dénégations furent pour tous les témoins un sujet d'admiration et de stupeur. Les deux autres Templiers furent renfermés dans un cachot, selon que le portait leur arrêt.

[1314.] La jeune Marguerite, reine de Navarre, et Blanche, femme du frère puîné de Charles, roi de Navarre, furent, comme le méritaient leurs fautes, répudiées par leurs maris pour avoir commis de honteux adultères avec les deux frères les chevaliers Philippe et Gautier d'Aunay, la première avec Philippe, l'autre avec Gautier. Justement dépouillées de tous honneurs temporels, elles furent renfermées dans une prison, afin que, dans une étroite réclusion, privées de toute consolation humaine, elles terminassent leur vie dans l'infortune et la misère. Quant aux deux chevaliers, non seulement ils avaient avec infamie souillé le lit de leurs seigneurs, qui avaient en eux une confiance toute particulière, comme en de très-familiers domestiques; mais c'étaient d'odieux traîtres, ainsi que le prouvait certainement la livrée qu'ils portaient, et celle des gens de leur suite; d'autant plus coupables en cette action, qu'ils avaient séduit par des douceurs et caresses ces femmes toutes jeunes et d'un sexe faible. Le vendredi après la Quasimodo, à Pontoise, ils confessèrent avoir commis ce crime pendant trois ans, et dans plusieurs lieux et temps sacrés. C'est pourquoi, expiant par un genre de mort et un supplice ignominieux un si infâme forfait, ils furent à la vue de tous écorchés tout vivans sur la place publique. On leur coupa les parties viriles et génitales, et leur tranchant la tête, on les traîna au gibet public où, dépouillés de toute leur peau, ils furent pendus par les épaules et les jointures des bras. Ensuite, après eux un huissier qui paraissait, à bon titre, fauteur et complice dudit crime, et un grand nombre, tant nobles que gens du commun de l'un et l'autre sexe, soupçonnés de complicité ou connaissance dudit crime, furent la plupart mis à la torture; quelques-uns furent noyés, un grand nombre furent mis à mort secrètement. Plusieurs trouvés innocens furent entièrement acquittés. Parmi ceux-ci on remarquait un frère Prêcheur, dit évêque de Saint-George, qu'on prétendait avoir coopéré ou participé audit crime par des......... où des sortiléges qui provoquaient les hommes au mal. Les uns disent qu'il fut retenu en prison chez les frères Prêcheurs, d'autres qu'il fut envoyé vers les cardinaux, le Siége apostolique étant vacant, et acquitté par leur jugement. Quoique Jeanne, sœur de ladite Blanche, et épouse de Philippe, comte du Poitou, eût été dans le commencement violemment soupçonnée, séparée quelque temps de son mari, et gardée dans une prison au château de Dourdan, cependant, après une enquête faite à ce sujet, elle fut lavée desdits soupçons, déclarée tout-à-fait innocente dans un parlement tenu à Paris, et auquel assistaient le comte de Valois, le comte d'Evreux et beaucoup d'autres nobles; et ainsi, avant la fin de l'année, elle mérita d'être réconciliée avec son époux.

Au temps de Pâques, et dans la ville d'Avignon, le pape Clément entra dans la voie de toute chair, et par suite des discordes et violentes divisions élevées entre les cardinaux, le siége apostolique demeura long-temps vacant, à l'occasion surtout de l'incendie du palais de Carpentras, où ils s'étaient réunis pour l'élection d'un pape, et auquel le feu avait été mis par le marquis de Vienne, neveu de feu le pape Clément, qui voulait favoriser le cardinal de Gascogne, porté à l'élection en opposition aux cardinaux d'Italie et de France. On disait aussi certainement que ces discordes venaient des grands et nombreux dommages qu'avaient éprouvés en leurs maisons et biens plusieurs cardinaux et autres, particulièrement des marchands. On les vit aussi contraires et opposés pour le choix d'un lieu convenable à l'élection, que pour le principal sujet de l'élection elle-même, les Italiens disant qu'il fallait se rendre à Rome, d'autres désignant d'autres villes. C'est pourquoi les cardinaux se dispersèrent comme des perdrix effrayées, les uns à Orange, les autres à Avignon ou ailleurs, selon l'idée de chacun d'eux.

Edouard, roi d'Angleterre, affligé de ce que les Ecossais, sous la conduite de Robert Bruce, leur commandant en chef, s'étaient, comme il disait, emparés de sa terre, avec autant d'injustice que de violence et de fourberie, s'efforça de tout son pouvoir, pour la recouvrer, d'attaquer vigoureusement leur royaume. Vers la fête de la Décollation de saint Jean, ayant rassemblé une armée nombreuse des siens, il leur livra bataille en plaine, sans précaution et avec orgueil, présumant, d'après leur petit nombre, qu'il remporterait bientôt sur eux le triomphe qu'il desirait. Mais aussitôt les bataillons anglais furent écrasés par les armes puissantes des ennemis. Le roi Edouard lui-même, quittant le champ de bataille, accompagné d'un petit nombre de gens, trouva à grand'peine son salut dans la fuite; ce qui couvrit à jamais les Anglais d'un opprobre éternel. Ledit Robert Bruce, chef des Ecossais, était placé au milieu des siens comme le cœur au milieu des membres; et bien que, selon le dire de plusieurs, ils fussent protégés par le cilice encore plus que par les armes, et fortifiés d'une confiance toute particulière dans le Seigneur, qui accorde la victoire aux plus dignes, cependant, comme Bruce s'élevait au milieu de tous non seulement par ses vertus et son courage, mais encore par l'humilité de sa dévotion, ce fut lui qui attira sur eux le secours divin. Décidés, s'il le fallait, à s'exposer à la mort avec un audacieux courage pour leur liberté et celle de leur patrie, non seulement ils soutinrent ce combat, mais remportèrent sur les Anglais une glorieuse victoire. Le comte de Glocester et beaucoup d'autres furent tués, beaucoup de grands et de nobles furent pris vivans, et se rachetèrent ensuite au prix de beaucoup d'argent. Les Ecossais partagèrent le butin provenant des rançons des prisonniers et des dépouilles des fuyards, et par là s'enrichirent, s'agrandirent et accrurent leurs forces. Cependant, quoique après cette victoire ils eussent pu facilement forcer à se rendre la reine d'Angleterre Isabelle, qu'ils tenaient assiégée dans un château voisin, par crainte ou par égard pour le roi de France son père, ils la laissèrent se retirer librement et paisiblement. Au temps d'une fête solennelle, les Flamands, ayant de nouveau chassé de Courtrai le bailli du roi, s'enflammèrent de l'esprit de rébellion contre le roi de France; c'est pourquoi il fut porté une sentence d'excommunication contre tous les perturbateurs de la paix, et les complices des dissensions et révoltes; elle fut proclamée d'abord à Paris, sur la place du Parvis, et ensuite à Tournai, Saint-Omer, Noyon, Arras et Douai, par l'archevêque de Rheims et l'abbé de Saint-Denis en France, à qui l'autorité apostolique en avait confié l'exécution, et qui coururent quelques dangers dans l'accomplissement de leur mission. On rapporte que les Flamands appelèrent de leur sentence au Siége apostolique. Philippe, roi de France, envoya de tous côtés, pour dompter les rebelles, différentes armées, à savoir Louis son fils aîné, roi de Navarre, à Douai; Philippe, comte de Poitou, à Saint-Omer; Charles, le troisième et le plus jeune de ses fils, avec Charles, comte de Valois, à Tournai; et Louis, comte d'Evreux, à Lille; assignant à chacun un certain nombre d'hommes. Enfin cependant, dans l'espoir de faire conclure la paix à certaines conditions, le comte de Saint-Paul et Enguerrand, comte d'Evreux, se portèrent médiateurs et entremetteurs entre les deux partis. Le comte de Flandre et les Flamands furent tenus de se rendre vers le roi de France dans un espace de temps fixé pour ratifier définitivement la paix. On commença par mettre en liberté Robert et les autres otages. Toute l'armée du roi de France s'en revint donc dans son pays sans avoir rien fait cette fois, s'étant laissé honteusement tromper et jouer avec trop de promptitude et de facilité par les ennemis auxquels elle avait prêté trop de foi.

Vers le même temps, les électeurs s'étant rassemblés à Francfort pour élire un roi des Romains, ne purent s'accorder, les uns donnant légitimement leur suffrage à Louis, duc de Bavière, et d'autres à Frédéric, duc d'Autriche. Ledit Louis l'emportant sur l'autre par les efforts de sa prudence et par la puissance des armes et le courage de ses partisans, sans rien obtenir sur l'esprit de ses adversaires, fut à Aix-la-Chapelle, vers la fête de la Nativité, couronné du diadême royal des Romains. Plus tard, le duc d'Autriche fut couronné vers la fête de la Pentecôte par l'archevêque de Cologne qui favorisait sa cause; mais ce ne fut pas à Aix-la-Chapelle.

Une extorsion injuste, une exaction inique et d'un nouveau genre, inaccoutumée dans le royaume de France, commença d'abord à Paris, et se répandit de là par tout le royaume, où on exerça des exactions, sous le prétexte des dépenses faites dans la guerre de Flandre; c'est à savoir que tout acheteur et tout vendeur furent forcés de payer au roi, dans les mains de ses conseillers, satellites et agens, dix deniers par livre parisis de chaque chose vendue et achetée. Plusieurs nobles et gens du commun, les Picards et les Champenois [1], liés ensemble par un serment pour la défense de leur liberté et de celle de leur pays, ne pouvant aucunement souffrir cette exaction, s'y opposèrent vigoureusement, et obtinrent enfin la liberté qu'ils souhaitaient, l'extorsion cessant entièrement et

---

[1] Il y a ici une lacune dans le texte.

complètement par l'ordre du roi, non seulement dans leurs terres, mais par tout le royaume de France. Quelques gens ont dit que ces exactions n'étaient pas venues de lui-même, mais lui avaient été suggérées par le conseil des méchans.

Philippe, roi de France, fut retenu par une longue maladie, dont la cause inconnue aux médecins fut pour eux et pour beaucoup d'autres le sujet d'une grande surprise et stupeur; d'autant plus que son pouls ni son urine n'annonçaient qu'il fût malade ou en danger de mourir. Enfin il se fit transporter par les siens à Fontainebleau, lieu de sa naissance. Là, peu de jours après, voyant approcher le moment de sa mort, pourvoyant avec soin et sagesse à sa maison et à ses affaires domestiques, il investit du comté de la Manche et du territoire environnant, le seigneur Charles son plus jeune fils, à qui il n'avait encore assigné aucun héritage. S'appliquant avec encore plus de zèle au salut de son ame, il fit cesser entièrement et complètement les exactions de la maltôte, dont il avait entendu parler, et qui lui déplaisaient infiniment. Enfin, après avoir relu son testament avec une grande attention et l'avoir disposé sagement autant qu'il fut en son pouvoir, il donna à son fils aîné, déjà roi de Navarre, des conseils salutaires et pleins de sagesse, lui ordonnant de les suivre, et le menaçant, en cas du contraire, de la malédiction paternelle et divine; il lui recommanda spécialement et particulièrement, parmi les saintes églises catholiques, celle de saint Denis, patron spécial du royaume de France. Enfin après avoir, en présence et à la vue d'un grand nombre de gens, reçu le sacrement avec une ferveur et une dévotion admirable, il rendit heureusement son ame au Créateur, dans la confession de la foi véritable et catholique, la trentième année de son règne, le vendredi, veille de la fête de l'apôtre saint André. Son corps fut porté, le plus convenablement et honorablement qu'il fut possible, en la sépulture de ses pères, l'église de Saint-Denis, où il fut déposé tout entier, à l'exception de son cœur, dans un endroit séparé qu'il avait lui-même désigné de son vivant, avec les honneurs qui conviennent à la majesté royale, le vingt-cinquième jour de la lune, en présence des prélats, savoir : d'un archevêque, qui célébra la messe, de dix évêques et de quatorze abbés. Son cœur, qu'il avait destiné à être enseveli à Poissy, dans une église du nom de Saint-Dominique, qu'il y avait fondée, y fut porté et enterré avec les honneurs convenables le lendemain du jour où son corps fut enseveli.

Louis, roi de France et de Navarre, destitua de sa dignité de chancelier l'évêque de Châlons, et mit à sa place Etienne de Maruges, expert dans le droit civil et chambellan de Charles son oncle. Vers la Nativité du Seigneur, il fit passer dans le pays de Sicile le chevalier Hugues de Boville, son chambellan et secrétaire, avec d'autres envoyés fidèles, pour lui amener Clémence, fille du roi de Hongrie, qu'il voulait prendre en mariage. Le roi de France envoya aussi vers la cour de Rome une ambassade ou députation solennelle, composée de Girard, évêque de Soissons, du comte de Boulogne, du chevalier Pierre de Blève, homme savant en droit, pour exciter les cardinaux à élire un souverain pontife ; mais cette démarche eut peu ou point de succès.

[1315.] Enguerrand de Marigny, chevalier de manières très-agréables, prudent, sage et habile, était établi au dessus de la nation en grande autorité et puissance et était le conseiller principal et spécial de feu Philippe, roi de France. Devenu, pour ainsi dire, plus que maire du palais, il était à la tête du gouvernement de tout le royaume de France ; c'était lui qui expédiait toutes les affaires difficiles à régler, et tous et chacun lui obéissaient au moindre signe comme au plus puissant. Il fut, dans le temple à Paris, honteusement accusé devant tous, en présence du roi Louis, de crimes exécrables, par Charles, comte de Valois, oncle du roi Louis, et par quelques autres qu'approuvait en cela la multitude du commun peuple irritée contre lui, principalement à cause des différentes altérations de la monnaie et des nombreuses extorsions dont le peuple avait été accablé sous le feu roi Philippe et qu'on attribuait à ses mauvais conseils. Par les suggestions dudit Charles, Enguerrand et plusieurs autres à qui il avait confié la garde du trésor du roi ou d'autres emplois relatifs aux affaires du roi et du royaume, à savoir les clercs de l'official, et les agens laïques du prévôt de Paris, furent renfermés en différentes prisons, et plusieurs mis à la question et livrés à divers tourmens. Quoique ledit chevalier eût très-souvent demandé avec beaucoup d'instances qu'il lui fût accordé d'être entendu sur sa justification, il ne put cependant l'obtenir, empêché qu'il fut par la puissance dudit comte de Valois. Le jeune roi cependant était disposé, du moins au commencement, à le protéger et favoriser volontiers et avec bienveillance dans cette affaire. C'est pourquoi, comme si on voulait procéder contre lui par voie de modération et agir à son égard avec moins de sévérité, et pendant qu'on le disait déjà presque condamné à être relégué en exil dans l'île de Chypre jusqu'à ce que le roi le rappelât, voilà que tout-à-coup vint aux oreilles dudit Charles le bruit que Jacques dit *Delor*, sa femme et son serviteur, avaient, par les suggestions de la femme et de la sœur dudit Enguerrand et d'Enguerrand lui-même, fabriqué certaines images figurées, lesquelles devaient par sortilége procurer la délivrance d'Enguerrand, et jeter un maléfice tant sur le roi que sur Charles et sur d'autres personnes. Ce crime ayant été découvert, ledit Jacques, enchaîné dans un cachot, s'étrangla de désespoir et sa femme fut ensuite brûlée. La femme et les sœurs d'Enguerrand furent renfermées en prison, et enfin Enguerrand lui-même, condamné en présence des chevaliers, fut pendu à Paris sur le gibet des voleurs. Il n'avoua rien cependant quant auxdits maléfices, et dit seulement que d'autres avaient été avec lui auteurs des exactions et des altérations de monnaie, et qu'il n'avait pu faire entendre sa justification, malgré ses instantes sollicitations et la promesse qu'on lui avait donnée dans le commencement. C'est pourquoi son supplice, dont bien des gens ne connurent pas entièrement les motifs, fut un grand sujet de surprise et de stupeur.

Pierre de Latilly, évêque de Châlons, soupçonné de la mort du roi de France Philippe et de celle de son prédécesseur, fut, par l'ordre du roi, retenu en prison, au nom de l'archevêque de Rheims. Raoul de Presle, avocat principal au parlement, fut de même retenu comme soupçonné du même crime, et enfermé dans un cachot à Sainte-Geneviève à Paris, et mis à la torture. Mais comme on ne put absolument rien arracher de lui sur les accusations dont il était chargé, malgré les divers et cruels tourmens qu'on lui fit subir à ce sujet, on lui permit enfin de se retirer en liberté : cependant un grand nombre de ses biens, tant meubles qu'immeubles, furent donnés à diverses gens, et les autres furent dissipés ou vendus. Marguerite, autrefois reine de Navarre, qui, comme le méritait bien son infâme prostitution, avait été, ainsi que nous l'avons dit plus haut, renfermée dans une prison, entra dans la voie de toute chair, et reçut la sépulture ecclésiastique à Vernon, dans l'église des frères Mineurs. Quant à Blanche, étant restée en prison, elle devint grosse d'un certain serviteur à qui était confié le soin de la garder, quoiqu'on dît aussi que c'était du comte, son propre mari, ou de quelque autre. Huguelin, jeune duc de Bourgogne, frère de la reine Marguerite, quitta ce monde, et son frère lui succéda.

Dans la province de Sens, beaucoup de gens du peuple se liguèrent ensemble, excités, comme on le disait communément, comme malgré eux, et forcés par la nécessité à ce soulèvement, à cause des nombreuses vexations et injustes extorsions que leur faisaient journellement subir, dans les causes qu'ils avaient à la cour de l'archevêque de Sens, l'insolence et l'impudence des avocats et des procureurs de cette cour; ils se choisirent dans cette multitude toute laïque un roi, un pape, et même des cardinaux, résolus de rendre mal pour mal, et voulant répondre par une haine opiniâtre à la méchanceté de leur ennemi; mais ayant dépassé les bornes de la justice, ils encoururent de la part du clergé une sentence d'excommunication : ils se déclaraient ou se croyaient absous; ils s'administraient entre eux les sacremens ecclésiastiques, ou se les faisaient administrer par les prêtres, qu'ils épouvantaient en les menaçant violemment de la mort. Enfin, renfermés en prison, à la requête de quelques prélats, qui allèrent supplier instamment le roi à ce sujet, on leur infligea la punition que méritaient leurs excès, de peur qu'un pardon trop facile n'excitât les autres aux mêmes délits.

Vers l'Ascension du Seigneur, Louis, autrefois comte de Nevers et de Réthel, et Jean de Namur, s'étant rendus auprès du roi, furent rétablis dans leur familiarité et faveur auprès de lui. On rendit pacifiquement et paisiblement audit comte les deux comtés de Nevers et de Réthel, dont une sentence l'avait depuis long-temps privé, ce qui fut pour beaucoup de gens un grand sujet de murmures et de risées. Le mardi après la Trinité, comparurent en présence du roi un abbé de l'ordre de Cîteaux et d'autres, chargés de pouvoirs de Robert, comte de Flandre, qui excusèrent ledit comte sur ce qu'il n'était pas venu personnellement, comme il en était sommé, pour ratifier la paix, disant que la faiblesse de sa santé et les incursions des ennemis dans le comté de Flandre l'avaient empêché de le faire. Ces excuses parurent insuffisantes, d'autant que le jour avait été remis, et que le terme de la sommation était passé. Enfin, la veille de la fête des apôtres Pierre et Paul, ledit comte et le peuple de Flandre furent condamnés comme coupables de soulèvement et de rébellion, et les chargés de pouvoir furent forcés de s'en retourner. Cependant Louis, comte de Nevers, le fils dudit comte, et le seigneur Robert de Namur, restèrent en France avec le roi Louis, la paix étant ainsi rompue avec les Flamands.

Le samedi avant la fête de saint Jean, trois femmes, qui avaient fait les breuvages pour lesquels feu l'évêque de Châlons avait été soupçonné, furent brûlées dans une petite île située sur la Seine, devant l'église des frères Ermites de Saint-Augustin. Un dimanche, dans l'octave des apôtres, Jean, fils du comte de Flandre, prit en mariage la fille du comte de Saint-Paul.

Cette année, depuis le milieu du mois d'avril jusqu'à la fin du mois de juillet ou environ, il y eut une inondation de pluies presque continuelles et un froid peu ordinaire dans l'été, qui empêchèrent les moissons et les vignes d'atteindre la maturité nécessaire; c'est pourquoi, pendant presque tout le mois de juillet, le clergé et le peuple firent de dévotes processions. Nous avons vu pendant quinze jours consécutifs une multitude innombrable d'hommes et de femmes venir en foule en procession avec le clergé à l'église du saint martyr Denis, non seulement des lieux voisins, mais de la distance de plus de cinq lieues, marchant les pieds nus et même tout le corps nu, à l'exception des femmes, et apportant dévotement dans cette église les corps des saints et d'autres vénérables reliques. Ces processions eurent lieu non seulement dans ce diocèse, mais encore dans ceux de Chartres et de Rouen, et dans d'autres parties du royaume de

France. Dans le même temps, au mois de juillet, à la fête de sainte Christine, Louis, roi de France, ayant pris à Saint-Denis l'étendard appelé oriflamme, et l'ayant remis au sire Henri de Herquère, partit pour la Flandre le dernier jour de ce mois, et le dimanche suivant, à la fête de l'Invention de saint Étienne, premier martyr, il s'unit en mariage à la reine Clémence. Après qu'ils eurent été couronnés et sacrés ensemble de la sainte onction, le roi s'approcha d'un château de Flandre appelé Lille; de là, conduisant son armée vers un endroit appelé Bonde, il y campa, et fit construire un pont. Les ennemis, qui avaient aussi dressé leur camp sur les bords de la Lys, mais au-delà de ce fleuve, rompirent ce pont, afin d'empêcher l'armée du roi de passer vers eux. Il y eut aussi une si grande et si continuelle inondation de pluies dans ce pays, que les hommes et les chevaux, enfoncés jusqu'au jarret dans la boue et la fange, furent accablés de beaucoup d'incommodités. Enfin, comme il ne pouvait arriver de vivres vers lui ni vers son armée, le roi, ayant pris conseil des barons, fut forcé, quoique non sans une grande affliction et amertume de cœur, de licencier son armée, et de s'en revenir sans être venu à bout de son entreprise. De peur que le butin n'enrichît les ennemis, il fit mettre le feu aux tentes; ce que voyant les ennemis, ils crurent que les nôtres, ayant dressé un pont, voulaient fondre sur eux, et brûlant aussi leurs tentes, ils se mirent à fuir. Avant de partir de ce lieu, le roi, par le conseil de ses oncles, de ses frères et de ses barons, dota, dit-on, la reine Clémence de vingt mille livres de revenus, assignés principalement sur Loriz, Baugency, Montargis, Fontainebleau et autres territoires, et lui fit un acte de cette donation. Il y eut cette année défaut de vin dans le royaume de France au-delà de ce qu'on avait jamais vu, et la qualité n'en fut pas meilleure que la quantité.

Au mois d'octobre, il fut tenu à Senlis, contre l'évêque de Châlons, au sujet dont nous avons parlé, un concile où assistèrent l'archevêque de Rheims qui le présida, ses suffragans, quelques autres prélats et deux prévôts. Ledit évêque demanda qu'avant tout fût réparé le dommage qui lui avait été fait, tant en sa personne qu'en ses biens, ce qu'il obtint comme il en avait le droit. Après cette concession, il voulut que les prélats fissent une enquête à ce sujet. Ainsi là-dessus le concile fut prorogé et transporté à Paris. Vers ce même temps, le pape Jean partagea l'évêché de Toulouse en six évêchés, dont la ville de Toulouse devint le siége métropolitain.

Il partagea aussi l'évêché de Poitiers en trois évêchés, celui de Poitiers, celui de Maillezais et celui de Luçon. Ces deux derniers étaient auparavant deux abbayes soumises à l'évêque de Poitiers; elles furent transformées en églises cathédrales, et leurs abbés furent créés évêques. Quelques chevaliers et autres nobles du Vermandois et de la Champagne s'étant ligués ensemble, se soulevèrent contre la comtesse Mathilde, qui les voulait injustement opprimer, et ils arrachèrent à main armée un certain chevalier d'un château très-fortifié où elle le retenait emprisonné, et où demeurait Jeanne, comtesse de Poitou, fille de ladite Mathilde, qui devint dans la suite reine d'Angleterre, et qu'ils laissèrent librement se sauver par la fuite. C'est pourquoi lesdits chevaliers, accusés d'avoir conspiré contre la majesté royale, furent appelés à Compiègne par le roi Louis, vers la fête de la Toussaint, et ayant comparu devant le roi, ils firent, dit-on, réparation. Charles de Valois et beaucoup d'autres barons du royaume de France, à leur retour de Flandre, fabriquèrent à Paris une nouvelle monnaie qui n'eut cours à Paris et aux environs que pendant peu de temps, le roi en ayant interdit le cours, excepté dans les terres de ceux qui l'avaient fait fabriquer. Vers la fête de saint Thomas, on vit dans le ciel une comète qui paraissait présager la mort du roi, comme l'événement le fit voir dans la suite.

[1316.] Cette année, le manque de récolte, dont on a parlé plus haut, occasionna dans le royaume de France une si onéreuse cherté, que le boisseau de blé de Paris et des environs se vendait cinquante sous forts parisis ; le boisseau d'orge trente sous, et celui d'avoine dix-huit et plus. Il en fut ainsi dans toutes les parties du royaume de France, selon les mesures usitées dans chacune.

Louis, roi de France et de Navarre, ayant été pendant quelques jours dans la maison royale du bois de Vincennes, en proie à une violente fièvre, termina sa vie le 5 du mois de juillet, laissant la reine Clémence grosse d'un garçon, et une fille unique, nommée Jeanne, qu'il avait eue de feue Marguerite sa première femme. Son corps fut d'abord porté le jour même à Paris, dans l'église de la sainte Vierge, et le jour suivant transporté, avec la magnificence convenable à un roi, dans l'église de Saint-Denis, tombeau de ses ancêtres, où il reçut la sépulture ecclésiastique le troisième jour après sa mort. Philippe, comte de Poitou, qui était parti pour Lyon, afin d'aller à Avignon hâter l'élection d'un souverain pontife, ayant appris la mort de son frère le roi de France Louis, se hâta de revenir à Paris ; cependant il fit avant son départ de Lyon renfermer les cardinaux, dont il confia la garde au comte du Forez. Ledit comte Philippe arriva à Paris le jour de la lune après la Translation de saint Benoît. Après avoir pris les chevaux du roi, le jour suivant il fit en sa présence célébrer dans le monastère de Saint-Denis les obsèques de son frère le roi Louis, et ensuite, revenant à Paris, fit assembler le parlement, dans lequel il fut sagement réglé, par le conseil des grands et des chevaliers du royaume, que ledit Philippe défendrait et gouvernerait le royaume de France et celui de Navarre pendant dix-huit ans, quand même la reine Clémence, que son frère avait laissée grosse, accoucherait d'un enfant mâle. C'est pourquoi sur son grand sceau était écrit : « Philippe, fils du roi des Fran« çais, régent des royaumes de France et de Na« varre. » Vers la fête de la Madeleine, Louis, comte de Clermont, et Jean son frère, comte de Soissons, ainsi que beaucoup d'autres, reçurent solennellement à Paris la croix d'outre-mer des mains du patriarche de Jérusalem, devant un grand nombre de prélats assemblés ; et Louis annonça de la part du comte de Poitou, qui avait déjà pris la croix depuis longtemps, et du vivant de son père, que tous ceux qui avaient pris la croix à cette époque ou avant eussent à faire des préparatifs selon leur pouvoir pour s'embarquer avec lesdits comtes immédiatement à la fête de la Pentecôte, c'est-à-dire dans un an à compter de la fête actuelle de la Pentecôte. Il y eut cette année une grande mortalité d'hommes, et surtout de pauvres, dont beaucoup périrent de faim.

Après que le Siége apostolique eut vaqué pendant plus de deux ans, les cardinaux renfermés élurent enfin souverain pontife, le premier d'août, à la fête de Saint-Pierre-aux-Liens, le seigneur cardinal Jacques, auparavant évêque d'Avignon, natif de Cahors, homme expert dans le droit et d'une louable vie. Ayant changé son nom pour celui de Jean XXII, il reçut à Avignon, avant la Nativité de la sainte Vierge, les insignes de la papauté. Charles, comte de la Marche, frère de Philippe, régent des royaumes de France et de Navarre, et leur oncle Louis, comte d'Evreux, honorèrent cette cérémonie de leur présence, et tinrent les brides du cheval que montait le pape. Le vendredi après la Nativité de la sainte Vierge, un tremblement de terre eut lieu à Pontoise et dans la ville de Saint-Denis en France, quoique ce pays en éprouve rarement, et qu'ils soient inconnus dans d'autres parties du royaume. Dans ce temps, le pape Jean accorda les annates pour quatre ans à Philippe, comte de Poitou, régent des royaumes de France et de Navarre. La nuit qui précéda le premier jour d'octobre de cette année, il y eut une éclipse de lune. Jean, comte de Soissons, qui avait récemment pris la croix d'outre-mer, termina son dernier jour.

Robert, neveu de Mathilde de Beaumont le Roger, comtesse d'Artois, voulant s'emparer du comté d'Artois, qu'il prétendait lui appartenir au titre de Philippe son père, frère de ladite Mathilde, mort depuis long-temps, se joignit aux chevaliers confédérés dont nous avons parlé plus haut. Quoique Philippe, régent du royaume de France, eût remis cette affaire en main souveraine, ou à la décision quelconque de Gautier, connétable de France, envoyé dans le pays pour réprimer cette révolte, Robert se souleva à main armée, s'empara par force de la ville d'Arras et du château de Saint-Omer, et méprisa de comparaître devant le parlement de Paris, malgré les sommations qui lui en furent faites. Ce qu'ayant appris, le comte Philippe prit les armes contre lui; le samedi avant la fête de la Toussaint, il prit à Saint-Denis la bannière, l'évêque de Saint-Malo célébrant la messe et lui donnant sa bénédiction; cependant les saints martyrs ne furent pas tirés de leur châsse et posés sur l'autel, et on n'y fit pas toucher la bannière comme on avait coutume de le faire autrefois. Le comte Philippe étant arrivé à Amiens avec une nombreuse armée, avant d'engager un combat, il fut convenu que des gens de confiance seraient chargés de traiter de la paix entre Robert et ladite comtesse, et que si on ne pouvait les mettre d'accord, ils seraient absolument jugés par les pairs et grands du royaume, et que la procédure de leur affaire resterait en l'état où elle en était à l'époque de la mort de Robert, comte d'Artois, père de ladite Mathilde et aïeul de Robert, nonobstant tout jugement rendu à cet égard; que pendant ce temps Charles, comte de Valois, et son frère Louis, comte d'Evreux, tiendraient le comté en main souveraine et en recevraient tous les revenus et rentes; que Robert, qui avait appelé les confédérés à son secours, se rendrait en prison à Paris, et que cependant si quelques-uns des confédérés avaient en d'autres circonstances attenté contre la majesté royale, ils offriraient de s'en justifier légitimement en temps et lieu ; ce qui fut ainsi fait. Le comte Philippe donc après avoir licencié son armée s'en revint à Paris ; le comte Robert fut emprisonné à Paris, d'abord au Châtelet, et ensuite à Saint-Germain-des-Prés.

Dans Paris, au Louvre, le quinzième jour du mois de novembre, la nuit qui précède le dimanche, la reine Clémence, travaillée de la fièvre quarte, accoucha d'un enfant mâle, premier fils du feu roi Louis, qui, né pour régner dans le Christ et appelé Jean, mourut le 20 du même mois, à savoir le vendredi suivant. Le jour suivant il fut enterré dans l'église de Saint-Denis, aux pieds de son père, par le seigneur Philippe, comte de Poitou, qui tenait alors légitimement le rang de roi de France et de Navarre, et le porta lui-même au tombeau, avec ses fils et ses oncles Charles et Louis. Philippe, frère de feu Louis roi de France, fut, le dimanche après la fête de l'Epiphanie, sacré roi à Rheims avec Jeanne sa femme, en présence de ses oncles Charles et Louis, et des grands et pairs du royaume, qui cependant n'assistèrent pas tous à cette cérémonie.

Quoique Charles, comte de la Marche, frère de Philippe, fût venu avec lui jusqu'à Rheims, cependant il quitta cette ville dès le grand matin avant son couronnement. Le duc de Bourgogne n'y voulut point venir, et même l'ancienne duchesse de Bourgogne fit un appel et enjoignit aux pairs, et surtout aux prélats qui assistaient au couronnement, de ne point couronner Philippe avant qu'on eût délibéré sur les droits de la jeune fille Jeanne, fille aînée du feu roi Louis, sur le royaume de France et de Navarre. D'après ces faits et quelques indices, un grand nombre concluaient que lesdits grands et pairs du royaume et quelques autres avaient contre le roi une secrète inimitié, et on disait même que son oncle Charles, comte de Valois, favorisait leur parti. Malgré tout cela cependant on célébra solennellement la cérémonie du couronnement, les portes de la ville fermées et gardées par des hommes d'armes. Une discussion s'étant élevée entre l'évêque de Beauvais et l'évêque de Langres sur la question de savoir à qui appartenait la préséance de la pairie, on décida en faveur de l'évêque de Beauvais. Mathilde, comtesse d'Artois, mère de la reine, tint, dit-on, la couronne comme pair du royaume avec les autres pairs, ce qui excita l'indignation de quelques-uns. A la mort de Philippe de Marigny, archevêque de Sens, frère d'Enguerrand, dont nous avons parlé plus haut, le noble Guillaume, frère du vicomte de Meaux, lui succéda. Vers le même temps, Gilles, archevêque de Bourges, étant mort, eut pour successeur l'évêque de Limoges. Dans ce temps aussi moururent Guichard, autrefois évêque de Troyes, et Jean, autrefois chantre d'Orléans, qui lui avait succédé à l'évêché de Troyes, et mourut le jour même de sa consécration.

Robert, neveu de la comtesse d'Artois par son frère, ayant été délivré de prison, après quelques altercations au sujet du jugement sur les droits du comté d'Artois, les deux parties traitèrent à l'amiable, et Robert renonça à tous ses droits sur le comté, à condition que le roi réglerait cette affaire selon la justice. Robert prit en mariage la fille du comte de Valois. Vers la Purification mourut Conrard, abbé de Cîteaux; Gautier lui succéda. Vers la Purification de la sainte Vierge se rassemblèrent en présence de Pierre d'Arrabloi, depuis long-temps chancelier du roi Philippe, et nouvellement créé cardinal par le pape, beaucoup de grands, de nobles et d'hommes puissans du royaume, avec la plupart des prélats et des bourgeois de Paris. Ils approuvèrent tous le couronnement du roi Philippe et jurèrent de lui obéir comme à leur roi, et après lui à son fils aîné Louis, comme à son légitime héritier et successeur. Les docteurs de l'université de Paris approuvèrent unanimement le couronnement, mais ne firent cependant aucun serment. Alors aussi il fut déclaré que les femmes ne succèdent pas à la couronne du royaume de France. Le mardi avant les Cendres il y eut dans le diocèse de Poitiers un tremblement de terre. Le jeune Louis, fils aîné de Philippe roi de France, mourut le vendredi après les Cendres, et reçut la sépulture ecclésiastique dans le monastère des frères Minimes à Paris, auprès de son aïeule Jeanne, reine de France et de Navarre. Cette même année il y eut un très-rigoureux hiver, qui dura depuis la fête de saint André jusqu'à Pâques environ.

[1317.] Cette année on traita de la paix avec les Flamands. Le comte de Valois aimant mieux que le comté de Flandre allât à sa fille qu'au fils du comte d'Evreux, son frère, chercha à rompre le mariage de celui-ci, et il fit tant que, quoique le jour de la noce eût été fixé entre eux et qu'on eût fait pour la célébration dudit mariage tous les pompeux préparatifs qui convenaient à une telle noce, le roi néanmoins manda qu'on la différât, voulant, assurait-il, donner en mariage audit fils du comte d'Evreux une de ses propres filles. Le roi et les Flamands ne pouvant s'accorder sur toutes les conditions stipulées dans le traité qu'on espérait devoir rétablir la paix entre eux, il fut réglé, du consentement du roi et des Flamands, qu'ils auraient recours au pape, qui déciderait sur le point en discussion; mais, comme le pape voulait arranger cette affaire à l'amiable, les envoyés des Flamands dirent qu'ils n'avaient reçu ni ordre ni pouvoir de rien rectifier, et qu'ils demanderaient aux leurs s'ils voulaient approuver ce qui avait été réglé. Alors le pape envoya en France l'archevêque de Bourges et le maître de l'ordre des Prêcheurs pour rétablir la concorde par l'autorité apostolique, les deux partis entendus. Les Flamands, cherchant de frivoles prétextes de discorde, disaient qu'ils donneraient volontiers leur consentement, pourvu qu'on leur accordât de solides garanties que les gens du roi n'enfreindraient point la paix conclue; et le roi leur ayant accordé ces garanties, ils ne voulurent point cependant les recevoir. Ainsi les envoyés du pape, trompés par les Flamands, ainsi que le roi et les grands de France, s'en retournèrent sans avoir réussi dans leurs négociations.

Cependant la mésintelligence qui régnait entre le roi de France et le duc de Bourgogne fut apaisée par l'entremise de leurs amis. Le roi n'avait pas de fils, car son fils unique né de Jeanne sa femme, pendant qu'il était en Bourgogne occupé à rassembler les cardinaux pour l'élection du souverain pontife Jean, était mort peu de temps auparavant; mais il avait plusieurs filles, dont il donna l'aînée en mariage au duc de Bourgogne. Comme on craignait une guerre avec les Flamands, on conclut jusqu'à la fête suivante de Pâques une trêve qui, après ce terme, fut prolongée jusqu'à la fête suivante de la Pentecôte, et enfin comme auparavant jusqu'à la Pâque suivante. Vers le même temps, le roi circonvenu, comme on le croit, par les paroles et les prières des amis d'Enguerrand, qui avait été pendu, consentit à ce qu'il fût ôté du gibet et enterré au milieu du chœur de l'église des frères Chartreux à Paris, où son frère Jean, archevêque de Sens, avait été déposé aussitôt après sa mort; il reçut donc la sépulture ecclésiastique et fut renfermé sous la même pierre que son frère.

Le pape Jean XXII fit par une bulle publier à Paris et dans d'autres villes célèbres pour les études, les statuts appelés vulgairement les *Clémentines*, parce qu'ils avaient été établis par le souverain pontife Clément, dans le concile de Vienne; ils avaient été suspendus, pour un temps, à cause d'un grand nombre d'excommunications, suspensions et autres peines de droit qu'ils contenaient et qui paraissaient trop sévères. Le pape Jean ordonna de les observer, sous peine des punitions portées dans ces statuts, ce qui troubla beaucoup les Béguines, parce qu'on y supprimait sans aucune distinction leur ordre tout entier; mais malgré cette condamnation, l'ordre des Béguines subsista toujours, car leur nom et leur règle persistent encore dans l'Eglise, et leur ordre, par la permission du pape, est devenu une sorte de communauté. En effet, il vaut mieux que ces femmes vivent ainsi, que si, libres de tout frein, elles s'égaraient dans les pompes et les vanités du monde, car parmi elles il y a beaucoup de bonnes et religieuses personnes, et elles s'adonnent en commun à des exercices de piété. On croit cependant que la chose avait été conseillée et même appuyée. Quelques-uns prétendent que les ordres de mendians ne seront mendians que de nom et point réellement, tant que le béguinage demeurera en vigueur. Vers le même temps, sur les confins et dans le comté de Milan, en Italie, s'élevèrent des hérétiques qui causèrent de grands troubles à l'Eglise de Dieu, tant par leur conduite et leurs œuvres perverses que par leur puissance temporelle : c'étaient Matthieu, un des comtes de Milan, Galéas son fils, Marc, Luc, Jean et Etienne. Une inquisition ayant été faite contre eux, ils furent trouvés manifestes hérétiques, et définitivement condamnés comme tels... Ayant reçu souvent des envoyés du Siége apostolique, ils les frappèrent, les emprisonnèrent, déchirèrent leurs lettres; ils dépouillèrent les églises, enlevèrent ce qu'elles renfermaient, chassèrent de leurs résidences les évêques, les abbés et autres personnes ecclésiastiques, les flagellèrent, les envoyèrent en exil, en tuèrent plusieurs, et brûlèrent les hôpitaux, les églises et autres maisons de piété. Matthieu défendit aux ecclésiastiques les synodes, les conciles, les chapitres, les visites et les prédications ; il abusa d'un grand nombre de jeunes filles, et, après les avoir flétries, les mit violemment à mort; il viola beaucoup de nonnes dans des monastères, défendit d'observer l'interdit lancé contre la ville de Milan, força les clercs à célébrer solennellement l'office divin, malgré cet interdit; ses fils en firent autant en d'autres endroits. Il fit prêcher que la sentence d'excommunication lancée contre lui n'était pas à craindre. Il s'unit aux schismatiques, ce qui fut une source de guerres et de schismes innombrables et de beaucoup d'autres hérésies. Il niait la résurrection de la chair, ou du moins la révoquait en doute. Son aïeul et sa grand'mère avaient été hérétiques et pour ce brûlés. Manfied sa sœur par sa mère avait été brûlée à Orvara; elle prétendait que le Saint-Esprit était incarné. Inguilline, hérétique aussi, avait de même été livrée aux flammes. Dans ce temps, le pape Jean fit plusieurs procès et fulmina beaucoup de sentences contre ces hérétiques condamnés et excommuniés; mais leur obstination fit que ces sentences eurent peu et même point de succès; c'est pourquoi le pape, voyant qu'il ne réussirait pas par cette voie, accorda à ceux qui leur feraient la guerre de larges indulgences conçues en cette forme : Que quiconque, clerc ou laïc, marcherait personnellement en guerre, à ses frais ou à ceux d'un autre, contre ces schismatiques, hérétiques excommuniés, rebelles au Christ et ennemis de la sainte mère Eglise, et demeurerait pendant un an à cette expédition sous la bannière de l'Eglise romaine, ou y enverrait pour un an de vaillans hommes de guerre, gagnerait l'indulgence accordée ordinairement à ceux qui vont au secours de la Terre-Sainte; pour telle partie d'année, partie d'indulgence proportionnée; pour ceux qui mourraient en route, indulgence entière; ceux qui enverraient des secours pécuniaires devaient avoir une part d'indulgence proportionnée à la quantité des dons ou donations.

Comme ceux qui ont écrit avant l'année 1314 ou environ, n'ont rien dit du Bavarois soi-disant roi des Romains, je vais remonter au temps de son élection, et, quoiqu'il en ait été dit quelque chose plus haut, rapporter ce fait avec les antécédens. Il entra en Italie, et s'allia cruellement auxdits schismatiques et hérétiques. L'an du Seigneur 1314, après la mort de l'empereur Henri, de glorieuse mémoire, les trois archevêques, électeurs des rois d'Allemagne, les archevêques de Mayence, Trèves et Cologne, rassemblés pour l'élection avec trois ducs à Francfort-sur-le-Mein, choisirent unanimement pour roi d'Allemagne Louis, duc de Bavière; l'archevêque de Cologne seul donna son suffrage à Frédéric, duc d'Autriche. Après quoi les autres princes, conduisant ledit Louis à Aix-la-Chapelle, lieu ordinaire du sacre des rois d'Allemagne, ils le firent asseoir sur le trône du magnanime empereur Charlemagne, vers la Nativité de la sainte Vierge Marie, et le couronnant roi des Romains, lui mirent sur la tête le diadème royal.

Vers la fête suivante de la Pentecôte, l'archevêque de Cologne couronna, non à Aix-la-Chapelle, mais dans une ville appelée Bonn, et éloignée de quatre lieues de Cologne, Frédéric, qu'il avait élu. Après son couronnement, Louis, qui avait eu pour lui la majorité des électeurs, et paraissait le plus puissant, revint à Nuremberg, où les rois d'Allemagne, après avoir reçu la couronne de roi des Romains, avaient coutume d'établir leur première résidence, et y fit publiquement annoncer qu'il tiendrait sa cour. Il reçut en cette ville les hommages de l'Empire, exerça les droits et juridictions temporelles, confirma les priviléges, et fit les autres actes royaux qui étaient et paraissaient de son ressort. Il disait qu'il pouvait le faire sans aucune requête de l'Eglise et du pape, parce que lui-même et ses prédécesseurs l'avaient fait et prescrit depuis si long-temps qu'on n'avait pas souvenir du contraire. Il s'éleva à l'occasion de cette élection une très-funeste dissension entre les deux princes élus, qui ravagèrent mutuellement leurs terres par beaucoup d'incursions. Enfin il se livra entre eux une bataille en plaine; et quoique le parti de Frédéric, duc d'Autriche, fût le plus nombreux, le plus fort et le plus puissant, Louis cependant, à la tête d'un nombre peu considérable de troupes, en comparaison des ennemis, tua beaucoup de ceux-ci, en contraignit un grand nombre à la fuite, et, s'emparant de Frédéric et de Henri son frère, remporta une glorieuse victoire. Après ce triomphe, Louis, selon la coutume de ses prédécesseurs, envoya vers le souverain pontife une solennelle ambassade pour lui demander qu'il le confirmât sur le trône, et le couronnât et bénît empereur, ce qui, disait-il, lui était dû de droit. Le pape cependant n'y voulut absolument point consentir, disant que comme il y avait eu opposition à son élection, il appartenait au souverain pontife, avant de le confirmer dans la dignité de l'Empire, de décider définitivement auquel des deux élus revenait légitimement la couronne. De même, disait-il, au pape appartient l'approbation, non seulement de l'élection, mais même de la personne élue, avant que les droits impériaux puissent être légitimement exercés; et Louis, en s'ingérant à les exercer, recevant les hommages de l'Empire, distribuant illicitement les fiefs, avait par là porté préjudice aux priviléges de l'Eglise romaine; en sorte que quand bien même il aurait eu auparavant quelques droits au trône, cette conduite l'en privait justement.

Vers le même temps il s'éleva dans la cour de Rome, au sujet des frères Minimes, une discussion délicate qui dans la suite des temps, comme nous l'avons vu de nos propres yeux, fut pour l'Eglise une source de scandales et de schismes pervers. En effet, la règle desdits frères et leurs vœux portent explicitement et expressément qu'aucun frère n'aura rien ni en propre, ni en commun, et qu'ils n'ont droit à aucune sorte de propriété, mais simplement à l'usage des choses; ils affirment que cette manière de vivre est la plus parfaite, qu'elle est évangélique, et a été suivie par le Christ et les apôtres, qui ont enseigné à la suivre, et que le Christ ne possédait rien du tout ni en propre, ni en commun. Cette singularité excita la surprise de quelques-uns; par exemple, dans une chose dont l'usage est la consommation, comme dans quelque chose qu'on mange, supposez du pain et du fromage, il est certain qu'en cette circonstance la possession passe dans l'usage, et que celui qui a l'usage a la possession; voilà donc un cas où on ne peut distinguer la possession de l'usage, et il faut que, dans l'expression de leur vœu, il soit dit que dans aucune chose on n'a la possession, et que cependant, en ce qui se rapporte à la vie, on a usage de la possession. Supposez qu'ils veuillent vivre, il est donc nécessaire à ceux qui professent cette règle de rompre leur vœu; bien plus, il est évident qu'un tel vœu est par eux rompu chaque jour; c'est pourquoi beaucoup de gens concluaient qu'ils n'étaient pas dans l'état de salut, et que ce vœu ne provenait pas de sainteté, mais plutôt d'une volonté adoptée sans raison, et on disait que le souverain pontife penchait vers cette opinion. La cherté du blé continua cette année dans le royaume de France.

[1318.] Ainsi qu'on l'a dit plus haut, comme on avait à craindre entre le roi de France Philippe et le duc de Bourgogne quelque renouvellement des querelles si promptement apaisées par l'entremise de leurs amis, pour plus grande marque de concorde ils fortifièrent leur amitié par plusieurs alliances. A la fête de la Trinité, le duc de Bourgogne prit en mariage la fille aînée du roi, et par la volonté du roi et du duc, leur nièce, fille aînée du feu roi Louis par la sœur du duc, fut donnée en mariage à Philippe, fils de Louis comte d'Évreux; et ce qui fut pour beaucoup de gens un grand sujet d'étonnement, c'est que quoiqu'ils ne fussent point encore nubiles, cependant dès ce moment ils furent solennellement unis par les paroles du mariage.

Louis, fils aîné du comte de Flandre, homme-lige du roi de France pour le comté de Nevers, la baronie de Douzy et le comté de Réthel, qui lui revenait au titre de sa femme, fut accusé de plusieurs trames contre le roi et le royaume, comme d'entretenir les Flamands dans leur rébellion, de mettre obstacle à la paix, de munir ses châteaux et forteresses contre le roi et le royaume, d'envoyer vers les ennemis ses enfans et ses serviteurs, et de s'allier avec tous ceux qu'il pouvait supposer ennemis du roi. Cité à Compiègne dans la quinzaine de l'Assomption de sainte Marie, pour répondre solennellement sur lesdites accusations en présence du roi et de ses gens, quoiqu'on lui eût fait savoir que, soit qu'il vînt ou non, justice serait cependant faite à son égard, il ne comparut point, et même passa vers les Flamands avec ses biens. C'est pourquoi le roi prit possession desdits comtés, et assigna sur le comté de Réthel un revenu suffisant à sa femme, que cet homme, coupable de toutes les méchancetés, avait répudiée, quoique le bruit public affirmât que c'était une sainte et honnête femme. Mathilde, comtesse d'Artois, fille de Robert d'Artois, voulant entrer à main armée dans sa terre, éprouva de la résistance de la part d'un grand nombre de chevaliers confédérés du comté et des environs, qui lui signifièrent que, si elle voulait entrer sans armes dans sa terre, ils y consentiraient volontiers; mais que si elle y venait à main armée, ils lui en fermeraient l'entrée. Ce qu'ayant entendu, ladite comtesse, craignant le danger, renonça à son entreprise.

Le pape envoya encore d'autres messagers vers les Flamands, à savoir : maître Pierre de Plaude, frère Prêcheur et docteur en théologie, et deux frères Minimes, chargés d'une lettre de lui, dans laquelle le pape leur conseillait d'accepter pacifiquement les garanties que leur offrait le roi, et qu'il croyait suffisantes; qu'autrement il les regarderait comme des parjures qui mettaient obstacle à l'expédition d'outremer. Ils répondirent : « Le pape ne nous ordonne « rien, il ne fait que nous conseiller; ainsi nous ne « nous croyons pas obligés. » Cependant ils prirent jour pour traiter à Compiègne dans l'octave de l'Assomption. Ce jour-là le pape envoya le maître de l'ordre des Prêcheurs avec un frère Minime, docteur en théologie, et le roi envoya aussi une solennelle ambassade; mais on ne vit paraître personne de la part des Flamands, si ce n'est seulement deux jeunes gens, fils de bourgeois, qui dirent n'avoir point été envoyés pour rien régler. Interrogés sur les motifs de leur venue, ils répondirent : « Nous avons perdu quel« que bétail, et nous sommes sortis pour le chercher. » Ainsi joués, les envoyés du pape et du roi s'en retournèrent chez eux. Les Flamands avaient essayé auparavant d'entraîner les gens du Poitou dans la même alliance et les mêmes sermens, afin de se renforcer contre le roi; mais les Poitevins ne le voulurent point.

La même année, il y eut une guerre civile à Verdun en Lorraine, entre les citoyens de cette ville, en sorte qu'un des partis chassa l'autre de la ville. Le comte de Bar, qui défendait contre l'évêque de la ville et son frère, le seigneur d'Aspremont, le parti des bourgeois expulsés, rassembla une armée, et après avoir long-temps assiégé le château de Diuland, en ayant rompu et renversé les remparts, le prit ainsi qu'un autre appelé Sapigny. Mais le roi de France, chargé de la garde de cette ville, ayant envoyé dans ce pays le connétable de France, rétablit entre eux la concorde, et les citoyens expulsés furent rappelés chez eux. Cette année le Seigneur renouvela le miracle de la multiplication des pains; car comme déjà, par tout le royaume de France, la cherté du blé était devenue si excessive que le boisseau de blé était monté au prix de quarante sous, avant aucune moisson ni récolte de fruits, par la grâce de Dieu clairement manifestée à nos yeux, il fut réduit au prix de douze sous ou environ. La dépense en pain qui suffisait à peine pour la nourriture d'un homme pendant une petite heure, et n'apaisait même pas la faim, la cherté diminuée, suffisait abondamment à la nourriture de deux hommes pendant toute une journée.

La reine Clémence, veuve de feu Louis roi de France, entra dans Avignon vers la fête de la Toussaint, croyant y trouver son oncle le roi de Sicile; mais elle l'y attendit vainement pendant quelque temps, parce qu'il n'y put venir promptement à cause de la guerre des Génois, par le territoire desquels il avait pris sa route. Ayant été voir le pape, elle en reçut un accueil très-gracieux, et par son conseil se rendit à Aix au couvent des sœurs de Saint-Dominique, où elle attendit long-temps l'arrivée du roi son oncle. Cette année le roi de Sicile s'approcha de Gênes, et entrant dans cette ville, fut reçu avec honneur par les Guelfes, qui en avaient chassé les Gibelins. Il desirait quitter Gênes pour aller rendre visite au souverain pontife, mais les instances des Guelfes, qui le menaçaient d'une honte et d'un opprobre éternels s'il les laissait exposés aux attaques des Gibelins leurs ennemis, qui assiégeaient leur ville, et d'autres raisons de cette sorte [1] ..... le décidèrent à s'arrêter à Gênes plus long-temps qu'il ne comptait.

L'hiver étant passé, le roi fit voile vers Savone avec vingt-trois galères et une multitude d'hommes d'armes; mais les Gibelins lui ayant opposé une vigoureuse résis-

---

[1] Il y a ici une lacune dans le texte.

tance, il ne put entrer dans le port ; cependant plusieurs galères s'étant dirigées vers le port dit de Saint-André, assiégèrent un château qu'on disait gardé par les Gibelins, et, s'en emparant en peu de temps, le livrèrent aux flammes ; ce que voyant, le roi et les Génois naviguèrent au secours des leurs avec une grande multitude d'hommes d'armes. Les ennemis à leur vue allèrent à leur rencontre, et il s'engagea un violent combat, qui fut interrompu par la nuit. Comme il avait été convenu de part et d'autre que le lendemain matin ils retourneraient au même endroit pour y combattre de nouveau en bataille rangée, ceux qui s'étaient emparés du château étant sortis le matin, ne trouvèrent personne dans la plaine ; les ennemis craignant de perdre la bataille, n'avaient cessé de fuir toute la nuit, emportant tous les bagages et fardeaux qu'ils purent. Ce que voyant, ceux qui étaient venus pour combattre se rendirent vers le camp, où ils enlevèrent le reste des vivres et des effets, et tuèrent tous les hommes qu'ils trouvèrent. Ensuite le roi envoya au secours de ceux qui assiégeaient Savone une nombreuse multitude d'hommes d'armes, dont le capitaine, le seigneur Pierre de Genèse, s'étant éloigné d'une grande distance du camp des siens pour aller chercher des vivres, fut pris par les ennemis après un combat opiniâtre dans lequel tous les siens périrent.

Frédéric, duc d'Autriche, et son frère Henri, ayant été pris dans une bataille en plaine, comme nous l'avons dit plus haut, par le duc de Bavière, élu roi des Romains, le duc Léopold, autre frère dudit Frédéric, s'efforça d'arracher celui-ci des mains du Bavarois, sur le territoire duquel il fit beaucoup d'incursions; mais le Bavarois, soutenu par les secours du roi de Bohême, lui opposa une vigoureuse résistance et fit échouer ses projets.

Vers ce temps, de la Fleur de Lys, maison d'études de Paris sortirent deux fils, méchante race de vipère, à savoir, maître Jean de Laon, Français de nation, et maître Marsille de Padoue, Italien de nation, qui élevèrent contre l'honneur de l'Eglise beaucoup de mensonges et de faussetés, et poussèrent contre elle beaucoup de pernicieux aboiemens. Liés au parti des Bavarois, ils l'engageaient et l'excitaient à ne rien craindre des frivoles paroles du pape, à faire valoir fermement les droits de l'Empire selon la coutume de ses prédécesseurs, même contre l'Eglise, allant jusqu'à dire que les droits de l'Eglise tiraient plutôt leur origine de la dignité impériale que de partout ailleurs.

Vers ce temps-là, le pape Jean promulgua quelques déclarations au sujet de la règle des frères Minimes; car comme les frères disaient, ainsi que nous en avons parlé quelque part, que dans toutes choses ils n'avaient absolument que l'usage, et que la propriété était réservée au pape, le pape voyant que cette propriété ne procurait aucun avantage à l'Eglise, puisque les frères conservaient l'usage de la chose, renonça à une telle propriété comme étant sans aucune utilité pour lui ni pour l'Eglise, et révoqua l'agent chargé de la gérer en son nom, ne se réservant dans les affaires des frères que le spirituel et la souveraineté commise à sa direction; et cela indépendamment du droit de propriété qu'il a en commun avec tous les possesseurs des biens de l'Eglise sur toutes les maisons, livres et choses nécessaires au service divin. Le pape à ce sujet envoya à Paris, et dans d'autres villes de grandes études, des statuts et décrétales, sous forme de bulle, qu'il ordonna de lire publiquement, ainsi que les autres décrétales. Il y décidait que dans les choses qui se consomment par l'usage, la propriété ne peut être distincte de l'usage, ni l'usage de la propriété. Cela fit naître beaucoup de doutes sur la question de savoir si les religieux soumis à de telles règles pouvaient, sans scrupule et sans grand péril pour leurs ames, prendre sur eux de garder plus long-temps les observances qu'on leur imposait.

Vers le même temps, le Bavarois apprenant que le pape lui refusait la bénédiction impériale, quand selon lui elle lui était due de droit, car il avait pour lui la majorité des électeurs, se regarda comme élu sans opposition; c'est pourquoi il disait que, selon les droits et coutumes confirmés par ses prédécesseurs, il lui appartenait d'administrer tout le temporel de l'Empire, de distribuer les fiefs et les dignités, et recevoir les hommages, comme l'avaient fait ses prédécesseurs élus de la même manière que lui, sans que le pape eût rien à réclamer à ce sujet. Il en appela donc à un concile général et fit proclamer son appel en différens lieux, soutenant que le pape était un hérétique, surtout encore, disait-il, lorsqu'il paraissait s'efforcer de détruire la règle de saint François et de l'ordre des frères Minimes, confirmée avant lui par ses saints prédécesseurs et louablement observée par de si saints religieux, ensorte qu'il ne pouvait, sans folie et erreur contre la foi catholique et le Christ, attenter à cette règle si sainte ou à ceux qui la professaient, considérant surtout qu'elle ordonne d'observer toute la perfection de la vie spirituelle, et que ceux qui la professent suivent la voie de pauvreté évangélique qu'a suivie le Christ, et qu'il a enseignée et recommandée aux apôtres et hommes apostoliques, tels que ceux qui professent cette règle.

[1319.] L'an du Seigneur 1319, le samedi après l'Ascension du Seigneur, mourut l'illustre seigneur Louis, comte d'Evreux; et le mardi suivant il fut enterré auprès de sa femme, à Paris, dans l'église des frères Prêcheurs, en présence du roi de France son neveu, de beaucoup de grands, évêques et abbés; une messe solennelle fut célébrée par Goncelin, prêtre-cardinal au titre de saint Marcellin et de saint Pierre, qui était venu à Paris pour y traiter de la paix avec les Flamands. Le cardinal envoyé en France avec l'archevêque de Troyes pour rétablir la paix avec les Flamands, partant pour la Flandre, pria l'évêque de Tournai, dans l'évêché duquel il s'était arrêté, de faire connaître son arrivée aux Flamands et d'annoncer le mandement apostolique. Ledit évêque, craignant d'y aller en propre personne, chargea de cette affaire deux frères Minimes qui, après avoir accompli leur message, furent aussitôt, par un ordre du comte, retenus prisonniers.

Dans le même temps, le comte de Flandre ayant rassemblé une armée avec la comtesse de Gand, dans le projet de soumettre les gens de Lille qu'il craignait, parce qu'ils étaient sous la domination royale, voulut passer la Lys; mais les Gantois disant qu'ils avaient juré au roi de France d'observer la trêve, ne voulurent pas aller plus loin avec lui, et même ils s'en retournèrent sans se soucier de ses ordres; c'est pourquoi le comte indigné les condamna à lui payer une grosse somme d'argent. Comme ils s'y refusèrent, le comte fit garder avec soin toutes les passes et routes qui conduisaient à Gand : il accepta la rançon de quelques Gantois, en emprisonna quelques-uns, en tua plusieurs et les accabla d'un grand nombre d'injustices. Mais les gens de Gand, lui opposant une vigoureuse résistance, l'attaquèrent courageusement lui et les siens. Vers le même temps, le cardinal dont nous avons parlé plus haut obtint du comte de Flandre qu'il se rendrait avec lui, accompagné de ses fils, sur les limites du territoire du pape, pour y conférer avec le pape et les envoyés solennels qui y devaient assister pour le roi sur un projet de paix avec le roi. On convint donc dans cette entrevue qu'à la mi-carême le comte viendrait à Paris faire hommage au roi et ratifier les conventions établies précédemment : mais il ne comparut pas au jour marqué, et fit, selon sa coutume, alléguer par des envoyés de frivoles excuses.

La même année, le roi Robert vint demander du secours au pape; le pape avait équipé dix galères pour la prochaine expédition de la Terre-Sainte; le roi les ayant obtenues de lui, y joignit quatorze des siennes et les envoya toutes ensemble au secours des Génois assiégés. Les Gibelins hors de la ville, ayant appris l'arrivée de ces galères, dans l'intention de les prévenir, livrèrent à ladite ville un très-vigoureux assaut. La même année, Philippe, fils du comte de Valois, accompagné de Charles son frère et de beaucoup de nobles du royaume de France, à la requête du roi Robert, son oncle par sa mère, entra en Lombardie pour secourir les Guelfes contre les Gibelins; étant arrivé à la ville de Verceil, occupée d'un côté par les Gibelins et de l'autre par les Guelfes, il fut reçu avec joie par ceux-ci et attaqua les Gibelins de toutes ses forces : mais comme ils avaient dans la ville une libre entrée et sortie, il remporta contre eux peu ou point d'avantages. C'est pourquoi ayant à ce sujet tenu conseil avec les siens, il sortit de la ville, et, l'assiégeant par derrière, il resserra tellement les Gibelins, qu'ils ne pouvaient sortir de la ville ni faire venir des vivres du dehors; ce que voyant, les Gibelins envoyèrent vers le commandant de Milan pour lui demander du secours. Le roi Robert résidait avec le pape à Avignon, et lui donnait tant d'occupation à son sujet, que le pape paraissait négliger les autres affaires et même les siennes propres.

Dans la même année, vers la fête de saint Jean-Baptiste, peut-être en punition de nos péchés, il arriva aux Chrétiens en Espagne une funeste calamité. Le jeune roi de Castille, nommé Jean, avait pour oncle et tuteur un homme noble et puissant par son courage éprouvé durant de longues années; et le jeune roi ayant, par sa bravoure et celle son oncle, attaqué bien des fois et chassé d'une partie de leur pays les Sarrasins du royaume de Grenade, on espérait que sa vaillance soumettrait bientôt aux Chrétiens ce royaume tout entier. Mais Dieu, de la volonté de qui on ne doit point rechercher les motifs, changea la face des affaires; car ledit Jean, se trouvant avec son oncle à la tête de cinquante mille hommes, tant chevaliers qu'hommes de pied, pour combattre contre cinq mille Sarrasins seulement, il arriva qu'avant que les deux armées en vinssent aux mains, Jean tomba de sa litière, et mourut de cette chute. Cet accident abattit tellement le courage des Chrétiens, que, quoiqu'ils vissent que leurs ennemis, en si petit nombre, étaient faciles à vaincre, aucune prière, aucune récompense ne purent les engager à combattre ce jour-là. Ledit tuteur et oncle du jeune roi de Castille, presque hors de lui, passa tout un jour, par un soleil ardent, à parcourir l'armée, pour la déterminer à se mettre en mouvement et à attaquer l'ennemi; mais, voyant qu'il ne pouvait réussir, suffoqué par l'excès de la chaleur, et aussi le cœur brisé, il expira lui-même. Alors toute l'armée des Chrétiens prit la fuite; et quoique les Sarrasins eussent pu facilement les vaincre, cependant à leur tour aucun d'eux n'osa poursuivre les fuyards; d'où un chevalier sarrasin dit au roi de Grenade, qui n'était pas présent à cette affaire : « Vous saurez que le Seigneur est offensé contre nous « et contre les Chrétiens : contre eux, car quoiqu'à « cause de leur grand nombre ils eussent facilement « pu triompher de nous, Dieu ne le leur a pas permis; « contre nous, car lorsque nous aurions pu les pren- « dre et les tuer dans leur fuite comme de faibles en- « fans, Dieu ne l'a pas voulu, et nous a retenus. »

Vers ce temps de nombreuses et graves disputes s'élevèrent en Allemagne à l'occasion de l'élection contentieuse de deux ducs, entre Louis duc de Bavière, Frédéric duc d'Autriche, et ses frères Léopold, Henri, Othon et Jean, qui ravagèrent réciproquement leurs terres par le pillage et la flamme. Ce mortel fléau réduisit au veuvage bien des femmes en Allemagne, et surtout dans les terres desdits ducs, changea bien des pays en déserts, plongea bien des citoyens dans l'exil et des riches dans la pauvreté et la misère.

[1320.] L'an du Seigneur 1320, le comte de Flandre vint à Paris avec le comte de Nevers et les fondés de pouvoir des communes de Flandre, autorisés à rétablir la paix et la concorde entre le roi de France et le comte de Flandre. D'après les instances du cardinal envoyé en France par le pape, spécialement pour l'affaire des Flamands, il fit hommage au roi; ce qui réjouit bien des gens, dans l'idée que la paix était solidement établie. Mais au jour fixé pour discuter les articles de paix, le comte ne voulut consentir à la conclure qu'à condition qu'on lui rendrait Béthune, Lille et Douai, que le roi, disait-il, retenait seulement en otage. C'est pourquoi le roi, saisi d'indignation, jura publiquement qu'il ne lui remettrait jamais la souveraineté de ces villes, et pria son frère Charles comte de la Marche, le seigneur Charles comte de Valois, son oncle, et les autres barons alors présens, et tous ceux du sang royal, de faire le même serment; ce à quoi ils consentirent unanimement. Le comte s'éloigna de Paris sans avoir pris congé de son hôte; mais les fondés de pouvoir des communes, sortant de Paris, envoyèrent après lui pour lui dire :
« Nous sommes sûrs que, si nous retournons vers ceux
« qui nous ont envoyés sans avoir conclu la paix
« avec le roi, il ne nous restera plus de tête à met-
« tre sous nos capuchons; c'est pourquoi vous pouvez
« être assurés que nous ne quitterons jamais la France
« avant que la concorde soit rétablie entre nous et

« le roi. » A ce message, le comte, sachant que si les communes se révoltaient contre lui, il perdrait bientôt tout son comté, revint à Paris, s'en tint auxdits articles, les confirma de son serment, et consentit aux fiançailles d'une fille du roi avec le fils du comte de Nevers; en faveur de ces fiançailles, on rendit au comte de Nevers le comté de Nevers et celui de Réthel, à condition qu'il n'exercerait aucun pouvoir sur les nobles et les religieux qui en avaient appelé contre lui à la cour de France tant que cet appel subsisterait. Après lesdites fiançailles, le mariage entre le fils dudit comte et la fille du roi fut solennellement célébré le jour de la Madeleine, quoique le comte cherchât de frivoles subterfuges et voulût rompre cette affaire; mais le cardinal, craignant en retournant vers le pape d'avoir travaillé en vain, exigea du comte l'accomplissement de ses promesses.

Vers ce temps, comme Henri dit Caperel, Picard de nation, retenait à Paris, dans la prison du Châtelet, un certain homme riche, homicide et coupable de meurtre, et que le jour n'était pas loin où il devait être pendu, comme le méritait son crime, un autre homme, pauvre et innocent, ayant reçu le nom du riche, fut à la place de celui-ci suspendu au gibet, et l'homicide, sous le nom du pauvre innocent, eut la liberté de se retirer. Convaincu de ce crime et de beaucoup d'autres, il fut puni de sa méchanceté, et condamné au gibet par des juges établis par le roi. Quelques-uns cependant soutiennent qu'il fut victime de la jalousie de ses rivaux. La même année, dans le royaume de France, éclata tout-à-coup et sans qu'on s'y attendît un mouvement d'hommes impétueux comme un tourbillon de vent. Un ramas de paysans et d'hommes du commun en grand nombre se rassembla en un seul bataillon; ils disaient qu'ils voulaient aller outre-mer combattre les ennemis de la foi, assurant que par eux serait conquise la Terre-Sainte. Ils avaient dans leur troupe des chefs trompeurs, à savoir un prêtre qui, à cause de ses méfaits, avait été dépouillé de son église, et un autre moine, apostat de l'ordre de Saint-Benoît. Tous deux avaient tellement ensorcelé ces gens simples, qu'abandonnant dans les champs les porcs et les troupeaux, malgré leurs parens, ils couraient en foule après eux, même des enfans de seize ans, sans argent et munis seulement d'une besace et d'un bâton; enfin ils se pressaient autour d'eux comme des troupeaux en une telle affluence qu'ils formèrent bientôt une très-grande armée d'hommes. Ils employaient leur volonté et leur pouvoir plutôt que la raison et l'équité; c'est pourquoi, si quelqu'un investi du pouvoir judiciaire voulait punir quelqu'un ou quelques-uns d'entre eux comme ils le méritaient, ils lui résistaient à main armée, ou s'ils étaient retenus dans des prisons, ils brisaient les cachots et en arrachaient les leurs malgré les seigneurs. Etant entrés dans le Châtelet de Paris pour délivrer quelques-uns des leurs qui y étaient renfermés, ils précipitèrent lourdement et écrasèrent sur les marches de cette prison le prévôt de Paris, qui voulait leur faire résistance, et brisant les cachots où il retenait les leurs, les en arrachèrent bon gré mal gré. S'étant mis en défense et préparés à combattre sur le pré Saint-Germain, appelé pré aux Clercs, personne n'osa s'avancer contre eux, et même on les laissa librement sortir de Paris. Ensuite ils se dirigèrent vers l'Aquitaine, enhardis par l'espérance que puisqu'on les avait laissés sortir de Paris librement et sans opposition, ils n'éprouveraient plus désormais aucune résistance; ils attaquaient de tous côtés et dépouillaient de leurs biens tous les Juifs qu'ils pouvaient trouver. Ils assiégèrent une forte et haute tour du roi de France, dans laquelle les Juifs saisis de crainte étaient venus de toutes parts se réfugier. Les assiégés se défendirent avec un courage barbare, lançant sur eux une foule de morceaux de bois et de pierres, et, à défaut d'autres choses, leurs propres enfans; néanmoins le siége ne cessa pas, car les Pastoureaux mirent le feu à l'une des portes de la tour et incommodèrent beaucoup par la fumée et les flammes les Juifs assiégés. Ceux-ci, voyant qu'ils ne pouvaient s'échapper, et aimant mieux se donner eux-mêmes la mort que d'être tués par des hommes non circoncis, chargèrent un des leurs, qui paraissait le plus fort d'entre eux, de les égorger avec son épée; il y consentit, et en tua sur-le-champ près de cinq cents. Descendant de la tour avec un petit nombre d'hommes encore vivans et les enfans des Juifs, qu'il avait épargnés, il obtint une entrevue avec les Pastoureaux, et leur déclara ce qu'il venait de faire, demandant à être baptisé avec les enfans. Les Pastoureaux lui dirent : « Coupable d'un si grand crime sur ta propre « nation, tu veux ainsi éviter la mort! » Aussitôt ils lui dépecèrent les membres et le tuèrent, mais ils épargnèrent les enfans, qu'ils firent baptiser catholiques et fidèles. De là ils marchèrent vers Carcassonne, se portant aux mêmes excès et commettant beaucoup de crimes dans le chemin. Le sénéchal de ce pays, de la part du roi de France, fit publier dans les villes situées sur le chemin des Pastoureaux, qu'on leur fît résistance et qu'on défendît les Juifs comme étant sujets du roi; mais beaucoup de Chrétiens, contens de voir périr les Juifs, refusaient d'obéir à cet ordre, disant qu'il n'était pas juste de prendre le parti de Juifs infidèles et jusqu'alors ennemis de la foi chrétienne, contre des fidèles et catholiques; ce que voyant, le sénéchal défendit sous peine capitale qu'au moins personne prêtât secours aux Pastoureaux. Une nombreuse armée ayant été rassemblée contre eux, les uns furent tués, d'autres renfermés dans diverses prisons; le reste ayant recours à la fuite fut bientôt réduit à rien. Ledit sénéchal s'avançant vers Toulouse et les environs, où ils avaient commis beaucoup de dégâts, en fit pendre à des arbres, vingt dans un endroit, dans l'autre trente, plus ou moins, et laissa à ceux à venir un exemple terrible pour les empêcher de se résoudre facilement à commettre de tels crimes. Ainsi cette expédition déréglée s'évanouit comme une fumée, parce que ce qui dans le principe n'a rien valu a bien de la peine ensuite à valoir quelque chose.

Matthieu, commandant de Milan, ayant appris quel urgent besoin de vivres avaient les Gibelins de Verceil, à cause du siége de la ville par Philippe, comte de Valois, et plusieurs nobles de France, aidé par les Lombards-Guelfes, envoya à leur secours son fils Galéas. Le seigneur Philippe ayant appris son arrivée envoya vers lui pour lui demander s'il avait le projet de combattre contre lui; il répondit qu'il n'était pas dans son intention de combattre avec personne de la maison de France, qu'il voulait seulement défendre ses terres et secourir ses amis. Philippe lui manda de nouveau que s'il avait le projet de faire passer des vivres aux habitans de Verceil, il s'y opposerait de tout son pouvoir et le ferait renoncer à son entreprise. Il avait en effet la ferme espérance qu'il recevrait bientôt des Guelfes un nombreux secours d'hommes d'armes. Galéas, dit-on, lui répondit ainsi : « J'apporterai des vivres aux assiégés, « et si quelqu'un m'attaque, je me défendrai, parce « que personne sans injustice ne peut me blâmer en « ceci. » Alors Philippe supposant qu'il aurait à livrer un combat, leva le siége, et s'éloignant d'un mille de Verceil, pour choisir un lieu propre à l'action, rassembla et rangea son armée dans une plaine, près du chemin par lequel devait passer Galéas. Celui-ci étant arrivé en cet endroit, envoya d'abord en avant quatre cents Allemands avec des chevaux très-bien dressés au combat; ils étaient suivis d'un convoi de vivres, accompagné et gardé par une foule innombrable de stipendiés qui formaient comme le second rang; enfin au troisième rang s'avançait Galéas à la tête d'un grand nombre de chevaliers lombards; en sorte que le premier, le second et le troisième rangs pris séparément, excédaient du décuple l'armée de Philippe. Comme les premières troupes avaient déjà passé l'armée, et qu'il ne voyait encore paraître aucun des Guelfes, dont il espérait fermement l'aide et le secours, craignant d'être enveloppé par les ennemis, Philippe demanda à Galéas de lui accorder une trêve et de se rendre vers lui pour avoir une conférence amicale. Galéas s'y rendit volontiers et de bon cœur, et ils conférèrent secrètement ensemble pendant longtemps. Quoiqu'on ignorât leur entretien, l'effet qui le suivit le révéla très-clairement; en effet, les deux princes entrèrent tous deux dans la ville, chacun avec son armée, sans avoir livré aucun combat. Philippe, après y être resté pendant quelques jours, reçut de Galéas un sauf-conduit jusques hors du territoire ennemi, et comme lui et son armée manquaient de paie pour avoir des vivres, quoiqu'à regret, après avoir pris conseil de son armée, il s'en retourna en France sans s'être acquis de gloire. Le roi Robert continuait de résider avec le pape à Avignon, quoique les Guelfes et les Génois fussent en proie à de grands dangers.

La même année le comte de Nevers fut accusé d'avoir essayé de faire périr par le poison son père, le comte de Flandre. Ferric de Pecquigny, irrité de ce que ledit comte de Nevers avait fait alliance avec le roi de France, sans lui et sans le seigneur de Renty, amena vers son père un garçon qui le pria en pleurant de lui pardonner le mauvais dessein qu'il avait conçu contre lui, s'étant, disait-il, préparé à lui donner du poison. Le père lui ayant demandé ce qui l'avait poussé à cette action, il répondit: « Votre fils, le « comte de Nevers, qui m'avait ordonné d'obéir à frère « Gauthier. » Ce frère Gauthier était de l'ordre des Ermites de Saint-Guillaume, et ledit comte le retenait à sa cour. A ces mots, le père fut saisi de trouble, et par sa volonté et celle de son fils Robert, lesdits chevaliers, Ferric de Pecquigny, le seigneur de Fresnes et le seigneur de Réthel tendirent des embûches au seigneur le comte de Nevers, et l'emmenèrent prisonnier dans une forteresse située dans l'Empire. Mais le frère Gauthier ayant été pris, malgré beaucoup de tourmens, il ne fit absolument aucun aveu, et ainsi on ne put trouver de preuve de l'accusation. Cependant pour cela on ne délivra pas encore de sa prison le comte de Nevers; et quoique le roi eût envoyé au comte une lettre solennelle pour sa délivrance, ceux qui le retenaient ne voulurent point le laisser aller, à moins qu'il ne leur pardonnât de l'avoir emprisonné, et ne leur remît une garantie suffisante qu'à l'avenir il ne leur causerait aucun dommage, soit par lui-même, soit par les mains d'aucun autre, et à cette condition que tant que son père vivrait il n'entrerait pas dans le comté de Flandre. C'était par méchanceté qu'ils exigeaient cette condition, afin qu'à la mort de son père, Robert, autre fils du comte de Flandre, se mît en possession du comté. Quoique le comte de Nevers eût long-temps différé d'y consentir, cependant voyant qu'il n'avait d'autre moyen d'être délivré, il y consentit enfin, et sortit ainsi avec peine de sa prison.

[1321.] L'an du Seigneur 1321, le roi de France visita soigneusement le comté de Poitou, qu'il tenait de son père par droit héréditaire, et il avait résolu, dit-on, d'y demeurer long-temps, lorsque vers la fête de saint Jean-Baptiste le bruit public vint à ses oreilles que, dans toute l'Aquitaine, les sources et les puits avaient été ou seraient bientôt infectés de poison par un grand nombre de lépreux. Beaucoup de lépreux, avouant ce crime, avaient déjà été condamnés à mort et brûlés dans la haute Aquitaine. Leur dessein était, comme ils l'avouèrent au milieu des flammes, en répandant partout du poison, de faire périr tous les

Chrétiens, ou du moins de les faire devenir lépreux comme eux, et ils voulaient étendre un si grand forfait sur toute la France et l'Allemagne. On dit, pour plus grande confirmation de la vérité de ces bruits, que vers ce temps le seigneur de Parthenay écrivit au roi, sous son seing, les aveux d'un des plus considérables lépreux qu'il avait pris dans sa terre. Il avait, dit-on, confessé qu'un riche Juif l'avait entraîné à commettre ces crimes, lui avait remis le poison, donné dix livres, et promis de lui fournir beaucoup d'argent pour corrompre les autres lépreux. Comme on lui eut demandé la recette de ces poisons, il répondit qu'ils se faisaient avec du sang humain et de l'urine, et trois herbes dont il ne savait pas ou ne voulut pas dire le nom. On y plaçait, disait-il, le corps du Christ, et lorsque le tout était sec, on le broyait et réduisait en poudre; alors le mettant dans des sacs, attachés avec quelque chose de lourd, ils le jetaient dans les puits et dans les sources. Nous avons vu aussi de nos propres yeux, dans notre ville, dans le Poitou, une lépreuse qui, passant par là, et craignant d'être prise, jeta derrière elle un chiffon lié, qui fut aussitôt porté à la justice. On y trouva une tête de couleuvre, les pieds d'un crapaud, et comme les cheveux d'une femme infectés d'une espèce de liqueur très-noire et fétide, en sorte que c'était aussi dégoûtant à voir qu'à sentir. Tout cela jeté dans un grand feu allumé exprès ne put aucunement brûler, preuve manifeste que c'était un poison des plus violens. Le roi, apprenant ces faits et d'autres de cette sorte, s'en retourna précipitamment en France, et manda partout son royaume qu'on emprisonnât les lépreux, en attendant qu'on décidât à leur égard conformément à la justice.

Beaucoup de gens assignèrent à ces choses beaucoup de différens motifs; mais le plus fondé et le plus communément adopté est celui qui suit. Le roi de Grenade, affligé d'avoir été souvent vaincu par les Chrétiens, et surtout par l'oncle du roi de Castille, dont nous avons parlé plus haut, et ne pouvant se venger à son gré, à défaut de la force des armes, chercha à accomplir sa vengeance par la fourberie. C'est pourquoi l'on dit qu'il eut avec les Juifs un entretien pour tâcher par leur moyen de détruire la chrétienté par quelque maléfice, et leur promit d'innombrables sommes d'argent. Ils lui promirent d'inventer un maléfice, disant qu'ils ne pouvaient aucunement l'exécuter, parce qu'ils étaient suspects aux Chrétiens, mais que les lépreux, qui ont de continuelles relations avec les Chrétiens, pourraient très-bien accomplir ce maléfice en jetant des poisons dans leurs sources et leurs puits. C'est pourquoi les Juifs ayant rassemblé les principaux des lépreux, ceux-ci, par l'intervention du diable, furent tellement séduits par leurs trompeuses suggestions, qu'après avoir d'abord abjuré la foi catholique, et ce qui est terrible à entendre, criblé et mis le corps du Christ dans ces poisons mortels, ainsi que plusieurs lépreux l'avouèrent dans la suite, consentirent à exécuter ledit maléfice. Les principaux des lépreux, s'étant rassemblés de tous les points de la chrétienté, établirent quatre espèces d'assemblées générales, et il n'y eut point de noble ladrerie, comme quelques lépreux l'ont avoué dans la suite, dont quelque lépreux n'eût assisté à ces assemblées pour annoncer aux autres ce qui s'y ferait, à l'exception des deux ladreries d'Angleterre. Par la persuasion du diable, servi par les Juifs dans cesdites assemblées des lépreux, les principaux d'entre eux dirent aux autres que, comme leur lèpre les faisait paraître aux Chrétiens vils, abjects, et ne méritant aucune considération, il leur était bien permis de faire que tous les Chrétiens mourussent ou fussent tous semblablement couverts de lèpre, en sorte que lorsqu'ils seraient tous lépreux, personne ne serait méprisé. Ce funeste projet plut à tous, et chacun dans sa province l'apprit à d'autres. Ainsi, un grand nombre, séduits par de fausses promesses de royaumes, de comtés et d'autres biens temporels, s'annonçaient entre eux et espéraient fermement qu'il en serait ainsi. Cette année, vers la fête de saint Jean-Baptiste, on en brûla un dans la ville de Tours, qui se nommait l'abbé de Mont-Mayeur. Par les soins des Juifs, ces poisons mortels étaient par les lépreux répandus dans tout le royaume de France, et l'eussent été davantage, si le Seigneur n'avait si promptement révélé leur perfidie. Un édit du roi, au sujet des lépreux, déclara que les coupables seraient livrés aux flammes, et les autres renfermés perpétuellement dans les ladreries, et que si quelque lépreuse coupable était enceinte, elle serait conservée jusqu'à ce qu'elle eût accouché, et ensuite livrée aux flammes. Les Juifs furent aussi brûlés dans quelques pays, surtout en Aquitaine. Dans le bailliage de Tours, en un château du roi appelé Chinon, on creusa une fosse immense, et un grand feu y ayant été allumé, on y brûla en un seul jour cent soixante Juifs de l'un et l'autre sexe; beaucoup d'entre eux, hommes et femmes, chantaient comme s'ils eussent été invités à une noce, et sautaient dans la fosse; beaucoup de femmes veuves firent jeter dans le feu leurs propres enfans, de peur qu'ils ne leur fussent enlevés pour être baptisés par les Chrétiens et les nobles, présens à ce supplice. Ceux qui furent trouvés coupables à Paris furent brûlés; les autres condamnés à un exil perpétuel; quelques-uns, les plus riches, furent conservés jusqu'à ce qu'on connût leurs richesses, et qu'on les adjugeât dans le fisc royal avec tous leurs biens; on dit que le roi en tira cent cinquante mille livres.

On rapporte un accident arrivé dans le même temps à Vitry. Près de quarante Juifs ayant été renfermés dans une prison du roi à cause desdits crimes, comme ils se croyaient déjà près d'encourir la mort et ne voulaient pas tomber entre les mains d'hommes incirconcis, ils décidèrent qu'un d'entre eux égorgerait tous les autres; et le consentement et la volonté unanimes de tous furent que ce serait un ancien, qui paraissait le plus saint et le meilleur, et qu'à cause de sa bonté et de son âge les autres appelaient leur père, qui les mettrait tous à mort. Il n'y voulut consentir qu'à condition qu'on lui donnerait quelque jeune homme pour accomplir avec lui cette œuvre pieuse. Cela lui ayant été accordé, ces deux-là tuèrent tous les autres sans exception. Lorsqu'ils ne virent plus qu'eux seuls de vivans, ils se disputèrent pour savoir qui des deux tuerait l'autre. Le jeune homme voulait que le vieillard le tuât, et le vieillard voulait être tué par le jeune homme; mais enfin le vieillard l'emporta, et il obtint par ses prières que le jeune homme lui donnerait la mort. Le vieillard et tous les autres tués, le jeune homme se voyant seul, prit tout l'or et l'argent qu'il trouva sur les morts, et faisant une corde avec des haillons, il essaya de descendre au bas de la tour. Mais comme la corde était trop petite, il se laissa tomber en bas, et, alourdi par le poids très-considérable de l'or et de l'argent qu'il portait, il se cassa la jambe. Remis à la justice, il avoua le crime qu'il avait commis, et fut pendu avec les cadavres des autres morts.

Vers ce temps, le roi commença à régler qu'on ne se servirait dans son royaume que d'une mesure uniforme pour le vin, le blé et toutes les marchandises; mais, prévenu par une maladie, il ne put accomplir l'œuvre qu'il avait commencée. Ledit roi proposa aussi que, dans tout le royaume, toutes les monnaies fussent réduites à une seule; et comme l'exécution d'un si grand projet exigeait de grands frais, séduit, dit-on, par de faux conseils, il avait résolu d'extorquer de tous ses sujets la cinquième partie de leur bien. Il envoya donc pour cette affaire des députés en différens pays; mais les prélats et les grands, qui avaient depuis long-temps le droit de faire différentes monnaies, selon les diversités des lieux et l'exigence des hommes, ainsi que les communautés des bonnes villes du royaume, n'ayant pas consenti à ce projet, les députés revinrent vers leur maître sans avoir réussi dans leur négociation. La même année, vers le commencement d'août, le roi fut attaqué d'une double maladie, d'une dysenterie et d'une fièvre quarte, qu'aucun remède des médecins ne put guérir, et qui le fit languir sur son lit pendant cinq mois consécutifs. Quelques-uns doutent si ce ne furent pas les malédictions du peuple soumis à son gouvernement, à cause des exactions et extorsions inouies jusqu'alors dont il l'accablait, qui le firent tomber malade; néanmoins, tant que dura sa maladie, l'affaire de ces extorsions fut suspendue, si elle ne fut pas entièrement abandonnée. Comme la maladie augmentait, pour lui faire recouvrer la santé, l'abbé et le couvent de Saint-Denis allèrent en procession, nu-pieds, avec dévotion et humilité, portant la croix et le clou du Seigneur, et le bras de saint Siméon, jusqu'au lieu où il était malade, appelé Long-Champ. Philippe, recevant avec piété et humilité les saintes reliques, aussitôt qu'il les eut touchées et baisées, sentit en lui un mieux remarquable; c'est pourquoi on rapportait publiquement que le roi était guéri. Mais comme les maladies vieilles et enracinées, si elles ne sont ménagées, reviennent facilement, le roi, ne prenant pas assez de sages précautions, retomba dans sa maladie; c'est pourquoi on raconte qu'il dit ensuite : « Je sais que j'ai été guéri par les « mérites et les prières de saint Denis; et que ma re- « chute provient de mon mauvais régime. » Le troisième jour du mois de janvier suivant, vers le milieu de la nuit, après avoir reçu tous les sacremens ecclésiastiques, il monta vers le Christ, et le jour suivant de l'Epiphanie il fut enterré avec respect dans le monastère de Saint-Denis, auprès du maître-autel. Charles, comte de la Marche, son frère, lui succéda au trône sans aucune dispute ou opposition.

Peu de temps après, mourut Marie, née de Brabant, autrefois reine de France, fille du feu duc de Brabant, et femme du roi de France Philippe, fils de saint

Louis, mort en Aragon, et dont elle avait eu pour fils Louis, comte d'Evreux. Le corps de ladite reine fut enterré à Paris dans le monastère des frères Minimes, et son cœur dans celui des frères Prêcheurs. Après la mort du roi Philippe, Charles son frère obtint donc la couronne; il apprit que le mariage qu'il avait depuis long-temps célébré avec Blanche, fille de la comtesse d'Artois, retenue en prison dans le château de Gaillard pour l'adultère qu'elle avait commis et avoué, était nul, à cause de la parenté spirituelle qui existait entre lui et la mère de ladite Blanche, qui l'avait tenu sur les fonts de baptême, et surtout parce que le souverain pontife n'avait pas accordé de dispense à ce sujet. Saisissant avec joie cette occasion, il écrivit au pape d'arranger cette affaire comme il convenait. Alors le pape chargea les évêques de Paris et de Beauvais, et le seigneur Geoffroi du Plessis, protonotaire de la cour de Rome, de faire à ce sujet une soigneuse enquête, et d'annoncer à la cour de Rome le résultat de leurs recherches.

[1322.] L'an du Seigneur 1322, la veille de l'Ascension, suffisamment informé que ladite comtesse d'Artois, mère de ladite Blanche, avait tenu ledit roi sur les fonts baptismaux, et qu'ainsi, vu la parenté spirituelle existant entre le roi et la fille de sa mère spirituelle, ils ne pouvaient, sans dispense, s'unir en mariage, ce qu'ils avaient fait, le pape prononça dans un consistoire public que le mariage était nul. La même année, vers la fête de la Purification, le comte de Nevers fut délivré de prison; mais peu de temps après, étant venu à Paris, il y mourut, après avoir été pendant long-temps tourmenté de langueur, et fut enterré à Paris, dans le monastère des frères Minimes. Cette même année, le roi n'étant plus marié, et craignant qu'un si noble trône manquât de successeurs, épousa à la fête de l'apôtre saint Matthieu, à Provins château royal, Marie, aimable jeune fille de Henri, naguère empereur et comte de Luxembourg, et sœur du roi de Bohême.

Le comte de Flandre étant mort, Louis, fils aîné du comte de Nevers et marié à une fille du feu roi, fut créé comte de Flandre, quoique Robert, fils puîné du feu comte, aidé du comte de Namur, se fût emparé de quelques châteaux et forteresses de Flandre, malgré la promesse qu'il avait faite au roi, au mariage de sa fille. Les communes de Flandre, se rangeant du parti de Louis, jurèrent de ne pas recevoir d'autre comte que lui, et signifièrent même au roi que s'il recevait pour le comté de Flandre un autre hommage que celui du seigneur Louis, les Flamands gouverneraient eux-mêmes leurs villes, et se passeraient de comte. Ainsi, malgré quelques oppositions, Louis fut reçu paisiblement par le roi pour l'hommage et la souveraineté du comté.

Vers ce temps il s'éleva en Angleterre une grave dissension entre le roi d'Angleterre et plusieurs barons, à la tête desquels était le comte de Lancaster, homme puissant en Angleterre, et d'une haute noblesse, car il était oncle du roi de France par sa mère, et frère du roi d'Angleterre par son père. Le roi ayant voulu introduire en Angleterre des innovations injustes et contraires au bien général du royaume, ce qu'il n'avait pu faire, disait-on, sans le consentement de ces barons, d'autant qu'ils le disaient imbécile et inhabile à gouverner le royaume, ils saisirent ce prétexte pour se soulever; en sorte que, les uns se rangeant du parti du roi, les autres du parti des barons, toute l'Angleterre fut plongée dans les plus grands troubles. Il arriva qu'un chevalier d'Angleterre, nommé André de Harcla, desirant plaire au roi d'Angleterre, dressa des embûches au comte de Lancaster dans la ville de Boroughbridge, et le prit en trahison; ayant tué sur un pont le comte de Hertford, il conduisit prisonniers vers le roi d'Angleterre le comte de Lancaster et beaucoup de nobles barons. Après avoir entendu la messe, s'être confessé dévotement à un prêtre, et avoir reçu le corps du Seigneur, comme c'est, dit-on, la coutume en Angleterre, le roi les condamna tous également comme conspirateurs contre leur roi et traîtres envers leur seigneur. Tous les autres ayant été envoyés en différens endroits pour y subir divers supplices, le roi fit, dans l'endroit même où il était, trancher la tête audit comte; son corps fut enterré dans une abbaye près du lieu où il avait été décollé; et, comme bien des gens l'affirment, le Seigneur opère aujourd'hui par lui et pour lui beaucoup de miracles sur les malades. Le roi d'Angleterre, en récompense du service que lui avait rendu ledit André de Harcla, qui avait pris ledit comte et les autres, lui donna le comté de Carlisle, qui renferme une ville et plusieurs châteaux forts. Ledit chevalier André, après le supplice du comte de Lancaster, réfléchissant qu'il n'était pas sûr pour lui de demeurer plus long-temps en Angleterre, et qu'il pourrait être protégé par les Ecossais, et, s'alliant avec Robert Bruce, qui tenait pour le parti du roi d'Ecosse, lui promit de lui donner tout entier le comté qui lui avait été accordé, et d'épouser sa sœur ; tout cela se fit cependant à l'insu du roi d'Angleterre.

Cette année le roi d'Angleterre ayant rassemblé une grande armée, entra en Ecosse. Après avoir ravagé tout jusqu'au château de Pendebone, appelé le château des Pucelles, il ne put s'avancer plus loin, parce que son armée n'avait pas de vivres. Il retourna jusqu'à une montagne appelée Black-Moor, au pied de laquelle est une abbaye vers laquelle la plus grande partie de l'armée s'étant dirigée, le roi dressa ses tentes à une petite distance; auprès de lui était la reine qui suivait son seigneur. Le roi licencia son armée, car les Ecossais étant éloignés de quarante-huit milles du lieu où il était, on ne pouvait soupçonner aucun danger. Le seigneur Jean de Bretagne, comte de Richemond, et le seigneur de Sully, envoyés en députation par le roi de France vers le roi d'Angleterre, étaient aussi dans cette abbaye avec une nombreuse suite. Mais voilà que ledit chevalier André de Carlisle manda aux Ecossais de venir, parce qu'ils trouveraient le roi d'Angleterre dénué de troupes. Les Ecossais étant accourus comme des furieux, à travers les forêts, après avoir fait quarante-huit milles dans un jour et une nuit, arrivèrent jusqu'auprès de ladite abbaye où ledit comte de Richemond et le seigneur de Sully prenaient leur repas. A peine voulurent-ils croire ceux qui leur annoncèrent l'arrivée des Ecossais; prenant les armes, ils voulurent boucher un étroit passage qui fournissait une entrée aux Ecossais; mais après avoir tué plusieurs Ecossais en cet endroit, ils ne purent résister à la multitude, et se rendirent enfin aux ennemis. Ce qu'ayant appris, le roi se sauva à grand'peine avec un petit nombre de gens; la reine se réfugia dans un très-fort château adjacent à la mer, et situé sur une roche, et par où les Flamands passent en allant chez les Ecossais. La reine craignant qu'en restant plus long-temps dans le château, elle n'y fût assiégée par les Ecossais, secourus peut-être même par les Flamands, aima mieux s'exposer aux périls de la mer qu'au danger de tomber entre les mains de ses ennemis; c'est pourquoi s'embarquant avec sa suite, elle souffrit de très-graves et insupportables maux, qui firent périr une de ses servantes et enfanter une autre avant le temps. Cependant, aidée de Dieu, après beaucoup de tourmens, elle arriva en Angleterre. Le roi d'Angleterre ayant fait dresser de tous côtés des embûches à André de Carlisle, s'en empara, et le condamna à un terrible supplice. D'abord il fut traîné à la queue de deux chevaux, après quoi, n'étant pas encore mort, il fut éventré; ses entrailles furent brûlées devant les yeux du roi et par son ordre; ensuite on lui trancha la tête, et on pendit le tronc par les épaules, puis son corps fut coupé en quatre morceaux, dont chacun fut envoyé dans une ville, afin qu'un si horrible supplice fût désormais un exemple pour les autres. Robert Bruce, commandant des troupes du roi d'Ecosse, ayant reçu un message du roi de France, lui remit librement et sans aucune rançon, au carême suivant, le seigneur de Sully, envoyé en députation vers le roi d'Angleterre qui était alors en Ecosse; mais il retint auprès de lui le comte de Richemond, qu'il ne voulut point délivrer, à quelque condition que ce fût.

Louis, fils de Louis, comte de Nevers, récemment mort, étant venu de Flandre à Paris, fut arrêté à Louvres, parce qu'il avait reçu des hommages sans le consentement du roi ; mais ayant donné une caution, il fut peu de temps après relâché. Une dispute s'étant élevée entre lui et son oncle pour savoir qui devait succéder à leur aïeul dans le comté de Flandre, d'après l'inspection des pactes confirmés par serment, on jugea en faveur du jeune Louis, et on imposa désormais silence aux autres à ce sujet. Ainsi Louis, admis à faire hommage, entra paisiblement en possession du comté. Le nouveau roi Charles, contre le bien général, suivant les traces de son père, qui dans son temps avait altéré les monnaies, jeune encore, et séduit par le conseil de quelques-uns des siens, établit cette année une petite monnaie, ce qui fut dans la suite pour le peuple la cause d'innombrables dommages. En Allemagne, les deux ducs élus à la fois à la tête de leurs partisans, se combattirent cruellement et se livrèrent à mille ravages et incendies.

[1322.] Cette année, Jourdain dit de Lille, Gascon très-noble par son origine, mais bas par ses actions, accusé auprès du roi de beaucoup de crimes rapportés par la renommée publique, ne put légitimement s'en justifier ; cependant, à cause de sa noblesse et de sa naissance, le pape Jean lui avait donné sa nièce en mariage. A la prière du pape, le roi lui remit miséricordieusement les dix-huit accusations dont il avait été chargé dans la cour de France, et dont chacune, selon la coutume de France, était digne de mort. Ingrat pour un si grand bienfait, il accumula d'autres crimes sur ceux qu'il avait commis, violant les jeunes filles, commettant des homicides, entretenant des méchans et des meurtriers, favorisant les brigands, et se soulevant contre le roi. Il tua de son propre bâton un serviteur du roi qui portait la livrée du roi selon la coutume des serviteurs. Dès qu'on fut informé de ses méfaits, il fut appelé en jugement à Paris. Il y vint entouré d'une pompeuse foule de comtes, de nobles et barons d'Aquitaine. Du côté opposé étaient le marquis d'Agnonitano, neveu de feu le seigneur pape Clément, le seigneur d'Albret et beaucoup d'autres. Après qu'on eut entendu ses réponses, et ce qu'il alléguait pour sa défense sur les crimes dont on l'accusait, renfermé d'abord dans la prison du Châtelet, il fut enfin jugé digne de mort par les docteurs du palais, et la veille de la Trinité, traîné à la queue des chevaux, il fut pendu, comme il le méritait, à Paris, sur le gibet public. A la fête suivante de la Pentecôte, la reine Marie, femme du roi Charles, sœur du roi de Bohême, fut ointe et couronnée dans la chapelle du roi à Paris, en présence de son oncle, archevêque de Trèves, et de beaucoup de nobles de France, par l'archevêque de Sens qui célébra la messe. La même année, frère Thomas d'Aquin, de l'ordre des Prêcheurs, Italien de nation, noble selon le monde, car il était frère du comte d'Aquino, mais plus noble encore par sa sainteté, très-fameux docteur en théologie, de la doctrine duquel l'Eglise universelle brille comme du soleil et de la lune, fut du consentement des Frères, et après un soigneux examen sur sa conduite, ses mœurs et sa doctrine, canonisé par le souverain pontife, et jugé digne d'être désormais compté au rang des saints.

Dans le diocèse de Sens, dans un château du roi de France, appelé Landon, en français *Château-Landon*, un sorcier et faiseur de maléfices avait promis à un abbé de l'ordre de Cîteaux de lui faire recouvrer une grosse somme d'argent qu'il avait perdue, et de lui faire nommer les voleurs de l'argent et leurs fauteurs. Voici la manière par laquelle ledit sorcier voulut et crut venir à bout de ce qu'il desirait. Prenant un chat noir et le renfermant dans un panier ou une boîte, il fit un mets de pain trempé dans le chrême, l'huile sainte et l'eau bénite, qu'il crut pouvoir suffire à sa nourriture pendant trois jours, et le mit aussi dans cette boîte. Le chat étant placé dans cette boîte, il la déposa pour trois jours sous la terre dans un carrefour public, devant la reprendre au bout de ce temps; et il eut soin de faire deux conduits creux qui prenaient depuis le coffre jusqu'à la surface de la terre, afin que le chat pût respirer l'air. Il arriva que des bergers passèrent près dudit lieu, suivis, comme de coutume, par leurs chiens. Les chiens sentant l'odeur du chat, comme s'ils eussent senti des taupes, grattèrent avec leurs pattes, et creusèrent vigoureusement la terre, en sorte que rien ne pouvait les arracher de ce lieu. Un des bergers, plus prudent que les autres, alla déclarer ce fait au prévôt de la justice; celui-ci étant venu avec beaucoup de gens, la vue de ce qui avait été fait lui causa, ainsi qu'à tous les autres, une violente surprise. Le juge réfléchit avec inquiétude pour savoir comment il découvrirait l'auteur d'un si horrible maléfice, car il voyait que cela avait été fait pour quelque maléfice, mais il en ignorait absolument l'auteur et la nature. Enfin, au milieu des réflexions dans lesquelles il était plongé, reconnaissant que la boîte était nouvellement faite, il fit venir tous les charpentiers. Leur ayant demandé qui d'entre eux avait fait cette boîte, l'un d'eux s'avançant avoua que c'était lui, disant qu'il l'avait vendue à un homme appelé Jean, du prieuré, sans savoir à quel usage il la destinait. Celui-ci soupçonné fut pris et appliqué à la question; il avoua tout; il accusa un nommé Jean de Persan d'être le principal auteur et chef de ce maléfice, et lui donna pour complices un moine de Cîteaux, apostat et principal disciple de ce Persan, l'abbé de Sarcelles, de l'ordre de Cîteaux, et quelques chanoines réguliers. Ayant tous été saisis et enchaînés, ils furent amenés à Paris devant l'official de l'archevêque et d'autres inquisiteurs de la perversité hérétique. Ceux qu'on soupçonnait de ce maléfice ayant été interrogés sur la manière de le faire, répondirent que si après trois jours, retirant le chat du coffre, ils l'eussent écorché et eussent fait avec sa peau des lanières tirées de telle sorte qu'en les nouant ensemble, elles fissent un cercle au milieu duquel pût tenir un homme, cela fait, un homme se plaçant au milieu dudit cercle, et ayant soin avant toute chose d'enduire son derrière avec ladite nourriture du chat, aurait appelé le démon Bérich; ce démon serait venu, et répondant à toutes les questions, aurait révélé les vols, les voleurs, et tout ce qui est nécessaire pour accomplir un maléfice quelconque. Après que ces aveux eurent été entendus, Jean du prieuré et Jean de Persan furent condamnés aux flammes comme auteurs de ce maléfice; mais leur supplice ayant été un peu différé, l'un d'eux mourut; ses ossemens furent brûlés en exécration de son crime; et l'autre, le lendemain de la Saint-Nicolas, termina sa misérable vie au milieu des flammes. L'abbé, l'apostat et les chanoines réguliers qui avaient fourni, pour l'exécution du maléfice, le saint chrême et l'huile sainte, furent entièrement dégradés et renfermés à perpétuité dans diverses prisons pour subir différentes punitions, selon qu'ils étaient plus ou moins coupables. La même année, le livre d'un moine de Morigny près d'Etampes, qui contenait beaucoup d'images peintes de la sainte Vierge et beaucoup de noms, qu'on croyait et assurait être des noms de démons, fut justement condamné à Paris comme superstitieux, parce qu'il promettait des délices et des richesses, et tout ce qu'un homme peut desirer, à celui qui pourrait faire peindre un tel livre, y faire inscrire deux fois son nom, et remplir encore d'autres conditions vaines et fausses.

La même année, le seigneur de Parthenay, homme noble et puissant dans le Poitou, fut gravement accusé auprès du roi de France de beaucoup de faits hérétiques que, pour l'honneur, aucun Catholique ne doit redire, par le frère Maurice de l'ordre des Prêcheurs et Breton de nation, envoyé en Aquitaine par le pape comme inquisiteur de la perversité hérétique. Le roi, adoptant ces accusations avec une trop grande précipitation, conduit en cela cependant, comme je le crois, par son zèle pour la foi, sans que la moindre délibération eût été préalablement faite à ce sujet, fit saisir et appeler à Paris à son audience ledit seigneur de Parthenay. Tous ses biens ayant été saisis et mis en la possession du roi, il fut amené à Paris, et renfermé pendant quelques jours dans la maison du Temple. Ensuite, en présence d'un grand nombre de prélats et dudit seigneur en propre personne, ledit inquisiteur exposa contre lui beaucoup d'articles d'accusation d'hérésies, demandant qu'il y répondît et jurât de dire la vérité. Mais après beaucoup d'accusations contre ledit inquisiteur, le comte soutint qu'il était inhabile à remplir son office, ne voulut point faire de serment ni de réponse, et en appela à la cour de Rome pour être entendu, en tout cas qu'il dût l'être; ce que voyant, le roi, qui ne voulait fermer à personne le chemin de ses droits, après lui avoir restitué ses biens en entier, l'envoya sous une sûre garde vers le souverain pontife. Ledit inquisiteur ayant, en présence du pape, exposé lesdits articles contre ledit noble, le pape lui assigna d'autres auditeurs, ordonnant audit inquisiteur que, s'il avait à porter accusation contre lui, il le fît devant ces auditeurs; et ainsi, suivant la coutume de la cour de Rome, cette affaire traîna en longueur.

A la fin de cette année, le jeune Louis, venant dans la ville de Bruges, fut gracieusement reçu de tous; et ayant accordé aux habitans beaucoup de libertés, fit par là renaître de grandes joies; mais ce qui leur déplaisait souverainement, c'est que, négligeant les conseils des Flamands, il se servait de ceux de l'abbé de Vézelai, fils de feu Pierre Flotte, tué devant Courtrai avec Robert comte d'Artois, qu'ils regardaient comme ennemi mortel des Flamands, à cause de la mort de son père ; en sorte que si dans le comté il avait été fait quelque réglement conforme à leurs vœux, quelque bon et juste que fût ce réglement, s'ils apprenaient que les conseils de l'abbé l'avaient fait porter, les habitans le trouvaient mauvais et injuste ; c'est pourquoi le comte fut forcé de le quitter et de s'en retourner chez lui. Dans ce même temps, il s'éleva à Bruges une dissension. Le comte ayant imposé aux villages une taille assez onéreuse, les receveurs, en la levant, exigèrent beaucoup plus qu'il n'était imposé. Les paysans et le bas peuple, violemment animés, tinrent conseil avec le moyen peuple des villages, que les maires des villages avaient de même accablé ; il fut unanimement décidé dans les villages qu'à la dixième heure ils sonneraient les cloches dans les églises, et que ce son avertirait chacun de se tenir prêt. Ainsi rassemblés tous ensemble, ils entrèrent soudainement dans la ville de Bruges, et, commandés par un homme qu'ils avaient mis à leur tête pour cette expédition, ils tuèrent plusieurs gens du comte et quelques maires.

Vers ce temps, Matthieu, vicomte de Milan, et commandant des Gibelins, étant mort, Galéas son fils lui succéda dans sa souveraineté. Le pape et le roi Robert envoyèrent contre lui une nombreuse multitude d'hommes-gardes avec le cardinal de Poggi et le seigneur Henri de Flandre, capitaine des troupes. Les Guelfes s'étant joints à eux, ils livrèrent à Galéas un terrible combat entre Milan et Plaisance. Mais le seigneur Henri de Flandre, frère du comte de Namur, ayant été tué, et le cardinal ayant pris la fuite, plus de quinze cents hommes de guerre du parti des Guelfes furent tués par les Gibelins, qui remportèrent ainsi la victoire.

Vers la fin de cette année, presque à la mi-carême, comme le roi revenait du pays de Toulouse, étant arrivé avec sa femme alors enceinte, à un château situé dans le diocèse de Bourges, la reine, accablée par la fatigue d'un voyage qui avait duré environ un mois, accoucha, avant le terme, d'un fils qui fut aussitôt baptisé, et expira peu de temps après. La mère mourut peu de jours après son fils; elle fut portée et honorablement enterrée à Montargis, dans l'église des sœurs de Saint-Dominique.

Comme, à cause de l'élection d'un roi des Romains, la discorde continuait à régner entre les électeurs d'Allemagne, après beaucoup de dévastations, d'incendies et de rapines, du consentement des électeurs, on prit jour pour une bataille rangée; ce fut le dernier jour de septembre. Le duc de Bavière avait dans son parti le roi de Bohême; le duc d'Autriche avait amené avec lui une très-grande multitude de Sarrasins et de Barbares, qu'il plaça aux premiers rangs de l'armée, sous le commandement de son frère Henri. Du côté du Bavarois, ce fut le roi de Bohême qui entama le combat avec eux; après un long conflit, les Sarrasins et les Barbares furent défaits; Henri, frère du duc d'Autriche, fut pris avec beaucoup d'autres, et le roi de Bohême remporta une glorieuse victoire. Le jour suivant, qui était le premier jour d'octobre, le Bavarois combattit contre Frédéric duc d'Autriche, et l'ayant pris avec beaucoup de nobles, il tua beaucoup de ses gens, et remporta ce jour-là un très-glorieux triomphe. Frédéric duc d'Autriche, et Henri son frère, ayant été pris, celui-ci fut promptement délivré, car il donna pour sa rançon au roi de Bohême onze mille marcs d'argent bon et pur, et lui rendit une terre que long-temps auparavant son père, le roi Albert, avait violemment enlevée audit roi. Cette terre contenait seize forteresses, à savoir des villes et de bons et forts châteaux, sans compter les villages, qui ne sont pas compris dans ce nombre. Le roi de Bohême ayant reçu cette terre, permit à Henri, frère du duc, de s'en aller en liberté. Quant à Frédéric duc d'Autriche, il fut retenu prisonnier auprès du Bavarois pendant deux ans et sept mois consécutifs; mais quoique le duc Frédéric fût prisonnier, le duc Léopold son frère, et ses autres frères, ne cessèrent pas leurs combats et leurs fréquentes incursions contre le Bavarois; ainsi la captivité du duc, au lieu de terminer la guerre, la rendit plus violente encore.

[1324.] Cette année, la femme du roi de France, sœur du roi de Bohême, étant morte, le roi prit en mariage Jeanne, fille du feu comte d'Evreux, sa cousine germaine, puisqu'elle était fille de son oncle.

Dans ce temps, en Gascogne, le seigneur de Montpesat bâtit un fort dans le domaine du roi de France, et soutint qu'il était dans le domaine du roi d'Angleterre. Une discussion s'étant élevée à ce sujet entre les gens du roi de France et ceux du roi d'Angleterre, le jugement fut rendu en faveur du roi de France. Ainsi ledit fort lui fut adjugé, et joint au domaine du roi de France. Le seigneur de Montpesat, offensé, se mettant à la tête d'une troupe de chevaliers, appela à son aide le sénéchal du roi d'Angleterre; étant venus ensemble audit fort, ils tuèrent tous les hommes du roi de France qu'ils y trouvèrent, pendirent, dit-on, quelques bourgeois considérables qu'ils y prirent, et, détruisant le fort de fond en comble, transportèrent au château de Montpesat tout ce qu'ils y avaient pu trouver. Quoique le roi eût pu venger par lui-même cette injure, voulant cependant procéder en toutes choses selon les formes de la justice, il fit connaître au roi d'Angleterre l'offense qui lui avait été faite dans sa terre, et demanda qu'il lui en fît faire juste réparation. Le roi d'Angleterre envoya vers le roi de France, avec quelques grands d'Angleterre, Edmond, son frère par la seconde femme de son père, cousin-germain du roi de France par sa mère, avec le pouvoir de traiter avec le roi de France au sujet de la réparation, et de ratifier pleinement ce qui aurait été traité avec lui. Le roi voulut que le sénéchal d'Angleterre dans le pays de Gascogne, le seigneur de Montpesat, et quelques-uns qui lui avaient conseillé ledit méfait, fussent, pour réparation, remis entièrement à sa volonté, demandant de plus que le château lui fût rendu. Les Anglais, convaincus qu'ils ne pourraient d'aucune manière faire pencher l'esprit du roi à accepter une autre réparation que celle qu'il exigeait, feignirent de consentir à celle-ci. Le seigneur Jean d'Artablay, chevalier du roi, s'étant joint à eux pour que l'exécution de ladite affaire eût lieu en sa présence au nom du roi, ils se dirigèrent vers la Gascogne; mais ils n'observèrent pas les conventions, et ledit seigneur Jean revint annoncer au roi comment les Anglais l'avaient trompé, et comment, munissant d'Anglais les châteaux et les villes, ils se préparaient de tout leur pouvoir à la guerre. Le roi envoya en Gascogne, à la tête d'une troupe choisie d'hommes de guerre, son oncle, le comte de Valois, avec Philippe et Charles, fils dudit oncle, et le seigneur d'Arras, comte de Beaumont le Roger. Le comte de Valois s'étant avancé jusqu'à Agen, cette ville se rendit volontairement à lui sans combat. Ayant appris que le frère du roi d'Angleterre et les Anglais demeuraient dans une ville appelée Régale, et vulgairement en français *La Réole*, avec une forte troupe d'hommes de guerre, il s'en approcha avec son armée. Mais quelques-uns des nôtres s'étant avancés trop près d'une porte, et ayant témérairement provoqué ceux de la ville au combat, le seigneur de Florent fut tué dans cette affaire avec quelques autres chevaliers, et ils furent honteusement vaincus. Supportant avec peine cette défaite, le comte de Valois fit dresser les machines et tous les engins nécessaires à la destruction de la ville, qu'il assiégea de telle sorte que de tous côtés furent également interdites l'entrée et la sortie. Les assiégés se voyant, eux et leurs biens, menacés de tous côtés, offrirent aussitôt des conditions de paix. Il fut arrêté que la ville serait rendue, que les habitans qui voudraient demeurer dans le parti du roi d'Angleterre pourraient librement se transporter en d'autres endroits, vie et bagues sauves; que ceux qui voudraient rester jureraient fidélité au roi de France, et obéiraient aux gardiens établis par lui en ce château. Ledit Edmond, chef de cette guerre, frère du roi d'Angleterre par son père, et neveu du seigneur Charles par sa mère, eut la permission de s'en retourner vers le roi d'Angleterre, afin que, si le roi d'Angleterre voulait observer le traité comme il l'avait promis au roi de France à Paris, la paix fût fermement établie entre eux; autrement ledit Edmond devait revenir vers le seigneur Charles pour être livré à la volonté du roi; c'est pourquoi on donna en otage quatre chevaliers anglais, et on conclut une trêve pour jusqu'à la fête suivante de Pâques. Ainsi relâché, Edmond retourna en Angleterre par Bordeaux; beaucoup de gens dirent qu'on aurait dû l'amener d'abord vers le roi, afin qu'avant d'être mis en liberté, il attendît au sujet de cette affaire les ordres du roi. La Réole ayant été prise, on détruisit de fond en comble le château de Montpesat, dont le seigneur était, dit-on, mort auparavant de tristesse et de chagrin. Ainsi toute la Gascogne fut soumise à la domination du roi de France, à l'exception de Bordeaux, de Bayonne et de Saint-Sever, qui sont encore demeurés sous l'obéissance du roi d'Angleterre. Le seigneur Charles, ayant licencié son armée, retourna en France.

Cette année, le pape ordonna aux prélats et à tous les autres, tant religieux que non religieux, chargés du ministère de la prédication, d'annoncer publiquement au clergé et au peuple, en vertu de la sainte obédience, les procédures qu'il avait faites contre Louis, duc de Bavière, défendant, sous les peines réservées à la désobéissance, que personne le dît ni le nommât empereur. Dégageant tous ses vassaux de leur serment de fidélité, il défendit que, tant que durerait sa rébellion et sa désobéissance contre l'Eglise, personne lui prêtât secours, protection ni conseil; que celui qui paraîtrait agir autrement, s'il était prélat, serait pendu, si laïc, excommunié, et que sa terre serait soumise à l'interdit ecclésiastique. Il ordonna de publier à Paris, et dans les autres villes de grandes écoles, une nouvelle décrétale qu'il venait de composer, qui condamnait comme hérétique la doctrine de quelques gens qui prétendaient que le Christ n'avait rien possédé en propre ni en commun, doctrine contraire et opposée à l'Evangile et à l'Ecriture sainte, qui dit que le Christ avait des poches. Il fit aussi cette année publier des indulgences contre Galéas, dont le père était déjà mort, et dont nous avons parlé plus haut. Presque à la fin de cette année, aux prières de sa sœur, la reine d'Angleterre, qui vint humblement le trouver, le roi de France prolongea jusqu'à la fête de saint Jean-Baptiste la trêve conclue par le seigneur Charles pour jusqu'à la fête de Pâques, entre lui et le roi d'Angleterre, afin que pendant ce temps les amis des deux rois pussent traiter de la concorde à rétablir entre eux.

Le duc d'Autriche étant retenu prisonnier par le Bavarois, le duc Léopold et ses autres frères causèrent beaucoup de dommages audit Bavarois et à sa terre.

[1325.] Cette année, par les conseils de la reine sa femme, comme on le croit fermement, le roi d'Angleterre promit de venir en France à un jour fixé, et de faire hommage au roi pour la terre de Gascogne et de Ponthieu. Comme le temps approchait, la nouvelle reine de France était enceinte et très-près d'accoucher, ce qui rendit plus supportable le retard du roi d'Angleterre. On espérait, d'après les pronostics de quelques astronomes, dit-on, que la reine accoucherait d'un fils, et l'arrivée du roi aurait beaucoup augmenté la joie de cette naissance; mais Dieu, qui dispose de tout selon sa volonté, en ordonna d'une manière contraire aux mensongères opinions des hommes; car peu de temps après la reine mit au monde une fille, son premier enfant. Dans ce temps, pendant que la reine d'Angleterre demeurait en France auprès du roi de France son frère, le roi d'Angleterre qui avait promis de venir au jour fixé faire hommage au roi de France, changea de résolution, et céda à son fils aîné Edouard, qui devait après lui régner sur l'Angleterre, tous ses droits sur le duché d'Aquitaine. Edouard étant venu en France par l'ordre de son père, son hommage fut, par l'intercession de sa mère, accueilli avec bienveillance. La reine d'Angleterre, qui demeurait en France, fut rappelée en Angleterre par son mari; mais, sachant que le roi avait un conseiller qui, autant qu'il pouvait, jetait sur elle le blâme et la honte, et à la voix duquel le roi faisait tout indifféremment, elle craignit, non sans raison, de s'y rendre. Elle renvoya donc en Angleterre les hommes d'armes, les servantes et les chevaliers qu'elle avait amenés avec elle en venant, et n'en retenant qu'un petit nombre auprès d'elle, choisit la France pour résidence. Pendant ce temps, le roi de France lui fit fournir les sommes nécessaires pour elle et les gens qu'elle avait gardés.

Le jeune comte de Flandre soupçonnant le seigneur Robert son oncle de tramer quelque crime contre sa vie, manda par une lettre aux hommes de Warneston, distant de trois milles de Lille, où demeurait son oncle, qu'après avoir lu cette lettre, ils le tuassent comme un traître; mais le chancelier du comte en donna avis au seigneur Robert avant que ladite lettre signée eût été remise aux hommes de ladite ville. A cette nouvelle, le seigneur Robert s'éloigna le plus promptement possible de la ville, en sorte que la lettre du comte étant arrivée après, la fuite du seigneur Robert empêcha qu'elle n'eût aucun effet; de là de grandes inimitiés s'élevèrent entre ledit comte et le seigneur Robert. Le comte ayant fait saisir le chancelier, comme il lui demandait pourquoi il avait trahi son secret, le chancelier répondit que c'était pour empêcher le comte de se déshonorer; cependant ledit chancelier fut renfermé dans une prison du comte. Peu de temps après, peut-être en punition de ses péchés, il arriva dans Courtrai audit comte une grande infortune. Dans les précédens traités de paix, le comte et les Flamands ayant promis au roi une très-forte somme d'argent qui serait perçue sur les comtés des villes, ledit comte envoya pour lever et recueillir la somme qu'il avait imposée, quelques nobles et quelques riches bourgeois de Bruges, d'Ypres et de Courtrai. Il sembla aux communautés et aux hommes des villages que lesdits percepteurs levaient une quantité d'argent plus forte que la somme due au roi de France; ils ignoraient même si avec cet argent on s'acquitterait envers le roi de France. C'est pourquoi les chefs des communautés demandèrent au comte que les percepteurs rendissent compte de ce qu'ils avaient reçu; mais le comte n'y ayant pas consenti, il s'éleva entre eux une grave dissension. Les percepteurs se retirant à Courtrai avec le comte, après une commune délibération, résolurent de mettre le feu aux faubourgs de la ville, afin que ceux du parti des communes qui viendraient exiger d'eux un compte n'ayant pas d'abris, fussent plus facilement vaincus; car ils s'étaient rassemblés en cet endroit avec une nombreuse multitude d'hommes d'armes. Mais le Seigneur tourna contre eux-mêmes ce qu'ils avaient méchamment fait contre les autres; car le feu mis au faubourg acquit une telle violence, qu'il consuma non seulement le faubourg, mais même tout le reste de la ville. Ce que voyant, les habitans de Courtrai croyant que c'était l'effet d'une trahison de la part du comte et des siens, eux qui auparavant étaient pour lui et avec lui, prirent alors unanimement les armes contre lui; des deux côtés un grand nombre de nobles furent tués, principalement le seigneur Jean de Flandre, autrement appelé du nom de sa mère, Jean de Nesle. Le comte fut pris avec cinq chevaliers et deux autres nobles de sa maison; ainsi pris, ils furent livrés aux gens de Bruges et renfermés en prison. Alors les maires, les communes et les villages des environs, excepté les Gantois, s'accordèrent unanimement à élire pour leur chef le seigneur Robert, oncle du comte, et son ennemi, comme nous l'avons dit. Ayant accepté cette souveraineté, il mit en liberté et combla d'honneurs le chancelier du comte, emprisonné comme nous l'avons dit auparavant. Les gens de Gand, soutenant le parti du comte contre les gens de Bruges qui le tenaient emprisonné, prirent les armes, et, les attaquant avec courage, en tuèrent, dit-on, près de cinq cents. Cependant le comte ne fut pas délivré de sa prison; c'est pourquoi, vers le même temps, le roi de France envoya aux gens de Bruges une solennelle députation pour les prier de mettre le comte en liberté, mais les envoyés s'en retournèrent sans avoir réussi.

Vers la Madeleine, et pendant tout le temps de l'été qui précéda et suivit cette fête, il y eut une très-grande sécheresse, en sorte qu'il plut à peine dans l'espace de quatre lunes, et qu'en rassemblant les pluies qui tombèrent pendant ce temps, et en comptant comme si elles étaient tombées de suite, on peut les estimer à des pluies de deux jours. Quoique la chaleur fût excessive, il n'y eut cependant pas d'éclairs, de tonnerre, ni d'orage, d'où il arriva que les fruits furent en petite quantité, mais que le vin fut meilleur qu'à l'ordinaire. L'hiver suivant il y eut de très-grands froids, en sorte que dans un court espace de temps la Seine gela deux fois avec tant de solidité que des hommes chargés passaient dessus, et qu'on y traînait des tonneaux pleins. L'épaisseur des glaçons est attestée par les deux ponts de bois de Paris que la débâcle rompit.

Vers le même temps, une si grave maladie attaqua Charles, comte de Valois, que la moitié de son corps était privé de l'usage de ses membres. Comme les souffrances ouvrent l'intelligence, on croit fermement qu'elles rappelèrent à sa conscience le supplice d'Enguerrand, qu'il avait fait pendre, ainsi que nous l'avons dit. On peut en juger d'après ce fait. Comme sa maladie augmentait de jour en jour, il fut fait aux pauvres de Paris une distribution générale d'argent, et à chaque denier que donnaient à chaque pauvre ceux qui distribuaient cet argent, ils disaient : « Priez pour « le seigneur Enguerrand et pour le seigneur Char-

« les, » ayant soin de mettre le nom du seigneur Enguerrand avant celui du seigneur Charles; d'où beaucoup de gens conclurent que le supplice d'Enguerrand lui causait des remords. Après avoir langui long-temps, il mourut, le dixième jour de l'année, dans une ville appelée Partey, du diocèse de Chartres. Son corps fut enterré dans le monastère des frères Prêcheurs à Paris; quelques-uns assurent que c'est bien là le lieu de sa sépulture, mais qu'à cause du mauvais temps, ne pouvant aller plus loin, il y fut déposé pour y être gardé jusqu'à ce qu'il fît un temps plus convenable pour le transporter au monastère des Chartreux qu'il avait lui-même fondé et doté, et choisi, dit-on, de son vivant pour le lieu de sa sépulture. Son cœur fut enseveli dans la maison des frères Minimes à Paris. Cette même année beaucoup de gens de différens pays du monde, ayant appris que le seigneur Louis de Clermont s'embarquerait pour la Terre-Sainte à la prochaine fête de Pâques, furent excités par la ferveur de la dévotion et de la foi, quelques-uns même abandonnèrent leurs affaires et vendirent leur patrimoine dans le desir de voir, s'il leur était possible, le sépulcre de notre Seigneur Jésus-Christ, et ils vinrent à Paris. Ledit seigneur Louis voyant et réfléchissant qu'il n'y avait aucun préparatif convenable pour ce voyage, et que surtout il n'avait pas le moyen d'équiper une flotte pour entreprendre une si périlleuse traversée, fit annoncer publiquement en plein sermon à Paris, dans le Palais-Royal, le vendredi saint avant la fête de Pâques, qu'il n'avait ni le pouvoir ni l'intention de s'embarquer cette année; mais que l'année suivante, le même jour, dans la ville de Lyon, sur le Rhône, ceux qui seraient prêts s'embarqueraient avec lui, et que là on leur nommerait le port auquel tous les pélerins devraient aborder ensemble. Beaucoup de gens furent scandalisés de ces paroles, que quelques-uns même tournèrent en dérision; ainsi, trompés dans leur attente, les pélerins retournèrent chez eux sans avoir exécuté leur projet.

Cette même année, à la fin de janvier, le vénérable homme de Pontoise, autrement de Chambeil, abbé du monastère de Saint-Denis en France, laissa un utile exemple aux moines à venir : il commença et acheva dans son monastère une nouvelle maison de malades, d'un travail admirable et très-somptueux. Il eut pour successeur, au mois de mars suivant, frère Gui de Castres, élu avec paix et accord par les moines dudit monastère, homme remarquable par son honorable dévotion et l'honnêteté de ses mœurs. Le seigneur souverain pontife, résidant à Avignon, confirma son élection au mois d'avril suivant, à savoir, le 27 dudit mois.

[1326.] Cette année la reine Jeanne, fille de feu l'illustre Louis, fut couronnée à Paris, le jour de la Pentecôte, à grands frais et avec un appareil pompeux quoique inutile. Cette même année, la reine d'Angleterre Isabelle, sœur du roi de France, craignant d'offenser son mari en demeurant plus longtemps en France, et croyant apaiser son mécontentement en se présentant à lui avec son fils aîné, prit congé du roi et de la cour, et se mit en route avec son fils pour l'Angleterre. Attendant quelque nouveau message de son seigneur, le roi d'Angleterre, elle résolut de demeurer quelque temps dans le comté de Ponthieu qui, disait-on, lui avait été assigné pour dot par le roi d'Angleterre. Pendant ce temps le bruit était, dit-on, venu aux oreilles du roi de France que le roi d'Angleterre avait fait tuer dans son royaume tous ceux du royaume de France qui demeuraient en Angleterre, et avait confisqué tous leurs biens. Le roi de France irrité ordonna de saisir tous les Anglais qui demeuraient dans le royaume de France, fit confisquer leurs biens, et les fit renfermer eux-mêmes dans diverses prisons du royaume. Cet ordre fut le même jour, à la même heure, exécuté dans tout le royaume de France : c'était le lendemain de l'Assomption de sainte Marie. Les Anglais du royaume de France en furent merveilleusement épouvantés, car ils craignaient que, de même qu'ils avaient tous été pris en un seul jour, en un seul jour de même ils ne fussent tous livrés à la mort ; mais Dieu, qui a coutume de changer ce qui est mal en mieux, en ordonna autrement, car le roi ayant appris la fausseté du rapport de la prise et du meurtre des Français en Angleterre, ordonna qu'on mît en liberté les Anglais qu'il avait fait saisir en France. Cependant il confisqua les biens des Anglais qui paraissaient riches, ce qui troubla beaucoup tous les hommes de bien du royaume, car cette action fit peser sur le roi et ses conseillers à cette affaire la honte de l'avoir commise plutôt par une détestable avarice que pour venger une injure du roi.

Cependant la reine d'Angleterre, résolue à s'embarquer pour l'Angleterre, hésitait vraisemblablement sur la manière dont elle pourrait le faire ; car le roi d'Angleterre, très-violemment irrité contre elle par de mauvais conseils et surtout par le seigneur Hugues, appelé le *Dépensier*[1], avait mandé dans tous les ports que si on l'en voyait approcher, on s'en emparât, comme coupable du crime de rébellion aux ordres du roi et de sa cour. Ce que voyant, la reine prit avec elle le seigneur Jean de Hainaut, homme noble et puissant, habile et expérimenté dans la guerre, et trois cents hommes d'armes, et aborda, non sans qu'elle et les siens eussent été bien tourmentés, à un port où les Anglais ne croyaient pas qu'elle passerait, à cause de sa grande distance de la France et des dangers qu'on y court. Dans la traversée, l'une des femmes de sa maison mourut de la crainte et du trouble que lui causait la mer, et une autre enfanta un avorton avant le terme. Etant, comme nous l'avons dit, arrivée à ce port avec les siens, les gens du port, qui avaient reçu l'ordre du roi de s'en emparer, prirent les armes, et se disposèrent à accomplir le plus promptement possible les ordres du roi. Mais la reine, prenant une sage résolution, sans armes et sans aucun appareil de guerre, par le seul pouvoir de la prudence et de la douceur, apaisa leur barbare fureur. Les ayant appelés à une entrevue, elle leur présenta son fils, qui devait être un jour leur roi et leur seigneur, leur affirma qu'elle voulait entrer en Angleterre, non pour causer des troubles au roi son seigneur ou au royaume, mais pour attaquer les mauvais conseillers du roi, qui, par leurs conseils pernicieux, semblaient l'ensorceler, et par là trou-

[1] Spenser.

blaient la paix de toute l'Angleterre; elle voulait, dit-elle, tâcher de les faire périr, ou du moins, si elle ne le pouvait, les éloigner de la présence du roi, réparer par là les maux qu'ils avaient commis, et remettre le pays dans un état de paix. A la vue de leur seigneur, le fils du roi, la férocité des Anglais fit place à la douceur; ils accueillirent avec une grande joie la reine, son fils et ceux qui la soutenaient, et s'empressèrent de faire connaître le plus promptement possible, dans le royaume et au roi, l'arrivée pacifique de la reine sa femme et de son fils, le suppliant de la recevoir, comme il le devait, avec clémence et bonté. Mais le roi d'Angleterre, opiniâtre dans ses mauvaises résolutions, au lieu de la recevoir avec bienveillance, lui manda avec indignation qu'il était mécontent qu'elle eût l'air d'entrer à main armée dans la terre d'Angleterre, soutenant toujours qu'elle était ennemie du royaume et du roi. A ce message, la reine craignit davantage pour elle; mais elle rechercha autant qu'elle put, et obtint la faveur des barons et des bonnes villes, surtout de la ville de Londres. Ensuite la reine, espérant pouvoir ramener le cœur du roi à l'amour et à la clémence, se mit en route pour l'aller trouver; mais le roi, dépravé par les conseils des méchans, comme l'ayant tout-à-fait en exécration, ne voulut ni la voir ni l'entendre. C'est pourquoi les barons indignés, se joignant au seigneur Jean de Hainaut, marchèrent au combat contre le roi, du côté duquel un grand nombre furent tués; entre autres, Hugues le Dépensier, le principal des conseillers du roi, fut pris vivant; et le roi, fuyant du champ de bataille avec un petit nombre des siens, se réfugia dans un château très-fortifié situé sur les frontières du pays de Galles et de l'Angleterre. Ensuite ledit roi, ayant voulu se transporter de ce château dans un autre endroit, fut pris par quelques barons postés en embuscade sur la route, et remis à la garde du frère du comte de Lancastre, appelé Court-Cou, parce que le roi avait fait décoller son frère le seigneur Thomas de Lancaster, et qui le retint très-soigneusement sous une étroite et sûre garde jusqu'à la fin de sa vie. Ensuite le conseil des barons et des comtes s'étant assemblé à Londres, Edouard, auparavant roi, fut, du consentement unanime de tous, jugé indigne et incapable de gouverner le royaume d'Angleterre, et justement privé désormais de la dignité et autorité royale et même du nom de roi; ils couronnèrent roi, du vivant de son père, son fils brillant déjà, quoique jeune, de beaucoup de qualités. Aussitôt après, par le jugement des barons, Hugues le Dépensier fut traîné à la queue des chevaux et éventré; ses entrailles furent brûlées pendant qu'il vivait encore, et pendu enfin, il termina misérablement sa vie. Ensuite plusieurs autres, qui le favorisaient dans ses mauvais conseils, périrent dans différens supplices d'un genre atroce.

Cette année, le seigneur cardinal Bertrand du Puy, auquel peu de temps après se joignit le seigneur cardinal Jean de Gaëte, fut envoyé en Italie en qualité de légat par le souverain pontife pour soutenir le parti de l'Eglise contre les Gibelins, et surtout contre les seigneurs de la ville de Milan, à cause desquels le seigneur pape avait mis en interdit les églises de la ville et de tout le pays de Milan; mais ils n'observaient aucunement l'interdit; et si quelques-uns, comme des religieux, voulaient l'observer, ils les contraignaient à fuir et à abandonner leur pays, ou les faisaient périr par divers supplices. Des gens affirment qu'un grand nombre furent tués parce qu'ils ne voulaient point célébrer en leur présence, ou leur administrer les sacremens ecclésiastiques. Vers ce temps mourut Edouard, roi d'Angleterre; il fut honorablement enterré par sa femme et son fils et les grands de son royaume dans la sépulture de ses pères; son fils Edouard lui succéda, et fut confirmé sur le trône d'Angleterre. Celui à qui rien n'est caché sait si la mort du roi fut ou non hâtée. Vers ce temps, il s'éleva entre le comte de Savoie et le dauphin une violente guerre; un grand nombre du parti du duc périrent, et beaucoup des gens du comte s'enfuirent; beaucoup de nobles furent pris, à savoir le frère du duc de Bourgogne, le comte d'Auxerre, et beaucoup d'autres nobles et puissans: et ainsi la victoire fut remportée par le dauphin, que le père dudit comte de Savoie avait pendant long-temps opprimé par sa méchanceté: cependant le parti du comte paraissait plus nombreux et plus fort.

Pendant que Louis, duc de Bavière, qui se regardait comme empereur, ainsi que nous l'avons dit, retenait auprès de lui dans les fers Frédéric, duc d'Autriche, le duc Léopold et les autres frères du duc d'Autriche troublaient l'Allemagne par des rapines et de toute sorte de manières. Mais le Seigneur, qui change comme il veut les cœurs des hommes, puisqu'en lui résident le droit et le pouvoir, non seulement des royaumes, mais même des rois, fit tellement pencher le cœur dudit Louis à la miséricorde envers ledit Frédéric duc d'Autriche, auparavant son ennemi, qu'il lui pardonna toutes ses offenses, le délivra de la prison où il était enchaîné, ainsi que plusieurs nobles retenus prisonniers avec lui, et le renvoya libre chez lui, et cela sans y être déterminé par aucune prière ou rançon; cependant auparavant ils firent serment sur le corps du Christ, partagèrent une hostie en deux parties, communièrent à la même messe, et jurèrent de se tenir fidélité à l'avenir, ce que fit le duc d'Autriche. Ainsi libre, il s'en retourna chez lui avec les siens.

Vers le même temps vinrent, au nom de Berith, de l'université de Paris, vers Louis, duc de Bavière, qui prenait publiquement le nom de roi des Romains, deux fils de diable, à savoir maître Jean de Gondouin, Français de nation, et maître Marsil de Padoue, Italien de nation. Comme ils avaient été assez fameux à Paris dans la science, quelques gens de la maison du duc qui les avaient connus à Paris les ayant vus et reconnus, ils furent admis non seulement à la cour du duc, mais bientôt dans sa faveur. Un jour ledit duc leur adressa, dit-on, cette question : « Pour Dieu, qui vous a engagés à quitter « une terre de paix et de gloire pour un pays en « guerre, rempli de tribulations et de calamités ? » Ils répondirent : « L'erreur que nous voyons dans « l'Eglise de Dieu nous a fait exiler, et ne pouvant « en bonne conscience la supporter davantage, « nous nous réfugions vers vous, à qui appartient, « avec le droit de l'Empire, l'obligation de corri- « ger les erreurs, et de rétablir ce qui est mal dans

« l'état convenable ; car, disaient-ils, l'Empire
« n'est pas soumis à l'Eglise, puisque l'Empire exis-
« tait avant que l'Eglise possédât quelque domina-
« tion ou souveraineté. Il ne doit pas être réglé par
« les lois de l'Eglise, puisqu'on trouve des empereurs
« qui ont confirmé l'élection des pontifes souverains
« et convoqué des synodes auxquels ils accordaient
« l'autorité de statuer, par le droit de l'Empire, sur
« des choses qui concernaient la foi. Ainsi, disaient-
« ils, si pendant quelque temps l'Eglise a ordonné
« quelque chose contre l'Empire et ses libertés,
« c'est une injustice, non conforme au droit, et une
« malicieuse et perfide usurpation de l'Eglise sur
« l'Empire. » Ils assuraient qu'ils voulaient soutenir
contre tout homme cette vérité, comme ils l'appelaient, et que même enfin, s'il le fallait, ils suppor-
teraient, pour la défendre, tel supplice, telle mort
que ce fût. Cependant le Bavarois n'adopta pas entièrement cette opinion, ou plutôt cette folie ; et
même ayant à ce sujet appelé des hommes experts, il
la trouva profane et pernicieuse, parce que s'il l'avait
adoptée, comme elle était hérétique, il se serait privé
lui-même des droits de l'Empire, et par là aurait ouvert au pape une voie pour procéder contre lui. C'est
pourquoi on lui conseilla de les punir, puisqu'il appartient à l'empereur, non seulement de défendre la
foi catholique et les fidèles, mais même d'extirper
l'hérésie. On dit que le Bavarois répondit à ceux qui
lui donnaient ce conseil, qu'il était inhumain de
punir ou de tuer ceux qui avaient suivi son camp,
qui pour lui avaient abandonné leur propre patrie, une heureuse fortune et des honneurs. C'est

pourquoi il n'y consentit pas, mais ordonna qu'on les assistât toujours, et les combla, selon leur état et sa magnificence, de dons et d'honneurs. Ce fait ne demeura pas caché au pape Jean; aussi après avoir à ce sujet fait contre lesdits docteurs beaucoup de procédures selon les voies du droit, il fulmina contre eux et le Bavarois une sentence d'excommunication, qu'il envoya et fit proclamer publiquement à Paris et dans d'autres grandes villes.

La même année, le seigneur pape envoya à Milan un grand nombre de stipendiés, avec indulgence plénière, contre les Gibelins, surtout contre Galéas et ses frères, dont le père, le seigneur Matthieu, vicomte de Milan, était mort excommunié, et contre d'autres Gibelins. C'est pourquoi à ce sujet on dit, non sans motifs, que le pape souffrit justement ces infortunes, l'Eglise ne devant pas se servir contre ses ennemis du glaive matériel, et quelques-uns disant surtout que le seigneur pape avait commencé cette entreprise de son propre mouvement, sans consulter les cardinaux. Le pape se voyant donc appauvri, envoya des députés particuliers dans toutes les provinces du royaume de France, demander aux églises et aux ecclésiastiques de ce royaume, un subside pour poursuivre la guerre en Italie. Le roi de France le défendit, soutenant que c'était contraire aux coutumes du royaume; mais le seigneur pape lui ayant écrit à ce sujet, le roi réfléchissant au *je donne pour que tu donnes*, lui accorda facilement sa demande. C'est pourquoi le pape accorda au roi pour deux ans la dîme sur l'Eglise. Ainsi, pendant que l'un tond la malheureuse Eglise, l'autre l'écorche. Ce subside pour le seigneur pape fut très-considérable; car on exigea des uns la dîme, des autres la moitié, et de quelques-uns tout ce qu'ils purent avoir; en sorte que le pape recueillit de chacun de ceux qui possédaient des bénéfices ecclésiastiques par l'autorité apostolique, le revenu d'un an du bénéfice, ce qui était inouï jusqu'alors dans le royaume de France. C'est pourquoi on a sujet de craindre qu'à l'avenir il ne soit porté un grand préjudice à l'Eglise gallicane désolée, puisqu'il n'est personne qui s'oppose à sa spoliation.

La même année, quelques bâtards de nobles hommes de Gascogne attaquèrent les armes à la main et en grand appareil de guerre, les terres et les villes du roi de France. Le roi envoya contre eux son parent le seigneur Alphonse d'Espagne, naguère chanoine et archidiacre de Paris, et depuis fait chevalier; mais quoiqu'il eût dépensé au roi beaucoup d'argent dans la poursuite de cette affaire, il n'eut que peu ou point de succès; et attaqué de la fièvre quarte, dont il mourut peu de temps après, il s'en retourna en France sans avoir acquis de gloire ni mis à fin son entreprise. Lesdits bâtards de Gascogne s'avancèrent avec quelques Anglais, jusqu'à Saintes dans le Poitou. La ville de Saintes était au roi de France; mais elle était dominée par un très-fort château appartenant au roi d'Angleterre. Lesdits bâtards de Gascogne s'y retranchèrent et se défendirent vigoureusement contre la ville et le comte d'Eu, envoyé en cet endroit par le roi de France avec beaucoup d'autres nobles. Enfin pourtant les Gascons et les Anglais, après avoir soutenu dans ce château un gand nombre d'assauts, y laissant quelques troupes pour le garder, s'enfuirent secrètement vers une plaine très-éloignée de la ville, et mandèrent au comte d'Eu et à ceux qui étaient dans la ville pour le parti du roi de France, qu'ils les attendaient dans ce lieu un certain jour qu'ils fixèrent pour combattre en bataille rangée. Ledit comte accepta volontiers le défi; et, à la tête des siens et des hommes de la ville en état de porter les armes, il se rendit aussi vite qu'il put au lieu qu'ils lui avaient désigné. Les Gascons et les Anglais le voyant ainsi éloigné de la ville, prirent un autre chemin secret, et entrèrent dans la ville qu'ils brûlèrent entièrement avec ses églises. C'est pourquoi le comte d'Eu et le seigneur Robert Bertrand, maréchal de France, se voyant ainsi joués, poursuivirent les ennemis jusque dans la Gascogne, où ils soumirent à la domination du roi de France beaucoup de terres et de villes, et contraignirent tellement à fuir lesdits Gascons et Anglais, qu'ils n'osèrent plus désormais reparaître dans leur propre pays. Cette même année, la reine de France enceinte fut conduite à Neufchâtel, près d'Orléans, parce qu'on espérait, comme l'avaient prédit quelques sorciers et sorcières, qu'en cet endroit plutôt qu'ailleurs, elle accoucherait d'un enfant mâle; mais Dieu voulant manifester leurs mensonges, en ordonna autrement, car la reine mit au monde une fille; peu de temps après mourut son autre fille, l'aînée.

Environ vers le même temps, le comte de Flandre, retenu pendant quelque temps en prison à Bruges par les habitants de cette ville, fut mis en liberté, après avoir cependant prêté serment d'observer fidèlement et inviolablement leurs libertés et coutumes, et de ne point à l'avenir leur causer ni faire causer aucun mal pour son emprisonnement ou sa détention, assurant que cela avait été fait pour son grand avantage. Il jura aussi désormais de se servir principalement de leurs conseils dans les affaires difficiles; cependant, comme l'événement le prouva clairement, il ne tint pas ses promesses.

[1327.] Cette année, le roi de France Charles envoya des députés au nouveau roi d'Angleterre demander qu'il vînt lui faire hommage pour le duché d'Aquitaine; mais le roi d'Angleterre, assurant qu'à cause de la mort récente de son père il ne serait pas sûr pour lui de s'éloigner de son royaume, et craignant non sans raison des ennemis secrets, s'excusa là-dessus auprès du roi de France, qui admit volontiers cette excuse. Un grand nombre de barons s'assemblèrent à Paris avec le roi pour apaiser la discorde qui régnait entre le comte de Savoie et le Dauphin; mais, n'ayant pu trouver moyen de les accorder, ils s'en retournèrent sans succès, et il fut permis à chacun de défendre ses droits, quoiqu'on en eût appelé au roi. A peu près dans le même temps, le seigneur Louis, comte de Clermont, voulant clairement manifester à tous la dévotion et l'affection qu'il avait pour la Terre-Sainte, ayant, dit-on, l'intention de s'embarquer le plus tôt qu'il lui serait possible de le faire, en reçut la permission dans l'église de Sainte-Marie à Paris, et jura publiquement dans la chapelle du roi qu'à compter de ce jour il ne rentrerait dans Paris qu'après avoir accompli son serment de passer dans le pays d'outre-mer. Et quoiqu'on ignore si, après ce serment, il rentra dans Paris, il ne s'en éloigna pourtant pas beaucoup, car, trouvant un port tranquille dans la maison du Temple, dans le Louvre et dans les autres faubourgs de Paris, il y demeura constamment, et, tout en ne regardant que de loin la Terre-Sainte, observa avec exactitude son serment.

Cette même année, il fut convenu entre les rois de France, d'Angleterre, d'Espagne, d'Aragon, de Sicile et de Majorque, que les marchands, de quelque pays qu'ils fussent, pourraient en sûreté passer avec leurs marchandises d'un royaume à un autre, tant par terre que par mer, et transporter partout leurs marchandises; et pour que cet édit ne fût ni ne pût être ignoré de personne, il fut publiquement proclamé dans chaque royaume. Cette année, le seigneur Alphonse d'Espagne, devenu chevalier de clerc et de moine de Paris qu'il était auparavant, mourut dans la maison du comte de Savoie, à Gentilly, près Paris, de la maladie dont il avait été attaqué en Gascogne, et fut saintement enseveli chez les frères Prêcheurs, à Paris.

Cette même année, vers la fin d'août, Louis duc de Bavière, qui prenait publiquement le titre de roi des Allemands, accompagné seulement d'environ vingt chevaliers, et comme s'exerçant à la chasse, passa les Alpes. Dès que les Lombards en furent instruits, surtout les nobles, comme le seigneur Cani de Vérone, le seigneur Castruccio, le seigneur Galéas et ses frères, fils du seigneur Matthieu, et d'autres nobles du comté de Milan, ils vinrent au devant de lui avec une grande armée; et conduit jusqu'à Milan, le Bavarois y fut reçu avec honneur par les principaux de la ville et du pays, et comblé de riches présens. Il y régla ses affaires avec lesdits nobles, et, dans l'octave de l'Epiphanie, fut couronné empereur avec la couronne de fer.

Cette année, le jour de la Nativité du Seigneur, vers le milieu de la nuit, le roi de France Charles fut attaqué d'une grave maladie, dont ayant souffert long-temps, il mourut la veille de la Purification de sainte Marie, dans le bois de Vincennes, près de Paris, laissant veuve et enceinte la reine sa femme, plongée dans la désolation. Son corps fut enterré avec honneur à Saint-Denis, auprès de son frère, dans la sépulture accoutumée des rois de France ses ancêtres.

Après la mort du roi Charles, les barons s'assemblèrent pour délibérer sur le gouvernement du royaume; car comme la reine était enceinte, et qu'on ne savait pas le sexe de l'enfant dont elle accoucherait, personne n'osait, à cause de cette incertitude, prendre le nom de roi; il était seulement question entre eux de savoir à qui on devait confier le gouvernement du royaume, comme au plus proche parent du feu roi, les femmes ne pouvant dans le royaume de France monter en personne sur le trône. Les Anglais prétendaient que le gouvernement du royaume et le trône même, si la reine n'avait pas d'enfant mâle, devaient appartenir au jeune Edouard, roi d'Angleterre, comme au plus proche parent du feu roi, étant fils de la fille de Philippe le Bel, et par conséquent neveu du feu roi Charles, plutôt qu'à Philippe, comte de Valois, qui n'était que cousin-germain du feu roi Charles. Beaucoup d'experts dans le droit canon et le droit civil étaient de cet avis ; ils disaient qu'Isabelle, reine d'Angleterre, fille de Philippe le Bel, et sœur de feu Charles, était repoussée du trône et du gouvernement du royaume, non parce qu'elle n'était pas par sa naissance la plus proche parente du feu roi, mais à cause de son sexe. Dès qu'on pouvait représenter quelqu'un qui était le plus proche parent par sa naissance, et apte par son sexe à régner, c'est-à-dire mâle, c'était à lui que revenaient la couronne et le gouvernement. D'un autre côté, ceux du royaume de France, ne pouvant souffrir volontiers d'être soumis à la souveraineté des Anglais, disaient que si ledit fils d'Isabelle avait quelques droits au trône, il ne pouvait les tenir naturellement que de sa mère ; or la mère n'ayant aucun droit, il s'ensuivait que le fils n'en devait pas avoir.

Cet avis ayant été accueilli et approuvé par les barons comme le meilleur, le gouvernement du royaume fut remis à Philippe, comte de Valois, qui fut appelé régent du royaume. Alors il reçut les hommages du royaume de France, mais non ceux du royaume de Navarre, parce que Philippe, comte d'Evreux, prétendait avoir des droits sur ce royaume, au titre de sa femme, fille de Louis, fils aîné de Philippe le Bel, à laquelle il appartenait, au titre de sa mère. Mais au contraire la reine Jeanne de Bourgogne, veuve de Philippe le Long, soutenait que les droits sur ce royaume appartenaient à sa fille, femme du duc de Bourgogne, au titre de son père, qui était mort possesseur et investi des droits dudit royaume et de ses appartenances. De même aussi, et au même titre, la reine Jeanne d'Evreux, veuve du roi Charles, disait que les droits les plus légitimes sur ce royaume étaient ceux de sa fille, à qui il appartenait, au titre de son père, qui le dernier de tous était mort dans la possession et investiture desdits droits du royaume et de ses appartenances. Après beaucoup d'altercations de part et d'autre, l'affaire resta pendant quelque temps en suspens.

Vers le même temps, fut saisi Pierre Remy, prinpal trésorier du feu roi Charles. Il avait été accusé par beaucoup de gens d'avoir en bien des circonstances fait un emploi infidèle des biens du roi et de plusieurs meubles et immeubles ; en sorte que beaucoup et d'importantes personnes soutenaient que ses prodigieuses spoliations avaient fait monter la valeur de ses biens à plus de douze cent mille livres. Comme il possédait un immense trésor, il fut sommé de rendre compte de sa gestion ; et n'ayant pu trouver aucune réponse satisfaisante, il fut condamné à être pendu. Etant près du gibet, à Paris, il avoua qu'il avait trahi le roi et le royaume en Gascogne ; c'est pourquoi, à cause de cet aveu, il fut attaché à la queue du cheval qui l'avait amené au gibet ; et aussitôt, traîné du petit gibet à un grand gibet qu'il avait nouvellement fait faire lui-même, et dont il avait, dit-on, donné le plan aux ouvriers avec un grand soin, il fut le premier qui y fut pendu. C'est par un juste jugement que celui qui travaille recueille le fruit de ses travaux. Il fut pendu le 25 d'avril, jour de la fête de saint Marc l'évangéliste, l'an 1328, quoiqu'il eût été pris l'an 1327, peu de temps après la mort du roi Charles.

Vers la fin de cette année, à savoir le vendredi

saint, qui était le premier jour du mois d'avril, la reine Jeanne, femme du feu roi, accoucha d'une fille dans le bois de Vincennes; comme les femmes ne peuvent parvenir à la dignité royale, Philippe, comte de Valois, appelé régent, fut dès lors appelé roi; d'où on voit clairement que la ligne directe des rois de France fut rompue en lui, et que le royaume passa à une ligne collatérale; car Philippe, alors roi, était fils de Charles, comte de Valois, lequel était oncle du feu roi Charles; et ainsi Philippe, appelé auparavant régent, et alors roi, était seulement cousin-germain du roi Charles. Ainsi le royaume passa en une ligne collatérale, d'un cousin-germain à un cousin-germain.

FIN DE LA CHRONIQUE DE GUILLAUME DE NANGIS.

# AVIS AUX SOUSCRIPTEURS.

Notre *Collection* touche à sa fin, et ne dépassera point les limites que nous lui avions assignées : nous aurons publié, en trente volumes, tous les *Mémoires* de quelque valeur qui nous sont parvenus sur l'Histoire de France, du 5$^e$ au 13$^e$ siècle ; nous aurons mis sous les yeux du public, sans en altérer la forme ni la couleur, les récits d'environ quarante écrivains qui tous ont vu ce qu'ils racontent, et que jusqu'ici les érudits connaissaient presque seuls. C'est là ce que nous avions promis. L'*Introduction* que doit y joindre M. Guizot, et la *Table des matières* se préparent. Nous croyons pouvoir dire que nous avons rempli nos engagemens.

Une seule lacune reste dans l'histoire originale de cette grande époque. Plusieurs événemens considérables et une multitude de détails curieux, nécessaires même à connaître pour comprendre les faits et les hommes des anciens temps, ne se rencontrent que dans les *Lettres* des contemporains, sorte de monumens dont nous n'avons pu nous occuper. Beaucoup de souscripteurs s'en sont aperçus comme nous ; comme nous, ils ont senti que des *Lettres de Charlemagne, de Louis le Débonnaire, de Charles le Chauve, d'Éginhard, de Gerbert, de Fulbert, d'Yves de Chartres, de Suger, de saint Bernard,* etc., étaient d'une haute importance historique, et que rien ne pouvait en tenir lieu. Nous nous sommes donc décidés à publier, comme supplément

## AVIS.

à notre *Collection* un *Choix des Lettres les plus intéressantes des personnages célèbres du 5ᵉ au 13ᵉ siècle;* ce supplément, qui comprendra un très-grand nombre de *Lettres*, ne formera cependant que quatre volumes. Nos souscripteurs seront parfaitement libres de s'en tenir aux trente volumes de *Mémoires* proprement dits; mais nous ne craignons pas d'affirmer que l'utilité, on pourrait dire la nécessité d'une telle addition, d'ailleurs si peu considérable, frappera tous les esprits.

Le 1ᵉʳ volume des *Lettres* paraîtra en même temps que le dernier des *Mémoires*, et la publication en sera terminée en quatre mois.

Les conditions de la souscription sont absolument les mêmes que pour la *Collection des Mémoires*.

Paris, 10 Décembre 1825.

www.ingramcontent.com/pod-product-compliance
Lightning Source LLC
Chambersburg PA
CBHW052135230426
43671CB00009B/1253